ENTRE TIBETANOS

NARRATIVA DE CUATRO AÑOS DE ESTANCIA EN EL TÍBET

Susie Carson Rijnhart

ENTRE TIBETANOS

Ecos de Oriente

Título original: *With the Tibetans in tent and temple. Narrative of four years' residence on the Tibetan border, and of a journey into the far interior.*
Año original de publicación: 1901
Autora: Susie Carson Rijnhart

© 2023, de la traducción: Daniel Jorge Hernández Rivero
Corrección del texto: Aliterata Corrección de Textos

Todos los derechos reservados. Queda prohibida la reproducción total o parcial del contenido de esta obra sin autorización.

Primera edición: Mayo 2023
© de esta edición: Ecos de Oriente
www.ecosdeoriente.com

ISBN: 978-1-7391512-1-8

Foto de portada: *Tibetan women*, tomada por Ovshe Norzunov en el año 1900. Dominio público.

ÍNDICE

ÍNDICE	5
PREFACIO	7
I. A LA FRONTERA TIBETANA	9
II. ENTRE LOS LAMAS	24
III. UNA REBELIÓN MUSULMANA	42
IV. CON LOS HERIDOS	57
V. MISIONES Y MASACRES	72
VI. LA LAMASERÍA DE KUMBUM	85
VII. UN SANTO BUDISTA	100
VIII. NUESTRA MUDANZA A HUANGYUAN	110
IX. VISITANTES DISTINGUIDOS	128
X. ENTRE LOS TANGUTS DE KOKO NOR	140
XI. HACIA LA CAPITAL TIBETANA	158
XII. ADIÓS A HUANGYUAN	171
XIII. EN EL TSAIDAM	183
XIV. DISTRITOS DESPOBLADOS	193
XV. OSCURIDAD	204
XVI. MÁS ALLÁ DEL DANGLA	211
XVII. NAGCHUKA	220
XVIII. EN EL CAMINO DE LAS CARAVANAS	228
XIX. ATACADOS POR LADRONES DE MONTAÑA	240
XX. NUESTROS ÚLTIMOS DÍAS JUNTOS	251
XXI. SOLA Y PERDIDA	260
XXII. MALVADOS GUÍAS TIBETANOS	271
XXIII. UN CHINO AMISTOSO	285
XXIV. MÁS LADRONES	298
XXV. POR FIN A SALVO	315
GLOSARIO	333

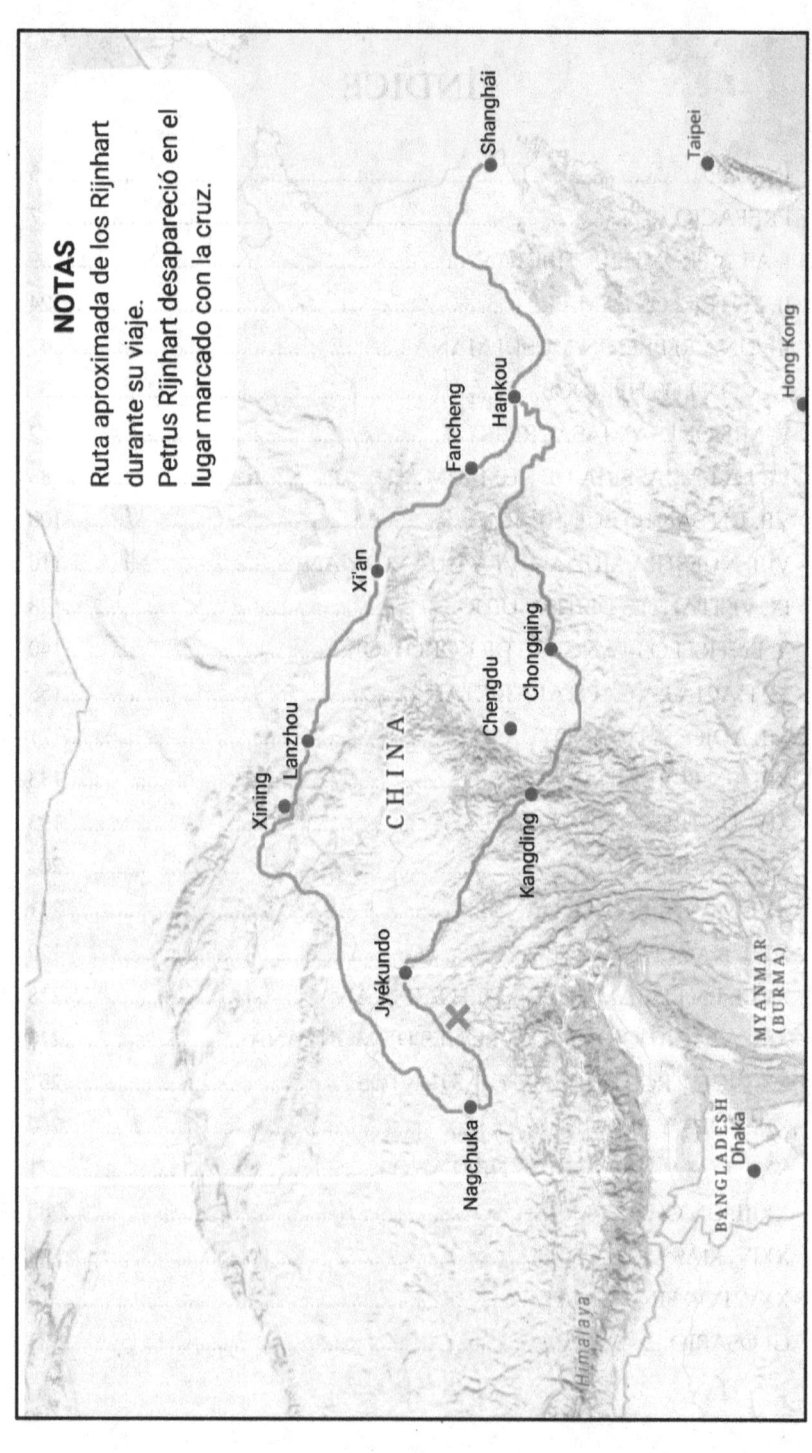

PREFACIO

En las siguientes páginas he intentado narrar brevemente los acontecimientos de cuatro años de residencia y viaje entre los tibetanos (1895-1899). La obra no pretende un acabado literario, ya que ha sido escrita bajo la presión de muchos compromisos públicos. Ha sido escrita en respuesta a solicitudes y sugerencias recibidas de amigos en todas partes de los Estados Unidos y Canadá.

Si puedo lograr perpetuar y profundizar el interés generalizado en la evangelización del Tíbet, ya despertado por los relatos de la prensa y demás plataformas sobre el avance misionero aquí descrito, estaré encantada. Con este fin, he incorporado en la narración tantos datos sobre las costumbres, creencias y condiciones sociales de los tibetanos como el espacio dedicado a este libro me ha permitido. Mi estrecho contacto con el pueblo tibetano durante cuatro años me ha permitido hablar con confianza sobre estos puntos; a diferencia de los grandes viajeros que, debido a su breve estancia y rápido progreso, necesariamente recibieron algunas impresiones falsas.

El mapa que acompaña el libro muestra la ruta del último viaje emprendido en 1898 por mi marido, yo y nuestro pequeño hijo, del que soy la única superviviente. Dejamos Huangyuan en la frontera noroeste de China o Tíbet exterior y, tras cruzar el desierto de Tsaidam, las montañas Kunlun y Dangla, entramos en el distrito de Lhasa en el Tíbet interior hasta llegar a Nagchuka, una ciudad a unas ciento cincuenta millas de la capital. Al describir este viaje, los fragmentos del diario del señor Rijnhart que pude conservar, han sido de un valor incalculable para mí.

Estoy especialmente agradecida al profesor Charles Paul, del Hiram College, quien puso a mi disposición los frutos de sus muchos años de estudio plasmados en *Tibetiana*, y que me brindó una ayuda inestimable en la preparación del manuscrito.

SUSIE C. RIJNHART.
Chatham, Ontario, Canadá.

I. A LA FRONTERA TIBETANA

Misión en una lamasería budista – Preparación para el viaje – A través de China – Impresiones por el camino

En las laderas de dos colinas en la provincia de Amdo, en el extremo noroeste de la frontera chino-tibetana, se encuentra la gran lamasería de Kumbum, famosa entre los devotos de Buda como uno de los lugares más sagrados del suelo asiático. Como centro de aprendizaje y adoración budista, es conocida en las partes remotas de China, Manchuria, Mongolia y en todos los territorios tibetanos, incluso al pie de los Himalayas, y se estima que ocupa el segundo lugar después de Lhasa, la capital tibetana. Es la residencia solitaria de unos cuatro mil lamas y, en las temporadas festivas, el objetivo de las peregrinaciones de todos los países budistas contiguos al Tíbet. Con el deseo de continuar el trabajo misionero entre los tibetanos, dejamos América en el otoño de 1894, teniendo a Kumbum como nuestro punto de destino.

Esperábamos hacer nuestro hogar y establecer un puesto médico en Lusha'er, un pueblo que puede llamarse la parte secular de la lamasería, donde los lamas comercian, y que está a solo unos cinco minutos a pie de la lamasería propiamente dicha. Las consideraciones que nos llevaron a seleccionar Lusha'er como base de operaciones, además de su proximidad a la lamasería, fueron las siguientes: mi esposo, el señor Petrus Rijnhart, unos tres años antes había tenido la idea de adentrarse en el Tíbet desde lado chino con fines misioneros. A partir de las experiencias de Huc y Gabet, los padres lazaristas que, tras seguir una ruta a través de Tartaria y China, habían obtenido libre acceso a la tierra prohibida, estaba convencido de que la antipatía a la intrusión extranjera se manifestaba en todos los pasos del Himalaya, vigilados con recelo, en la frontera sur y oeste, mientras que no existía en absoluto tal control en la frontera nororiental entre el Tíbet exterior y China. En esto tenía razón.

Después de atravesar el Imperio chino, había llegado a Lusha'er en 1892 y residido durante diez meses en las inmediaciones de la lamasería. Había sido bien recibido por los sacerdotes, que lo llamaban «lama blanco de Occidente», y había trabajado diligentemente para dar a conocer el Evangelio. Su trabajo había consistido principalmente en conversaciones privadas con los lamas y en viajes cortos entre los nómadas de los alrededores, predicando y enseñando, y en ejercer los pocos conocimientos médicos que poseía en el tratamiento de los enfermos. Entre sus pacientes se encontraban personas de alto y bajo rango, lamas del gran monasterio, jefes tibetanos y mongoles de las tribus de Koko Nor, funcionarios, comerciantes, pastores e incluso ladrones. El interés con que fueron recibidas sus ministraciones le dio mucho ánimo y profundizó el intenso anhelo que ya había sentido por la evangelización de los tibetanos. Muchos con los que entró en contacto nunca habían visto a un europeo ni oído el nombre de Cristo. Algunos de los lamas dijeron que la doctrina cristiana era demasiado buena para ser verdad; otros preguntaron por qué, si la doctrina era cierta, los cristianos habían esperado «tantas lunas» antes de enviarles las buenas nuevas. Durante uno de sus viajes itinerantes, «un buda viviente» con su séquito de dignatarios llegó a la tienda, habiendo oído, según dijo, que había llegado un hombre con el rostro blanco, y, sentado a los pies del extraño blanco, el maestro budista escuchó con gran atención la maravillosa historia del Salvador del mundo.

Durante su estancia, ningún funcionario, ni chino ni tibetano, le pidió el pasaporte ni lo interrogó sobre sus intenciones de penetrar en el interior. Así, en circunstancias inesperadamente favorables, rodeado de buena voluntad y hospitalidad, y libre de los prejuicios y el espionaje con los que se suele tratar a los extranjeros que se acercan a la frontera tibetana, había tenido amplia oportunidad de estudiar la vida, las necesidades y la disposición de la gente. El conocimiento que obtuvo nos dio la seguridad de la buena recepción que nos esperaba en el pueblo de la lamasería. Nuevamente, Lusha'er era ventajoso desde el punto de vista topográfico, ya que estaba situado cerca del cruce de varias carreteras importantes: una que lleva a China, otra a Mongolia y otra más, la gran ruta de las caravanas, que lleva a Lhasa. Aquí podríamos recibir provisiones fácilmente y sería probable que entrásemos en contacto con un gran número de personas, debido a la cantidad de tráfico que pasa por las grandes carreteras. Además, el territorio circundante estaba habitado por una población cosmopolita que incluía mongoles, chinos, tibetanos y algunos mahometanos procedentes del Turquestán. Era un buen lugar para familiarizarse con los idiomas que deberíamos aprender durante nuestra larga estancia en las regiones de Asia central.

Salimos de América para nuestro campo lejano sin ninguna garantía humana de apoyo, porque no fuimos enviados por ninguna sociedad misionera. Aunque, a través de las conferencias del señor Rijnhart en Holanda, los Estados Unidos y Canadá, se despertó un interés considerable y se ganaron muchos amigos para la causa de las misiones tibetanas, sin embargo, nuestros recursos visibles eran, en el mejor de los casos, limitados. Salimos, no obstante, con una convicción que equivalía a una confianza absoluta en que Dios cumpliría su promesa a los que «buscan primero el Reino», y continuaría suministrándonos todo lo necesario para llevar a cabo la obra a la que nos había llamado. Desde el principio sentimos que fuimos «llamados» especialmente para el trabajo pionero y, aunque preveíamos dificultades y sacrificios, rebosábamos de alegría ante la perspectiva de sembrar semillas preciosas en un terreno nuevo.

Nuestro grupo, integrado por el señor Rijnhart, su compañero de trabajo, el señor William Neil Ferguson, y yo, navegando desde la costa del Pacífico, había decidido seguir sustancialmente la misma ruta a través de China que el señor Rijnhart había tomado en su viaje anterior. Desde Shanghái por el Yangtsé hasta Hankou iríamos en vapor; desde allí, en casa flotante por el Han hasta Fancheng, situado a unas cuatrocientas millas río arriba. El resto del viaje se completaría por tierra en carro y mula. Antes de salir de América, nos habíamos esforzado en equiparnos lo mejor posible. No solo para el largo viaje, sino también, en vista de nuestra perspectiva de residencia lejos de la civilización, para la posibilidad de quedarnos temporalmente aislados por completo debido a las frecuentes rebeliones que tienen lugar en el centro de China, lo que hace que el paso de correos y suministros sea incierto. Nuestras provisiones estaban contenidas en trece cajas grandes y pesadas, y consistían en ropa, utensilios culinarios y para otras necesidades domésticas portátiles, medicinas, instrumentos dentales y quirúrgicos, armas de fuego y municiones, material fotográfico, libros, incluidas copias de las Escrituras en tibetano y papelería, además de brújulas, termómetros, una máquina de coser y una bicicleta. En Shanghái agregamos medicamentos, ropa, alimentos para el viaje por el río, lámparas de aceite de bronce chinas, baratijas para el trueque y otros artículos.

Conociendo la ventaja de viajar con trajes nativos, cada uno de nosotros se puso un traje chino. Fue mi primera experiencia con la vestimenta oriental, y no la olvidaré en mucho tiempo. Después de ajustar las rígidas prendas a mi propia satisfacción, asistí a misa en la iglesia de la Unión, donde, para mi consternación, descubrí que había aparecido en público con una de las prendas interiores afuera y vestida de una manera que escandalizaba las ideas chinas de decoro.

El señor Rijnhart, debido a su completo conocimiento del chino, pudo hacer arreglos excelentes para nuestro trayecto al interior. Como la guerra con el Japón estaba entonces en su apogeo y el país en un estado inestable, había dificultades que prever; tampoco había nada tentador en la idea de hacer dos mil millas en pleno invierno bajo la exposición que supondrían los primitivos modos de viajar en Oriente. Sin embargo, si uno quiere progresar con alguna comodidad digna de ese nombre, hay razones para hacer el viaje durante el periodo de hibernación de la mayor parte de los habitantes de China, es decir, ¡las alimañas!

Nuestra primera etapa por el Yangtsé se hizo en un vapor tripulado por oficiales ingleses y una tripulación china. Había una sensación de seguridad, que luego lamentablemente nos faltó, pues el gran río no era más que un brazo del apacible Pacífico que bañaba nuestras costas nativas, extendiéndose tierra adentro como para asegurarnos protección. Nuestra primera parada fue la ciudad de Hankou, importante centro comercial situado en la confluencia de los ríos Han y Yangtsé y, siguiendo las sinuosidades del Yangtsé, distante unas ochocientas cincuenta millas del litoral. Había un gran revuelo en la ciudad a nuestra llegada. La gente estaba intensamente emocionada por la guerra y había signos de actividad militar por todas partes. El espacioso puerto en la desembocadura del Han presentaba la apariencia de un bosque de mástiles en el que todas las naves de Tarsis y del mundo se habían congregado en una densa flota. Eran principalmente casas flotantes y juncos de carga que normalmente surcaban el río arriba y abajo, pero entre ellos destacaban los transportes de popa alta, cuyas cubiertas estaban atestadas de soldados con chaquetas azules y rojas que se dirigían al lugar de la acción.

Tomamos pasaje para Fancheng en la inevitable casa flotante, una barca larga y de aspecto tosco dividida en tres compartimentos; el camarote del capitán en la popa, habitado por él, su esposa y su hijo pequeño; otro camarote largo para los pasajeros, situado en medio del barco y separado del primero por un tabique móvil; y un espacio en la proa donde la tripulación cumplía con las funciones de comer, dormir y trabajar. Debajo de cada compartimento había una bodega para las pertenencias de sus ocupantes. En las raras ocasiones en que los vientos eran favorables, las velas eran suficientes para propulsar la torpe embarcación; de lo contrario, los robustos tiradores de la orilla la arrastraban. En aguas profundas, el capitán gobernaba por medio de un timón prodigioso; en las aguas poco profundas, se las arreglaba con una larga y robusta caña de bambú. Este modo de viajar no estaba exento de comodidades. Como hacía buen tiempo y el paisaje a lo largo de las orillas del río era encantador, con frecuencia desembarcábamos e íbamos a pie, y ocasionábamos no poca conmoción cuando pasábamos por las aldeas, siendo una mujer extranjera objeto de especial interés. Amontonándose, la gente tocaba mi ropa y me acosaba con preguntas, mostrando asombro por el tamaño de mis pies.

Los aldeanos eran, en su mayoría, de la clase agrícola y parecían ser muy trabajadores. Los patios de las puertas estaban ordenados, al igual que las granjas, y cada pie de tierra disponible estaba cultivado. Todo en las casas presagiaba un aire de libertad, incluso los cerdos y las gallinas podían entrar y salir a voluntad. No faltaban signos de vida religiosa. En un pueblo nos encontramos con un antiguo templo en su mayor parte en ruinas, en el único rincón restante del cual había diez ídolos, algunos tazones de incienso y varitas, mientras que cerca yacía la enorme campana, silenciosa y caída desde hacía mucho tiempo de su lugar elevado. Por la noche, la gente acudía en masa a las antiguas ruinas para acudir a rezar en medio del ruido de los petardos y el sonido de un enorme gong golpeado por el sacerdote asistente. Mientras los sonidos extraños se apagaban a lo lejos y resonaban en el aire frío y tranquilo de la noche, había sobre toda la escena un aire pintoresco y conmovedor, no desprovisto de solemnidad. El día de Navidad lo pasamos en la casa flotante. Con él llegaron muchos recuerdos agradables de esa temporada alegre y festiva en nuestra patria, y muchas reflexiones sobre los millones de personas de China para quienes el Cristo de Belén aún era un extraño.

El 7 de enero llegamos a Fancheng, nada peor que nuestro viaje por el río. Los misioneros escandinavos allí residentes, el señor y la señora Matson, el señor y la señora Woolin y el señor Shequist, a quienes encontramos ocupados en una obra muy valiosa, nos dieron una calurosa bienvenida. Además de predicar, dirigían una escuela para niños y, en el momento de nuestra visita, estaban construyendo una escuela para niñas. Nuestra estadía en Fancheng fue breve, lo suficiente para superar los preliminares poco envidiables y aparentemente interminables de un viaje por tierra en carreta.

El alquiler de los carros no fue poca cosa, incluso con la ayuda de nuestros amigos escandinavos, pero finalmente se firmó el *piao*, por el cual aseguramos dos carros grandes y uno pequeño, para llevarnos a Xi'an. Con la palabra «carro», este vehículo chino se describe pobremente. Consiste en un chasis torpe y voluminoso colocado sobre un solo eje, libre de resortes, sus dos ruedas provistas de neumáticos de varios centímetros de ancho y espesor. El chasis está cubierto por un toldo de estera para proteger al viajero y su equipaje del calor y la lluvia. Los carros más pequeños, construidos siguiendo el mismo diseño, generalmente están pintados y tienen una cubierta de tela con ventanas en los costados. Estos carros son tirados en China por mulas o caballos, en Mongolia, por camellos o bueyes. En muchos de los caminos principales se han formado surcos profundos por el paso constante de las grandes ruedas, y, al diferir la longitud del eje en los diversos distritos, los surcos no son equidistantes en todos los caminos, de modo que ocasionalmente sucede que en ciertos cruces hay que cambiar todos los ejes. En Tongchuan, por ejemplo, ciudad situada en el punto de reunión de las provincias de Shaanxi, Shanxi y Henan, esta operación es necesaria.

El 11 de enero estábamos listos para comenzar. Habíamos tomado la precaución de equipar nuestro carro con un colchón de paja, algunas almohadas y edredones para protegernos de las sacudidas que sabíamos que nos esperaban. Estando ya nuestras cajas en posición, después de la lectura de las Escrituras con los misioneros, nuestra pequeña caravana se puso en marcha. Dos de los misioneros nos acompañaron fuera de las puertas de la ciudad para desearnos buena suerte, y fue solo después de que nos separamos de ellos que nos dimos cuenta de que en realidad habíamos emprendido la parte más difícil de nuestro viaje a través del Celeste Imperio. El camino, desde el principio, fue muy irregular, con hoyos de hasta de medio metro. Recibí un fuerte golpe en la cabeza, experimenté tantos cambios de posición y choqué con tanta frecuencia y enfáticamente con varias partes del carro que recordé que los resortes no son un lujo para viajar en carro en China. Se supone que los carreteros deben hacer una cierta etapa cada día, y se encuentran posadas al final de cada etapa para el alojamiento de los viajeros. Para cubrir la distancia requerida, viajábamos en medio de la noche y, aunque íbamos desde mucho antes del amanecer hasta el anochecer, no siempre podíamos llegar a una posada. En esos momentos, uno debe dormir en el carro o alojarse en una granja. Incluso las posadas regulares no son de ninguna manera atractivas.

Primero nos detuvimos en una de estas a treinta y cinco millas de Fancheng. Era una estructura endeble, con grandes grietas abiertas en las paredes, en las que había toscas ventanas de celosía con paneles de papel; los techos estaban hechos de cañas de bambú clavadas en las vigas, de las que colgaban telarañas en profusión; el dormitorio no tenía suelo y la cama era tan dura como las tablas, sin muelles, por supuesto, y sin mantas. Pero una agradece cualquier variación del tedio de un viaje en carro chino y, después de las sacudidas del primer día, puede descansar incluso en una posada china.

Una noche, al no haber podido llegar a la etapa requerida, buscamos refugio en una choza nativa en la ladera de una colina y dormimos en el *kang*, un mueble que ningún viajero en el oeste de China olvida fácilmente. El *kang* es una especie de elevación construida a lo largo de un extremo de la habitación, parecida a una plataforma hueca, la parte superior a veces cubierta con piedras planas. Sirve para todos los artículos principales de mobiliario en una casa occidental: sillas, estufa, cama y mesa. Se calienta con un fuego colocado en la caja y, cuando la superficie está moderadamente caliente, se puede reclinar con comodidad; pero esa noche el *kang* estaba tan caliente que pronto nos sentimos incómodos, casi asados por un lado y congelados por el otro. Finalmente, nos vimos obligados a levantarnos y apagar el fuego, y por último nos quedamos dormidos de puro agotamiento y desesperación.

El pasaporte de un extranjero en China le permite pasar gratuitamente todas las aduanas, y también acceder a los transbordadores que se encuentran habitualmente, en lugar de puentes, surcando todos los ríos de tamaño considerable que cortan las grandes carreteras. El transbordador que nos llevó a través de un gran río estaba repleto de gente que iba al mercado del otro lado, pagando su pasaje, algunos con verduras y otros con dinero en efectivo. El barquero cobró la tarifa mientras se sentaba en el suelo frente a su tienda india de paja. Después de felicitarnos por el paso seguro del río, una de las ruedas de nuestro carro más pesado se hundió en la arena y tuvimos que emplear dos mulas más para sacarlo.

Nuestros carreteros eran tipos interesantes, pero su conocimiento de la política china, como de las cosas en general, era limitado. Refiriéndose a la guerra con Japón, uno de ellos nos informó que Li Hongzhang había sido nombrado emperador de China. ¡Algunas de las personas por cuyo territorio pasamos no habían oído nada de la guerra, y otros decían que los súbditos del emperador en Francia se habían rebelado!

China es un terreno propicio para el florecimiento de los cultos más antiguos, el budismo, el confucianismo y el taoísmo, que se encuentran uno al lado del otro y se entremezclan en gran medida. Un chino puede, sin sentido de incongruencia, profesar todas estas creencias a la vez. No apreciaría la afirmación del doctor Martin de que lógicamente las tres creencias son irreconciliables, siendo el taoísmo materialismo, el budismo idealismo y el confucianismo esencialmente ético. Al igual que el Estado, los unifica al tragar una porción de cada uno[1].

A medida que avanzábamos, los monumentos a esta compleja vida religiosa aumentaban en abundancia. Aquí, al pasar por una

---

[1] *A cycle of Cathay*, pág. 289.

ciudad, contemplamos las «puertas de la virtud», inmensos arcos de piedra tallada que cruzan las calles y que se erigieron en memoria de algún sabio o persona piadosa; allí, en las laderas, se levantan a algún santo budista «piedras de mérito», en cuyas cimas se fijan campanillas para que el viento las haga repicar en alabanza del gran hombre fallecido hace mucho tiempo. También se nos señalaron cuevas, antiguamente moradas de ermitaños, y colosales estatuas de Buda talladas en la roca sólida, mirándonos con un aire de calma sublime y majestuosa, que aún dan testimonio del celo de los primeros budistas *bhikshus* que viajaron desde la India para dar a conocer al «Maestro del Nirvana y la Ley». En el oeste de China, casi todas las granjas tienen su cementerio contiguo, en el que se pueden ver las mesas en las que la gente deposita sus ofrendas a los espíritus de los muertos. Creció sobre nosotros una comprensión inusitada al reflexionar sobre el papel que las grandes religiones no cristianas han desempeñado en China y sobre la profunda y secular impresión que han dejado en su pueblo. Sin embargo, nuestra fe no vaciló. Con mucha debilidad, íbamos a emprender una tarea estupenda no con nuestras propias fuerzas, sino con las de Él, quien ordenó a sus discípulos diciendo: «Id y haced discípulos a todas las naciones», y también prometió: «He aquí, yo estoy con vosotros todos los días, hasta el fin del mundo».

Cruzando un puente de piedra de arquitectura señorial y antigua, llegamos a la ciudad de Xi'an, antigua capital imperial de China y en la actualidad capital de la provincia de Shaanxi. Aquí nuestros carreteros hicieron arreglos con otros para llevarnos a Lanzhou, y ellos mismos regresaron a Fancheng. Xi'an es el centro comercial más importante del interior del norte, el hogar del emperador de una antigua dinastía, una ciudad de fuertes murallas, calles pavimentadas, majestuosos palacios y hermosos edificios gubernamentales. Es el sitio de la famosa tablilla nestoriana que da testimonio de las misiones cristianas en China desde el siglo VII de nuestra era. El campo circundante, aliviado por colinas ondulantes, es particularmente encantador; grandes caminos se ramifican en todas direcciones, dos de los principales conducen a Gansú. Los mercaderes de Xi'an comercian con todas las provincias circundantes, e incluso con Mongolia, Tíbet y Turquestán.

Con nuestros nuevos carreteros, volvimos a ponernos en marcha, aunque, por desgracia para nosotros, era el Año Nuevo chino y, en consecuencia, muy difícil comprar comida, ya que durante esa época festiva todas las tiendas están cerradas durante días seguidos. Sin embargo, no deseábamos demorarnos en Xi'an. Días claros y soleados y cielos despejados, sin nada más adverso que una tormenta ocasional de viento o polvo, como son comunes en el oeste de China, nos parecieron condiciones favorables para seguir adelante.

Una de las funciones importantes en relación con la celebración del Año Nuevo es el Festival de las Linternas, que se celebra el día quince del primer mes del calendario chino. Llegando una noche a una ciudad grande, con la intención de alojarnos en una posada en los suburbios, nos encontramos en medio de la fiesta. La larga calle estaba flanqueada a ambos lados por farolillos encendidos de exquisitos y variados diseños. Multitudes de personas subían y bajaban, y todo era vida, movimiento y júbilo; una escena extraña, pues la luna brillaba con una calma helada sobre nosotros. Nuestros caballos, asustados por el tumulto y el resplandor de la luz y por el paso de una larga fila de camellos con campanillas, casi volcaron nuestros carros en sus frenéticos esfuerzos por esconderse en algún lugar. Así atraíamos la atención incluso en contra de nuestra voluntad, y difícilmente nosotros mismos evitamos ser asaltados. Nos sentimos verdaderamente aliviados cuando llegamos a una miserable posada que en nuestros pensamientos se transformó casi en un palacio, ya que nos brindaba un refugio de descanso y seguridad de esa calle festiva brillantemente iluminada.

Fue un día feliz para nosotros cuando llegamos a Lanzhou, la capital de Gansú, pues deseábamos unos días de descanso en esa ciudad. Poco después de habernos alojado en una posada, el señor Mason, de la Misión del Interior de China, vino con un mensaje del señor y la señora Redfern, que nos extendían una invitación apremiante para que nos detuviéramos en su casa. Había traído el carro de la misión para transportarnos y pronto nos encontramos disfrutando de la hospitalidad de los misioneros.

En Lanzhou conocimos al señor Wu, un chino que había estudiado ocho años en América, especializándose en telegrafía. Había estado en la nueva provincia supervisando el tendido de líneas telegráficas y, en compañía de sus compañeros en Lanzhou, regresaba ahora a Pekín. El día anterior a nuestra llegada, había invitado a los señores Redfern y Mason a un banquete en un restaurante donde, por supuesto, según la etiqueta china, las damas no podían estar presentes. Deseando entretenernos a todos, preparó un segundo banquete, que se sirvió en la sala de estar de la casa de la misión, para que las damas pudieran asistir con decoro. Todo, incluidos los platos, fue traído del restaurante. Durante el camino habíamos tenido bastante práctica en el uso de los palillos y disfrutamos mucho de la comida, que era delicada al paladar y de apariencia artística. Conociendo nuestros puntos de vista con respecto al vino como bebida, el señor Wu había proporcionado un delicioso té en tazas de porcelana cubiertas y elegantemente decoradas y dulces a modo de compensación. La cortesía china rigió el festín, cada uno ayudando con sus propios palillos a otro con quien mostrar cortesía. Entre los muchos manjares había un cochinillo cortado en trocitos y cocinado de manera perfecta, también brotes de bambú, tubérculos de lirio y otros platos de los que en ese momento ni siquiera sabíamos los nombres. Se equivocan los occidentales que imaginan que los únicos elementos del menú chino son el arroz y las ratas. Como cocineros, los chinos compiten incluso con los franceses, y algunas de las comidas más deliciosas que compartimos en el extranjero fueron preparadas por los chinos. En reconocimiento a la hospitalidad del señor Wu, la señora Redfern, a su vez, preparó un festín para él; fue una cena inglesa como es debido, con varios tipos de postre. Sin embargo, debemos confesar que, en cuanto a delicadeza, el festín chino fue superior.

Después de unos días, el señor Rijnhart y el señor Ferguson subieron con el equipaje por el gran camino de carretas hacia Xining, mientras que yo me quedé atrás con el señor y la señora Redfern. Esperaría por el señor Rijnhart, que seguiría de Xining a Lusha'er para alquilar una casa y después volver a por mí. Siempre recordaré con gratitud los agradables días intermedios que pasé en Lanzhou y la amabilidad recibida de los misioneros.

A los pocos días, el señor Rijnhart regresó y anunció que había tenido éxito en alquilar una casa, pero que serían necesarias reparaciones considerables. Salimos al día siguiente hacia Xining, el señor Rijnhart montado en un caballo y yo en un burro, ambos generosamente prestados por el señor Ridley, de la Misión del Interior de China en Xining. Los dos animales habían sido compañeros durante tanto tiempo que, donde el caballo conducía, el burro lo seguía, hecho que aprecié en este mi primer paseo en burro, ya que me resolvió la esperada dificultad de guiar a uno de estos animales proverbialmente testarudos por empinados y caminos difíciles.

No muy lejos de Lanzhou, llegamos al tramo de la Gran Muralla que cruza el río Amarillo y encontramos la antigua estructura en un estado muy ruinoso, con grandes brechas y muy gastada por las lluvias durante siglos. No medía más de un metro y medio de altura y, por muy eficaz que fuera una defensa contra las incursiones de turcos, mongoles y manchúes, no sería un obstáculo serio para un ejército moderno. Hay dos caminos de Lanzhou a Xining: uno para carros, el otro, para viaje en mula. Los carros hacen el viaje por el «camino largo» en diez días; por el «camino corto» de las montañas, el que habíamos elegido, las mulas llegan en la mitad de tiempo.

El territorio de Gansú presenta una elevación que varía, según el itinerario de Rockhill, de mil doscientos a dos mil setecientos metros. Cordilleras se extienden en varias direcciones, protegiendo de los vientos fríos los valles fructíferos, notables por su exuberante producción de uvas, melones, melocotones, albaricoques y todo tipo de cereales. Alrededor de la ciudad de Lanzhou, el tabaco se cultiva en grandes cantidades y constituye la base de la industria de la ciudad. Parte de nuestra ruta discurría junto al río Amarillo y, durante un tiempo, también seguimos las aguas torrenciales del Xi Ho, uno de sus afluentes. Vimos comerciantes mahometanos que bajaban por el río con sus cargamentos de aceite vegetal, destinados al mercado de Lanzhou, en toscos flotadores hechos de pieles de vaca infladas y amarradas entre sí. Qué emocionante fue ver a los hábiles barqueros guiar uno de estos flotadores muy cargados alrededor de un recodo pronunciado en el río donde el agua bullía y formaba espuma sobre las aguas poco profundas. Justo cuando parecía seguro que la destrucción contra algún saliente afilado aguardaba a la embarcación, mediante un hábil empujón era lanzada hacia la corriente y llevada más allá del punto de peligro en medio de los gritos de todos los espectadores.

Pasando por encima de las ruinas de muchos pueblos que habían sido devastados por la rebelión mahometana de 1861-1874, finalmente llegamos a un estrecho desfiladero de considerable importancia histórica. Subiendo por el camino que bordea el precipicio, vimos el río bullir abajo, batiéndose en espuma de rabia en protesta por su repentina limitación. Fue en este paso que los mahometanos mantuvieron a raya al ejército chino durante ese periodo sangriento, que será siempre memorable para los habitantes de Gansú, y donde nuevamente, en 1895, se colocaron miles de efectivos y buscaron repetir la táctica. Poco pensamos, mientras pasábamos por la orilla del río en un hermoso día soleado, bajo un cielo azul sin nubes y en medio de la pacífica soledad de las montañas, que este mismo lugar sería de nuevo en pocas semanas el escenario de un tumulto militar, lleno de legiones de rebeldes enfurecidos y sedientos de sangre. Soñábamos aún menos que la concentración de los mahometanos aquí para detener el avance del ejército chino sería el designio providencial que les impediría arrasar Lusha'er y Kumbum, donde habríamos sido una presa fácil.

La gente de Gansú nos pareció amable y servicial. Bien mantuvieron su reputación de ser menos desagradables que los naturales de otras provincias, porque nos trataron con la mayor bondad e hicieron todo lo que estuvo en su poder para agilizar nuestro viaje. El quinto día después de nuestra partida de Lanzhou, las murallas de Xining se vislumbraban en la distancia, y estábamos dentro de las puertas a tiempo para tomar el té de la tarde en la sede de la Misión del Interior de China, donde fuimos recibidos cordialmente por el señor y la señora Ridley y el señor Hall. Lusha'er se encontraba a cincuenta *li* hacia el oeste, donde nuestra casa ya había sido asegurada y las torres de la gran lamasería budista de Kumbum resplandecían.

II. ENTRE LOS LAMAS

Llegada a Lusha'er – Extrañas ceremonias de un lama – Trabajo médico – Nuestro maestro tibetano – Primera experiencia con nómadas ladrones

La parte occidental de la provincia de Gansú, denominada de diversas formas por los geógrafos como parte del Tíbet chino o exterior, es conocida por los tibetanos como Amdo, y los habitantes reciben el nombre de Amdowa. Según los etnógrafos chinos, la población extranjera de Amdo puede dividirse en dos grandes clases, los *tu fan* o «bárbaros agrícolas», que tienen una gran mezcla de sangre china, y los *si fan* o «bárbaros occidentales», que son de estirpe tibetana pura.

Los *si fan* viven, en su mayor parte, una vida nómada y están organizados en varias bandas bajo jefes hereditarios responsables ante los chinos en Xining, a quienes rinden tributo. Los autores chinos dicen, además, que la actual población mixta de Amdo es la progenie de muchas tribus aborígenes distintas, pero hay algunos elementos que deben explicarse por inmigraciones posteriores. Hacia el oeste, desde Xining, el camino atraviesa una meseta muy cultivada; las fincas están regadas por un perfecto sistema de riego artificial, lo que demuestra la laboriosidad y habilidad de los campesinos.

Las casas de los pueblos están todas construidas de barro y tienen techos planos. En el camino uno se encuentra con grupos de comerciantes, en parte chinos, pero con un gran parecido con los turcos y que se distinguen por un tocado que parece ser un cruce entre un gorro chino y un turbante musulmán. Estos son mahometanos que van a comerciar en Xining. Luego viene una pequeña caravana de mongoles o tibetanos montados en camellos, ataviados con sus feos vestidos de piel de oveja y grandes gorros de piel, de camino a ver al *amban* de Xining, o tal vez yendo a Mongolia Oriental o Pekín; o uno puede encontrarse con una procesión de peregrinos tibetanos de rostros morenos que regresan en fila india, con paso lento y majestuoso, de algún acto de adoración en Kumbum a sus hogares en los valles al norte de Xining. Toda la parte occidental de Gansú, en lo que a sus habitantes se refiere, marca la transición entre una población puramente china y un pueblo extranjero, predominando los chinos en los centros más grandes, pero las aldeas y campamentos están compuestos en gran parte por habitantes extranjeros o mestizos.

El señor Rijnhart me había dejado en Xining y se había ido a Lusha'er para completar la preparación de nuestra casa, pero me había vuelto impaciente, al no tener demasiada confianza en la habilidad masculina para poner una casa en orden de una manera que complaciera a una mujer, así que cabalgué hasta Lusha'er con el señor Hall. El viaje de medio día nos llevó a la vista de las colinas que rodean Kumbum, y cuando nos acercamos pudimos ver a algunos de los lamas atendiendo a sus caballos o recogiendo combustible. Sin embargo, la vista más extraña de todas fue la del señor Rijnhart y el señor Ferguson vestidos con ropa europea. Nuestros ojos se habían acostumbrado tanto a la vestimenta oriental que parecían más grotescos incluso que cualquiera de los viajeros fantásticamente ataviados que habíamos encontrado en el camino. Asistidos por unos carpinteros nativos, habían estado muy ocupados en la casa, pero cuando llegué encontré todo en desorden, tal como lo había previsto. No obstante, estaba agradecida de que nuestro largo viaje se hubiera completado, no nos había sucedido ni un solo accidente digno de nombrarse desde que salimos de la costa del Pacífico de América seis meses antes.

Lusha'er tiene una sola calle principal con edificios de adobe y techos planos a cada lado y, en el momento de nuestra llegada, tenía alrededor de mil habitantes, divididos equitativamente entre mahometanos y chinos, con unos pocos tibetanos y mongoles. Estos diferentes pueblos se podían distinguir tanto por su apariencia general como por su forma de hablar. El mongol, con su semblante ancho, plano y bonachón y su cabello corto, vestido con su larga túnica de piel de oveja, con su mosquete echado sobre su hombro, no podía confundirse mientras caminaba por la calle, seguido por su esposa unos pasos detrás de él; el tibetano puro, igualmente vestido con piel de cordero, anunciaba su nacionalidad con la espada que portaba en su cinturón. Identificar a un chino estaba, por supuesto, fuera de toda duda, mientras que el mahometano de origen turquestano podía ser reconocido por su nariz aguileña, rostro esbelto y barba o bigote desordenados. Al ser el núcleo comercial de la lamasería Kumbum, Lusha'er es visitada por comerciantes de China, Mongolia y varias partes del Tíbet. Especialmente durante los grandes festivales religiosos que se celebran de vez en cuando en la lamasería, se realiza un activo comercio de lámparas de altar, cajas de amuletos, ídolos, ruedas de oración y demás parafernalia del culto budista. Cerca del pueblo hay un vestigio de una antigua muralla que, evidentemente, en algún momento se había utilizado como muralla de defensa. En la narración de Huc y Gabet no se hace mención de Lusha'er por la razón de que probablemente no existía cuando estos viajeros pasaron por allí, ya que el negocio de la lamasería de Kumbum se hacía anteriormente en Shenjun, a unas pocas millas de distancia de Kumbum.

Los carpinteros chinos hicieron un progreso característicamente lento con nuestra casa. El ruido que acompañaba el trabajo era a veces casi ensordecedor, los trabajadores gritaban todos a la vez cuando había que hacer algo urgente. La casa, situada al pie de un cerro con la fachada apuntando hacia la calle principal, era una estructura sólida de adobe con techo plano, construida enteramente de acuerdo con las ideas chinas de arquitectura, y, después de que ordenamos el local, la disposición de los apartamentos era más o menos como sigue: la puerta principal conducía a un patio exterior, amurallado, pero no techado; desde el patio exterior, un oscuro y estrecho pasaje conducía al patio central o interior, alrededor del cual se disponían las habitaciones por todos lados. En un rincón estaba la cocina, y en diagonal a ella un trastero, y en otro rincón el establo, mientras que a los lados más cercanos a la entrada estaban los dos cuartos de huéspedes, uno para hombres y otro para mujeres, este último con un armario para medicamentos.

Los cuartos de huéspedes los destinamos a la recepción de visitantes que venían para tratamiento médico o para informarse sobre asuntos espirituales. Las paredes estaban decoradas con imágenes bíblicas en colores que nos hicieron un buen servicio al sugerir temas para la conversación religiosa. Muchas de las imágenes representaban escenas de la vida de Cristo y animaron a los nativos a hacer preguntas que nos abrieron oportunidades de oro para leer el Nuevo Testamento y contarles más a fondo la historia del Evangelio. El mobiliario era sencillo y escaso, una gran mesa de dos metros de largo, unas cuantas sillas altas, de respaldo recto y muy incómodas, y el indispensable *kang*.

Frente a las habitaciones de huéspedes estaban nuestro comedor, estudio y dormitorio. En los dos lados restantes estaban los apartamentos del señor Ferguson, el dormitorio de nuestro sirviente chino y una sala de estar donde todos nos reuníamos para orar, estudiar la Biblia y conversar. Se podía acceder al techo plano de la casa por medio de una escalera, y muchas veces, cuando hacía buen tiempo, nos íbamos allí para para descansar o sentarnos a tomar el sol. Detrás de la casa, en la colina, después preparamos un jardín bastante grande, en el que cultivamos varios tipos de vegetales a partir de semillas que nos envió un amigo desde Canadá.

Nuestro servicio de limpieza se reducía a la sencillez. Han Xia, nuestro «muchacho» chino, de unos veintidós años, pronto aprendió bajo mi enseñanza a preparar muchos tipos de comida al estilo inglés o americano, y dos veces por semana nos obsequiaba con *mien*. Al no tener horno en nuestra estufa, improvisamos uno con una lata de parafina, en el que podíamos asar carne y hornear galletas.

En general, no nos fue mal en Lusha'er; en el mercado podíamos comprar cordero, huevos, leche, verduras, harina y arroz. La costumbre pronto nos introdujo a nuestro nuevo entorno y, cuando los carpinteros terminaron, éramos, en general, tan felices en nuestro lejano y aislado hogar como posiblemente podríamos haberlo sido en Estados Unidos.

No mucho después de nuestra llegada, nos visitaron el señor y la señora Ridley y su pequeña Dora. Habían subido con el propósito de recuperar la salud entre los cerros, y durante su estancia asistimos a la interesante ceremonia de ofrendas quemadas celebrada cerca de la lamasería de Kumbum. Multitudes de chinos y tibetanos, hombres, mujeres y niños, se habían congregado para ver salir de su templo la procesión de lamas y, al descubrir que algunos extranjeros se encontraban entre la multitud, dirigieron su atención hacia nosotros, casi abrumándonos con su amistosa curiosidad.

Parecía que fuéramos a morir aplastados. Al estar rodeados, no podíamos regresar a casa y nos vimos obligados a idear de inmediato algún medio de protección. Al invitar a las mujeres nativas a sentarse a nuestro lado, pronto nos encontramos en medio de un gran grupo que se acuclillaba como un sastre a nuestro alrededor, sirviendo como un baluarte eficaz y evitando que la multitud se abalanzara sobre nosotros. La señora Ridley involucró a las mujeres en una conversación interesante, esforzándose al máximo todo el tiempo para evitar que pusieran sus manos violentas sobre su bebé.

Las mujeres tibetanas eran para nosotros un objeto especial de interés, conspicuas en sus vestidos largos y de colores brillantes sujetos alrededor de la cintura por fajas verdes o rojas, sus toscas botas altas y su elaborado tocado. El cabello estaba recogido en una serie de pequeñas trenzas que colgaban por la espalda y se sujetaban entre sí con anchas tiras de tela de colores alegres, o con una gruesa banda de cartón o fieltro cubierta con adornos de plata, conchas y cuentas. Este elaborado peinado era cubierto por un sombrero con ala de piel blanca y borlas rojas colgando de la puntiaguda copa. De las orejas colgaban grandes argollas, a las que se unían sartas de cuentas que colgaban en largos bucles a través del pecho. Las chinas, sin sombrero, con el pelo negro reluciente de agua de linaza, los vestidos azules comunes y los pies deformes, no eran tan atractivas como sus vecinas las tibetanas.

En ese momento, el sonido de trompas, címbalos y gongs anunció la llegada de la procesión, y todos, en confusión, corrieron a ver el espectáculo. Cientos de lamas, ataviados con sus túnicas flotantes, salieron con pasos solemnes de la lamasería, algunos de ellos portando grandes e irregulares marcos de madera pintados de rojo, azul y amarillo, y enormes fardos de paja. Los marcos se colocaron en un lugar abierto, la paja se colocó alrededor de ellos y la ceremonia de las ofrendas quemadas estuvo lista para comenzar. Los lamas dispararon sus armas, cantaron algunos encantamientos ininteligibles, soplaron ensordecedores toques con sus gigantescas trompas y luego prendieron fuego a la paja. Los marcos pronto se redujeron a cenizas y supimos que el propósito de la ceremonia era protegerse de los demonios del hambre, la enfermedad y la guerra.

Tan pronto como la gente se enteró de que estábamos preparados para tratar sus dolencias y dispensar medicamentos, acudieron a nosotros con total libertad. Los chinos fueron los primeros en acercarse a nosotros, pero pronto llegaron los tibetanos, incluso los lamas, y no pasó mucho tiempo antes de que tuviéramos tanto trabajo médico y de hospitalidad como pudiéramos atender. Como es imposible conseguir que una multitud de tibetanos escuche un discurso, nuestra labor evangelizadora consistió principalmente en conversar sobre el cristianismo con las personas que venían a vernos, y desde el principio pudimos interesarlas en las enseñanzas del Nuevo Testamento.

Como los propios tibetanos no tienen una ciencia médica digna de ese nombre, el tratamiento dado por los médicos nativos generalmente significa un aumento de la agonía para el paciente. Para el dolor de cabeza, se aplican emplastos adhesivos grandes en la cabeza y la frente del paciente; para los reumáticos, a menudo se entierra una aguja en el brazo o el hombro; se extrae un diente atando una cuerda y tirando de él, sacando a veces una parte de la mandíbula al mismo tiempo; un paciente con dolor de estómago puede ser sometido a un buen golpe o a la aplicación de un trozo de mecha empapada en grasa de mantequilla ardiendo; o, si la medicina se va a tomar internamente, consistirá probablemente en un trozo de papel enrollado en forma de bolita en el que se escribe una oración y, si esto no produce el efecto deseado, se administrará otra bolita, compuesta por los huesos de algún piadoso sacerdote.

Aunque los nativos parecen tener una gran fe en los médicos nativos, no tardaron en otorgarnos su patrocinio. Entre las dolencias comunes que éramos llamados a tratar, estaban la difteria, el reumatismo y la dispepsia, además de muchas formas de enfermedades de la piel y los ojos. Una mañana, una mujer nos trajo a su marido, que padecía difteria, y nos pidió que le diéramos medicinas. Después de explicarle que la enfermedad era muy grave y que su esposo estaba tan enfermo que probablemente moriría, agregando que no seríamos responsables si él moría, le dimos el tratamiento que pudimos, incluyendo algunos medicamentos para que los tomara en casa. A la mañana siguiente, su esposa vino a anunciar que su esposo no podía tomar la medicina. Entonces me ofrecí a ir a la casa, con la intención de quitar un poco de la membrana y aliviar a la víctima, pero a nuestra llegada encontramos que un lama había pegado un cartel en la puerta que prohibía la entrada porque, según decía, un demonio había tomado posesión de la casa. Nos vimos obligados a alejarnos y nuestros corazones se entristecieron al escuchar dos días después que el hombre y también uno de sus hijos pequeños habían muerto.

Como nuestra intención era trabajar principalmente entre los tibetanos, nos enfrentamos de inmediato al problema de aprender el idioma, aunque podríamos habernos arreglado solo con el chino, ya que todos los tibetanos en la frontera hablan ese idioma tan bien como el suyo; pero, conscientes de que la lengua tibetana sería para nosotros un medio de comunicación más cercano con los nativos, nos dispusimos a buscar un maestro. Como los lamas son los únicos poseedores de las letras tibetanas, puesto que las grandes masas de la población laica no saben leer ni escribir, no estaban demasiado complacidos con la idea de comunicar su lengua sagrada a los «diablos extranjeros» y tuvimos grandes dificultades en persuadir a alguien para que nos enseñase. Finalmente, un lama joven y bastante bien parecido llamado Ishi Nyima [2] accedió a darnos instrucción por una suma nominal, con la condición de que no lo hiciéramos saber, porque parecía tener mucho miedo de que alguien lo acusara ante el *sung kuan*, o disciplinario de la lamasería, de estar en términos demasiado amistosos con los extranjeros, pues, por supuesto, todavía nos miraban con más o menos reserva y tal vez con un poco de sospecha.

Ishi Nyima era de mediana estatura, bien formado, y prefería el tipo mongol al tibetano, aunque siempre decía que era de este último linaje. Tenía el rostro picado de viruelas, pero no carente de expresión, y, cuando sonreía, todo su semblante resplandecía de buen humor. No pertenecía a la clase más alta de lamas, sin embargo, al no tener que hacer trabajos de baja categoría, estaba bien vestido. Portaba el hábito ordinario del lama: una chaqueta roja sin mangas, una falda amplia ceñida alrededor de la cintura y una bufanda larga un poco descuidada, pero siempre de la misma manera, dispuesta sobre los hombros. Su ropa estaba sucia, pero no andrajosa. La primera cantidad de dinero que recibió como pago por sus lecciones la invirtió en telas de Xining, y yo le hice prendas con mi máquina de coser. Nos dijo que a los lamas no se les permitía usar mangas, pantalones o calcetines, excepto en ocasiones especiales, y agregó que, en este punto, la lamasería tenía un código de leyes muy estricto, cuya violación acarreaba severos castigos, a veces incluso la expulsión. Aunque Ishi Nyima podía leer bien el carácter tibetano, descubrimos, para nuestra decepción, que no podía explicarlo en

---

[2] Pronunciado I-shi Ni-ma.

absoluto, por lo que nuestras lecciones dieron un giro más práctico y le dimos palabras y frases en chino que nos tradujo al tibetano. Venía a enseñarnos todos los días, excepto el domingo, día en el cual asistía siempre al servicio religioso que se celebraba en la habitación de huéspedes.

El tibetano pertenece, filológicamente, a la familia de lenguas turanianas. Es esencialmente monosilábico, asemejándose en este aspecto a muchas de las lenguas de los indios norteamericanos. El sistema verbal se basa en raíces con prefijos y afijos, la sintaxis es comparativamente sencilla y los modismos son claros y expresivos. El alfabeto, adaptado del sánscrito por Thonmi Sambhota, un destacado erudito y estadista tibetano, alrededor del año 623, ofrece un carácter simple y fácil de formar, que contrasta fuertemente con los engorrosos glifos de los chinos. Hay dos dialectos principales del idioma: el tibetano de Lhasa, que se supone que es el estándar de excelencia, y el tibetano oriental, que varía considerablemente. Los tibetanos de Koko Nor, de hecho, tienen grandes dificultades para comprender el habla de los comerciantes y lamas de Lhasa. Para fines coloquiales, estábamos particularmente interesados en el tibetano oriental, aunque, por supuesto, si uno desea leer, debe aprender el dialecto de Lhasa, ya que es el idioma literario del país.

Nuestro maestro no se quedaba corto ante nadie en materia de suciedad, por lo que nos esforzamos por inculcar en su mente alguna idea de higiene. Después de algunas instrucciones, aprendió a usar la toalla y el jabón, y, aunque los lamas tienen la regla de no permitir que las tijeras toquen sus cabezas cuando se cortan el cabello, permitió que le afeitaran la cabeza con las tijeras, que eran una fuente inagotable de maravilla e interés para los nativos. Gradualmente, tomó una apariencia decente y comenzó a mostrar algunos signos de interés en nuevas ideas. Siendo un tanto epicúreo, entraba libremente en la cocina, supervisando la preparación de los manjares por los que tenía preferencia. Enseñó a nuestro sirviente chino a hacer *oma cha*, una decocción que los tibetanos beben con gran deleite. Los ingredientes están implícitos en el nombre: se pone un trozo de ladrillo de té en una olla de agua y se deja hervir unos minutos, luego se agrega aproximadamente la mitad de leche que de agua y todo se lleva al punto de ebullición nuevamente. Cuando más tarde nos quedamos sin sirviente al enlistarse este como soldado, Ishi Nyima haría el *mien*. En lugar de cortarlo en tiras, lo cortaba en cuadrados y lo añadía al agua, la carne y las verduras, formando un plato sabroso y sustancioso. Aunque estudiamos mucho con nuestro tibetano y nos esforzamos por comprender a la gente y comunicarnos con ellos, no hicimos el progreso que deberíamos haber hecho, la causa de esto fue que nos enseñó una mezcla de tibetano y mongol que era en gran medida ininteligible para cualquiera de las personas. En esto y en otras cosas lo encontramos poco confiable, y algunas de sus acciones bordeaban la deshonestidad.

Poco después de haberlo conocido, Ishi Nyima nos invitó a su casa en la lamasería de Kumbum y, habiendo puesto su casa en orden para nuestra visita, vino a acompañarnos hasta allí. Cruzando el barranco que divide a Kumbum en dos secciones, y abriéndonos paso por estrechos callejones e hileras de casas encaladas, finalmente nos encontramos ante una de las mejores y más alejadas casas de la lamasería. El patio presentaba un aspecto ordenado y estaba adornado con un jardín de flores en el centro, en el que florecían algunas amapolas amarillas. Varios lamas vestidos de rojo, con la cabeza descubierta y rostros sonrientes, nos dieron una bienvenida mongola, tendiéndonos ambas manos con las palmas hacia arriba, e inmediatamente nos condujeron a través de una pequeña habitación a otra aún más pequeña cuyo *kang* cubría todo el piso. Sobre la puerta colgaba una cortina, cargada con el polvo y la grasa de los siglos. Los muebles eran los que normalmente se encuentran en la casa de un lama. Estaba la mesa del *kang*, de unos veinticinco centímetros de altura, sobre la que estaban colocados unos cuencos de porcelana, un plato de *tsampa* pintado de vivos colores y un plato de madera que contenía pan frito en aceite, nada apetecible ni por su sabor ni por su olor. Las paredes de la habitación estaban adornadas con los cuadros que nosotros mismos le habíamos dado a nuestro anfitrión y que, con su sabor occidental, parecían bastante fuera de armonía con el tosco interior.

Tuvimos una conversación muy amena sobre el gran monasterio con sus venerados lamas y tradiciones sagradas, sobre Lhasa, el hogar del aprendizaje budista y del gran dalái lama, sobre las doctrinas del cristianismo y sobre el gran mundo occidental, del cual Ishi Nyima no sabía casi nada. Además, bebimos té y participamos de otros refrescos que este último había preparado con sus propias manos. De acuerdo con la costumbre, nos ofreció un gran trozo de mantequilla rancia que, si hubiéramos sido tan amables como nuestro anfitrión, deberíamos haber echado en nuestra taza de té en lugar de azúcar. No obstante, conociendo tan bien a Ishi Nyima, rechazamos el delicado bocado, aunque haberlo hecho en cualquier otra circunstancia se habría considerado poco menos que un insulto. Además, estaba tan encantado con el catalejo y la cámara del señor Rijnhart que podríamos haber ignorado toda cortesía tibetana con impunidad.

Después del té, Ishi Nyima nos condujo a través del patio a su capilla privada, una sala que contiene su altar doméstico y artículos de adoración. Sobre el altar había varios diminutos, pero no menos horribles, ídolos de bronce y arcilla que representaban varias divinidades budistas, ante las cuales ardían pequeñas lámparas de mantequilla, también de bronce, llenas de manteca derretida, cada una provista de una mecha y lanzando su pequeña llama. Otras vasijas planas de bronce con agua, algunas *khatas* o «bufandas de ceremonia» —tiras estrechas de tela similar a un velo correspondientes en uso a la *carte de visite* occidental— y algunos tomos de literatura budista de aspecto mohoso completaban el equipo de este santuario doméstico. Encontramos a Ishi Nyima, además, un anfitrión de lo más genial, ejerciendo todas las artes a su alcance para hacer que nuestra visita fuera placentera; sin embargo, nos alegramos cuando llegó el momento de regresar a nuestra propia morada limpia y aireada en Lusha'er, y partimos conscientes de que le habíamos hecho un buen servicio a Ishi Nyima al librarlo de una generosa parte de las alimañas en su morada sacerdotal. Nuestra batalla con esta compañía no deseada iba a comenzar cuando llegáramos a casa.

A través de nuestra amistad con Ishi Nyima, obtuvimos un conocimiento de Kumbum y todo lo relacionado con él que de otro modo habríamos buscado en vano durante mucho tiempo. Poco después de nuestra visita a su casa, nos acompañó nuevamente a la lamasería para presenciar una elaborada ceremonia con motivo de la ordenación del sacerdote que iba a servir como médico de lamasería. Ishi Nyima, que tenía algunos escrúpulos en aparecer públicamente como nuestro guía, caminó unos cincuenta metros por delante de nosotros, sin doblar nunca una esquina hasta asegurarse de que lo seguíamos. Habiendo llegado al patio del templo donde se iba a celebrar la ceremonia, tomamos nuestros lugares, Ishi Nyima de pie a cierta distancia frente a nosotros y sin quitarnos apenas los ojos de encima del primero al último. De las paredes del patio del templo colgaban todo tipo de imágenes fantásticas ejecutadas en colores llameantes por artistas chinos. En el centro del recinto había una mesa larga y estrecha, similar a las que se encuentran a menudo en los sitios de pícnic estadounidenses, sobre la que se colocaban hileras de platos decorados y vasijas de bronce de varias formas y tamaños que contenían *tsampa*, arroz, cebada, harina, pan, aceite y otros comestibles. Supimos que estas eran ofrendas que habían sido traídas para ser sacrificadas en honor del nuevo candidato para el puesto de superintendente médico.

Se había congregado una gran multitud de espectadores que miraban con reverencia y añoranza el festín preparado para los dioses cuando, de repente, irrumpió en el patio una procesión de unos cincuenta lamas ataviados con túnicas rojas y amarillas, cada uno llevando en la mano una campana. Tan pronto como se hubieron sentado en el pavimento de piedra, el *mamba fuye* o buda doctor entró y ocupó su lugar en un elevado trono de madera cubierto con tela carmesí y amarilla. Llevaba un sombrero alto, bellamente bordado, y una túnica ceremonial brillante acorde con la ocasión.

La ceremonia comenzó con un repiqueteo ensordecedor de campanas discordantes, cada lama compitiendo con los demás para producir el mayor ruido posible con su instrumento. La música fue seguida por el murmullo de algunos encantamientos cabalísticos y el extraño canto de oraciones. Justo enfrente del *mamba fuye* había una gran urna en cuyo fondo ardía un fuego que lanzaba vaporosas nubes de humo e incienso. A una señal dada, algunos de los lamas se levantaron y, tomando cada uno en un cucharón una porción de las deliciosas viandas que estaban sobre la mesa, caminaron gravemente hacia la urna y la arrojaron al fuego como ofrenda en honor del nuevo *mamba fuye*. Finalmente, se vertió un chorro de líquido que supusimos que era una especie de aceite sagrado de una pequeña olla de bronce. Luego hubo repeticiones de oraciones, encantamientos y toques de campanas, y pasó mucho tiempo antes de que el *mamba fuye* fuera declarado debidamente instalado. La posición de lama médico se considera de gran importancia. El cargo en la lamasería de Kumbum se ocupa por periodos de tiempo variables, dependiendo en parte de la eficiencia del titular, pero más quizás del número de sus amigos influyentes.

Como la mayoría de los lamas, Ishi Nyima tenía muchas historias extrañas que contar sobre el Koko Nor, el mar interior azul, que se encuentra al oeste de Lusha'er y Kumbum, en lo alto de la pradera. Nos entretuvo durante muchas veladas detallando en tono reverente algo de la riqueza de leyendas que la tradición y la fantasía popular han tejido en torno a ese cuerpo de agua. Es conocido por tibetanos, mongoles y chinos, cada uno de los cuales lo llama por un nombre diferente, pero el nombre mongol Koko Nor, que significa «lago azul», parece haber ganado ascendencia. Su importancia religiosa se reconoce en gran parte de Asia central. Incluso el *amban*, el embajador chino o gobernador del Tíbet nororiental, que vive en Xining, peregrina una vez al año y le rinde homenaje.

El efecto inmediato de las representaciones de Ishi Nyima despertó en nosotros un intenso deseo de visitar el lago, conocer a las tribus de Koko Nor y averiguar las perspectivas de trabajo misionero entre ellas. Como Ishi Nyima nunca había visto el lago, pareció encantado cuando le pedimos que nos acompañara. La fecha de la salida se fijó en el mes de junio, cuando los cerros habían adquirido su exuberante tapiz verde y toda la naturaleza parecía conspirar para producir las condiciones ideales para tal excursión. Como W. W. Rockhill, el viajero estadounidense, había escrito sobre la oposición del *amban* y otros funcionarios chinos a que los europeos entraran en el territorio de los prados, todos nuestros preparativos se hicieron en silencio. Empleamos un arriero con cuatro animales, hicimos acopio de provisiones para todo el viaje, que, ida y vuelta, calculábamos que duraría unos doce días, y partimos muy animados, dejando nuestra casa al cuidado de un sirviente. Ishi Nyima, encaramado en lo alto de una carga que consistía en la tienda y un fardo de comida, llevaba un gran sombrero de paja con el ala ancha con el que ocultó cuidadosamente su rostro hasta que salimos de la localidad donde se le conocía.

Al llegar al pueblo de Huangyuan a última hora de la tarde, montamos nuestro campamento fuera de la puerta oriental. Ansiosos por evitar a los funcionarios, nos levantamos al amanecer y atravesamos el pueblo hacia la puerta oeste, siendo abordados con frecuencia por hombres que querían arrastrarnos ante el *lao yeh* en el *yamen*, pero escapamos a la pradera y pasamos el monasterio de Gompa Soma, aunque todos los individuos que nos encontramos eran considerados funcionarios que posiblemente nos prohibirían seguir adelante. A diez millas de Gompa Soma, y aún lejos del lago, acampamos para desayunar cerca de un recodo del Xi Ho, o río del Oeste, en un hermoso lugar cubierto de hierba salpicado de flores rosadas. Al otro lado del río se extendía un panorama encantador de colinas onduladas que, a primera hora de la mañana, parecían las tiendas grises y dormidas de algún ejército gigante. Nunca olvidaré la calma de ese hermoso día en la meseta oriental, lejos del tumulto de la civilización, ni a la vista ni al oído del campamento o asentamiento más tosco de ningún tipo.

Pero de este ambiente tranquilo iba a crecer una gran inquietud. Mientras Ishi Nyima estaba recogiendo *argols* —la palabra mongola para los excrementos secos de animales que los nómadas usan como combustible y que, de hecho, deben usar todos los viajeros, ya que estas regiones salvajes están desprovistas de madera—, nuestras mulas se soltaron de su atadura y pronto se perdieron de vista. El señor Ferguson y el arriero partieron en busca de los animales perdidos. El señor Rijnhart y yo esperamos todo el día, preguntándonos cómo les iría tanto a las mulas como a los perseguidores. No supimos nada definitivo hasta el regreso del señor Ferguson a las once de la noche, y solo pudo anunciar que no se había encontrado ningún rastro de las mulas fugitivas, y agregó, para nuestro horror, que se había separado del arriero y no sabía nada del destino de este. Podría haberse perdido en algún lugar de la lúgubre llanura o entre las sinuosas colinas, y existía la posibilidad más grave de que lo hubieran devorado los lobos o de haber caído en manos de los temibles ladrones tanguts que acechan en los barrancos listos para abalanzarse sobre cualquier presa, sea grande o pequeña.

Nubes de ansiedad flotaban en el rostro oscuro de Ishi Nyima. No podía dormir. Una y otra vez salió de la tienda, mirando a lo largo y ancho sobre el desierto iluminado por las estrellas, ansioso por captar cualquier señal del arriero perdido, pero en vano. Su ansiedad no era sin causa, porque, si algo le hubiera pasado al arriero, habría sido considerado responsable. Un sentimiento de inseguridad invadía todo el campamento, Ishi Nyima había logrado persuadirnos de que los tanguts podrían abalanzarse sobre nosotros en cualquier momento. La agonía y la quietud de esa horrible noche, interrumpida solo por los sonidos apagados de nuestras propias voces, el distante aullido de un lobo y el monótono balbuceo de los rápidos del Xi Ho, no se olvidaron en mucho tiempo.

Al amanecer del día siguiente, justo cuando Ishi Nyima estaba preparando el desayuno, dos de las mulas perdidas regresaron por su propia voluntad y, poco después, para nuestra gran alegría, nuestro arriero llegó corriendo al campamento. El fiel hombre había continuado su búsqueda infructuosa en la noche y, habiéndose perdido, se había agazapado detrás de una roca para descansar hasta el amanecer; pareció bastante compensado por su problema al descubrir que dos de las mulas habían regresado. Dado que un animal negro seguía extraviado, el señor Ferguson salió de nuevo a la búsqueda. Como no regresaba después de un tiempo inexplicablemente largo, el señor Rijnhart oteó el horizonte con el catalejo para ver si había algún rastro de él y, después de una breve ausencia, llegó corriendo a la tienda gritando: «¡Preparad las armas! ¡Hay seis tibetanos salvajes detrás de Will!».

La emoción reinó suprema y se hicieron todos los preparativos para mostrar al enemigo nuestra capacidad y disposición para defendernos a nosotros mismos y nuestros bienes si fuera necesario. El señor Ferguson cabalgó bien, superando a sus perseguidores menos a uno, un gran tibetano armado con una lanza que siguió de cerca su rastro. Sabíamos que el señor Ferguson era bastante capaz de cuidar de sí mismo, ya que llevaba un revólver y, por lo general, la vista de armas extranjeras de cualquier tipo tenían un efecto saludable en estos nómadas salvajes.

Pronto, no solo el señor Ferguson, sino los seis tibetanos habían llegado a nuestra tienda, y estos últimos se disponían a apoderarse de nuestras posesiones cuando Ishi Nyima protestó, informándoles que teníamos armas extranjeras, tras lo cual arrojaron sus rudimentarios mosquetes y torpes lanzas en el suelo. Se sentó junto a ellos, llenó sus pipas y fumó y charló de una manera muy amistosa. En ese momento, otro grupo de tibetanos llegó al galope hacia nuestra tienda. Eran diez en número y, cuando se acercaron, divisamos nuestra mula negra perdida entre sus animales. Estos tibetanos estaban bien vestidos con prendas de varios y hermosos colores. No sabíamos sus intenciones, pero seguían asegurándonos en nombre de Buda que eran buenos hombres y, si faltaba alguna prueba, añadían triunfalmente que uno de ellos era un lama. Al mismo tiempo, comenzó a manifestarse el instinto depredador; los recién llegados insistieron en tener primero una cosa y luego otra de nuestras pertenencias, y solo se refrenaron de saquear todo el campamento cuando el señor Rijnhart amenazó con disparar si ponían las manos sobre nuestras cosas. Después de un altercado más, les dimos algo de dinero por atrapar nuestra mula: Ishi Nyima les dio un *mani*, o rosario, de gran valor y toda la banda se fue.

La pregunta ahora era: ¿debíamos continuar nuestro viaje hacia el Koko Nor o regresar a casa? Estuve muy agradecida cuando Ishi Nyima declaró que los tibetanos que acababan de dejarnos eran ladrones tanguts y que seguramente regresarían pronto con refuerzos para atacarnos, porque ese anuncio condujo a una decisión inmediata de dar marcha atrás. Aunque más tarde hicimos el viaje de Koko Nor sin miedo, gracias a nuestra mayor experiencia y conocimiento de la pradera y sus habitantes, por el momento la visión del lago Azul era oscura. Tras cargar nuestras mulas, saltamos sobre nuestras sillas y pronto estuvimos galopando hacia Huangyuan con dulces sueños de la seguridad y el refugio que nos esperaba en nuestro pequeño hogar en Lusha'er.

Desviándonos un poco del camino por el que habíamos venido, llegamos a Chang Fang Tai, un pueblo tibetano enclavado al borde de un pequeño arroyo. La tierra de los alrededores era bastante fértil, aunque en un estado baldío. Deambulando por la orilla del arroyo, recolectamos especímenes de helechos, pastos y flores silvestres. Los habitantes parecían ser de disposición pacífica al entrar en nuestra tienda y tomar el té con nosotros. Aquí, por cierto, probé mi primer plato de *tsampa*, el artículo básico de la dieta en todo el Tíbet, que ocupa el lugar del pan en otros países y que siempre había imaginado que debía ser muy delicioso por el gusto con el que Ishi Nyima invariablemente lo devoraba. El *tsampa* es una especie de comida hecha con cebada tostada que, después de amasarla bien con los dedos en una mezcla de té y mantequilla, se saca en trozos y se come con la mano. Aunque el señor Rijnhart agregó azúcar para hacerlo más sabroso, no pude comerlo.

En medio de nuestro disfrute en este pueblo, escuchamos las primeras noticias alarmantes de la terrible rebelión que pronto estalló con toda su furia entre los mahometanos del oeste de Gansú. Ya se habían oído débiles retumbos de tormenta, pero no habíamos considerado grave el panorama. Durante el día habíamos notado nubes de humo que se elevaban a lo lejos y que, según nos informó un mensajero tibetano, marcaban el escenario del comienzo de las depredaciones mahometanas. Una columna de fanáticos rebeldes había barrido el territorio del norte y caído sobre una aldea china, matando a todos los habitantes, incendiando los edificios y dejando nada más que cenizas, humo y cadáveres carbonizados.

Apresuradamente, levantamos nuestra tienda y, aunque la noche era oscura, cabalgamos hacia Kumbum, siguiendo con gran dificultad el sendero que serpenteaba entre las colinas mientras cada objeto oscuro se convertía para nuestra excitada imaginación en un mahometano agazapado listo para lanzar su lanza despiadada. Se nos escapó un suspiro de alivio cuando llegamos a las puertas de Lusha'er, pero sabíamos que nos esperaban noticias más serias, ya que, contrariamente a la costumbre, la puerta estaba cerrada y vigilada cuidadosamente. El viejo portero, a quien conocíamos bien, abrió para dejarnos entrar y nos informó del peligro que como una nube negra se había cernido sobre el pueblo desde que salimos. Se esperaba que en cualquier momento los mahometanos se precipitaran desde alguna emboscada cercana. No obstante, en medio de los sombríos presentimientos que por el momento llenaban nuestras mentes, hubo un temblor de alegría al pensar en nuestra buena fortuna al regresar a Lusha'er cuando lo hicimos. En efecto, la Divina Providencia nos había protegido y dirigido nuestros movimientos. Si hubiéramos ido a Koko Nor e intentado regresar más tarde, nos habríamos encontrado en la ruta interceptada por la fortaleza mahometana que pocos días después dominaba los caminos de Huangyuan a Kumbum.

III. UNA REBELIÓN MUSULMANA

Sectas musulmanas – El comienzo de la lucha – Nuestra relación con el abad – Refugio en la lamasería – La doctrina de la reencarnación

Entre los cuatrocientos millones de habitantes en China, el elemento mahometano, aunque comparativamente pequeño, debe contarse como un factor importante. Como una levadura que fermenta un cultivo de agitación doméstica para sí mismos y que de vez en cuando sale a la superficie en la vida nacional, los seguidores del Profeta han demostrado ser una fuente constante de problemas para las autoridades chinas, especialmente en las provincias de Shaanxi, Yunnan y Gansú, donde han establecido sus colonias más extensas. Según el doctor Martin, hay unos diez millones de ellos en todo el imperio, aunque otras autoridades sitúan el número mucho más alto.

Son conocidos por el apelativo general de *xiao jiao*, es decir, seguidores de la «pequeña religión», a diferencia de los chinos, quienes, con su complejo culto de adoración a los ancestros, idolatría y quema de incienso, lo son de *da jiao* o «gran religión». La magnitud comparativa de las dos religiones se estima, por supuesto, por el número relativo de sus adherentes.

Los mahometanos se distinguen de los chinos por su abstinencia de opio, vino, tabaco, cerdo y otras carnes, excepto cuando los mata un carnicero mahometano que ha sido especialmente autorizado por el *ahon*. Los viajeros, por esta razón, siempre pueden estar seguros de obtener carne buena y limpia de los carniceros mahometanos, mientras que los chinos no tienen escrúpulos en descuartizar y ofrecer a la venta un animal que ha muerto de una enfermedad.

Además de ser generalmente limpios, los mahometanos son industriosos, teniendo éxito en cualquier profesión que adopten, ya sea la de comerciante, arriero, carretero, cocinero, posadero o trabajador del cobre, la plata o el hierro. Sus restaurantes a lo largo de las grandes carreteras disfrutan del patrocinio liberal de todas las clases, mientras que, por otro lado, ningún mahometano participará de los platos «ceremonialmente sucios» del posadero ordinario del credo *da jiao*.

Los mahometanos de la provincia de Gansú, que suman alrededor de un millón y medio, constituyen la cuarta parte de su población. En las ciudades principales, como Lanzhou, la capital, y Xining, monopolizan los suburbios, y se pueden encontrar aldeas y pueblos enteros en varias partes de la provincia, incluso tan al oeste como la frontera tibetana. Además de ser conocidos bajo la denominación habitual de *xiao jiao*, para distinguirlos religiosamente de los chinos, también son llamados por estos últimos *huei huei*, mientras que los tibetanos y mongoles se refieren a ellos como *ka che*.

Aunque ahora han perdido en gran medida sus características raciales a través de los matrimonios mixtos con los chinos, todavía se los reconoce como descendientes de las grandes migraciones que vinieron de Turquestán, Cachemira y Samarcanda hace casi cinco siglos. Se dividen en dos sectas, llamadas «sombrero blanco» y «sombrero negro», siendo esta última idéntica a los salar, que son mucho más fanáticos y selectos que la otra secta. En el distrito de Xining, las dos facciones se conocen como *lao jiao*, o «religión antigua», y *xin jiao*, o «nueva religión», siendo esta última, hasta donde pudimos averiguar, la misma secta que los salar o mahometanos «sombrero negro». No se han fusionado tan agradablemente con los chinos como los primeros, ya que, aunque normalmente están dispuestos a rebelarse, los *lao jiao*, por regla general, permanecen neutrales o incluso cooperan con los chinos.

Los salar que se jactan de su origen maracandés se asientan alrededor de Hechuan, Xunhua, Mianyang y Daochuan, siendo su bastión la primera ciudad mencionada, de treinta mil habitantes, donde los chinos tienen que mantener un gran número de soldados, ya que casi todos los años hay problemas por las razones más triviales. Los salar hablan su propio idioma, que los viajeros de Kashgar entienden. Cuando visitamos este territorio en 1897, Rahim, nuestro niño tibetano, nativo de Ladakh, estuvo encantado de poder conversar en su propio idioma, que había aprendido en sus viajes al Turquestán.

Los hombres tienen un aspecto puramente extranjero, buenas formas, caras ovaladas, narices aguileñas y llevan la coleta china, mientras que las mujeres no se vendan los pies, aunque los mahometanos que nos rodeaban estaban tan enamorados de los pies pequeños como los chinos. Se supone que todos están familiarizados con el árabe, pero, de hecho, no suelen tener mucho conocimiento de él, excepto los *ahons*, algunos de los cuales son turquestanos.

De vez en cuando, algún gran muftí de La Meca u otro importante centro musulmán visita a los fieles de Gansú, exhortándolos a mayor celo, aunque en las muchas mezquitas que se elevan sobre las viviendas chinas se observa la tenaz fidelidad con la que los devotos realizan sus servicios religiosos, donde se exhibe un fanatismo sin consideración a la muerte, el mismo con el que en tiempos pasados han luchado por su fe. Todo ello da muestras del vigoroso arraigo que ha ganado el mahometismo en la tierra de Confucio.

Las diferencias religiosas entre las dos sectas son triviales, las líneas divisorias son tan insignificantes como algunas que dividen a la cristiandad. La principal manzana de la discordia es una diferencia de opinión en cuanto a la hora en que se puede romper el ayuno durante el Ramadán y en cuanto a la conveniencia de quemar incienso. La causa de la disputa que culminó en una de las guerras más sangrientas y desastrosas que jamás hayan tenido lugar en el oeste de China fue la cuestión de si un mahometano podía o no llevar barba antes de los cuarenta años.

No es de extrañar que el terror llenara las mentes de la gente de Lusha'er y Kumbum, y de todos los pueblos de los alrededores, cuando se difundió la noticia de que la espada mahometana había sido nuevamente desenvainada, porque estaban frescas en su memoria las terribles atrocidades perpetradas durante el levantamiento anterior, que fue un largo periodo intermitente de derramamiento de sangre y saqueo que duró desde 1861 hasta 1874; sin embargo, ambas partes accedían a un cese de hostilidades cada año durante la siembra y la cosecha.

Las tropas gubernamentales enviadas para someter a los rebeldes habían sido, debido a su número insuficiente, derribadas, hostigadas y golpeadas año tras año, y finalmente solo lograron sofocar el estallido debido a una disensión entre los propios mahometanos sobre si el Corán sancionaba el uso del tabaco. Nuestro pequeño pueblo, Lusha'er, había sido destruido dos veces en esos tiempos turbulentos. Mientras que, antes de la rebelión, Kumbum, el gran monasterio, había sido la residencia de siete mil lamas, cientos de ellos tiñeron los umbrales de sus templos con su sangre tras caer en defensa de sus tesoros y sus hogares. Estos frenaron a los rebeldes a tiempo y evitaron que manos impías saqueasen sus templos revestidos de oro.

Cada vez que los lamas miran el cuenco de plata atravesado por balas que todavía está en servicio en uno de los altares, recuerdan que los días más felices de Kumbum terminaron en esa gran lucha, pues nunca desde entonces ha abarcado más de cuatro mil lamas.

Aunque los chinos finalmente habían sometido la rebelión, no habían sofocado el fanatismo que la originó. Prohibieron a los mahometanos residir en los pueblos y ciudades, pero esto solo hizo que se reunieran por miles fuera de las murallas o en asentamientos separados, donde meditaban sobre su falta de libertad. Los mahometanos abrigaban un odio hacia los chinos, avivado por el recuerdo de la traición con la que durante la guerra estos últimos los habían engañado en muchas trampas sangrientas. A lo largo de todos los años intermedios, hasta el momento del nuevo estallido en

1895, los *ahons* habían hecho su parte para mantener el fuego del odio y el descontento ardiendo en sus corazones. Los vagos rumores de problemas a distancia que nos habían llegado antes de nuestra partida hacia el Koko Nor habían causado poca alarma en nuestro distrito, pero a nuestro regreso los informes eran claros y bastante terribles. El pequeño fuego recién encendido ya estaba adquiriendo proporciones incontrolables.

Se había producido una disensión en *xin xiao* debido a la cuestión de la barba ya mencionada y se desenvainaron espadas; los chinos, quienes, aunque lo suficientemente inertes en la mayoría de las emergencias, parecen estar listos para interferir en las disputas mahometanas, intervinieron para resolver esta, y el progreso de la campaña hasta que llegó a las inmediaciones de Kumbum había sido, según supimos, como sigue.

Habiendo estallado la disputa entre las dos sectas a ochenta millas de Xining, y siendo gobernado desde esa ciudad el distrito habitado por los salar, se había enviado al mayor Uang con doscientos soldados para hacer las paces, lo que aparentemente había logrado, pero las sospechas de su fracaso se despertaron cuando, el 13 de marzo, el *daotai* de Xining fue convocado por el gobernador general de Gansú a Lanzhou y enviado con más tropas a Xunhua, la sede del conflicto.

Este oficial hizo algo muy imprudente al capturar y ejecutar a un jefe prominente y a otros tres o cuatro, porque, para vengar este ultraje, los salar, tras olvidar en gran medida sus propias diferencias, se levantaron en masa contra los chinos, encarcelando al general y a varios oficiales que habían sido enviados desde Hechuan para ayudarlo. Los informes de que los salar estaban avanzando y que otros mahometanos se les estaban uniendo pusieron en alerta a los chinos del distrito de Xining, y enviaron soldados a las aldeas que aún no habían sido afectadas por la rebelión para investigar los rumores y exhortar a los chinos y mahometanos a vivir juntos en paz. A fines de marzo se supo la verdad sobre la derrota del mayor Uang.

Un mahometano de «sombrero blanco», supuesto aliado de los chinos, pero en realidad aliado con los salar, se ofreció a guiar al mayor a una posición desde la cual podría aplastar a los rebeldes de un solo golpe. El mayor y sus hombres siguieron al guía por el río traicionero a lo largo de su margen sur hasta que, tras llegar a la unión de dos valles, acamparon para pasar la noche, con el río Amarillo al norte de ellos y una cadena de altas colinas rocosas en el sur. Allí, cuando estaban completamente desprevenidos, fueron sorprendidos por los salar, en cuyas manos habían caído por la traición de su guía. Setenta y cuatro soldados chinos fueron asesinados, mientras que los demás, después de entregar sus rifles bajo la promesa de clemencia y libertad, fueron fusilados inmediatamente después por sus enemigos.

Habiendo llegado la noticia del desastre al gobernador general, este emitió una proclama ordenando el exterminio de la secta salar, de cabo a rabo. Dos días más tarde, se colocó una nueva proclama en las puertas de la ciudad, redactada en términos más suaves, que decía que se debía hacer una distinción entre buenos y malos salar, que solo los últimos debían ser asesinados.

No obstante, ningún acto de reconsideración pudo detener el poderoso cataclismo de sed de venganza que había estallado sobre el país. Esta primera proclamación había hecho el trabajo: los herreros se ocuparon día y noche de afilar espadas viejas y fabricar otras nuevas, y la gente de los pueblos acudieron en masa a las ciudades con sus familias, muebles y grano. Se suspendió la agricultura y prevaleció un pánico general cuando se supo que los salar se habían alzado con todas sus fuerzas y unido sus espadas por varios motivos: el miedo, el celo o la venganza, pero principalmente por la esperanza de beneficiarse a través del éxito y el saqueo. Destacamentos de soldados imperiales llegaron desde Lanzhou y Liangzhou, pero los mahometanos se habían congregado en hordas tan abrumadoras que los chinos no podían soñar a hacerles frente.

Hacia finales de abril, las tropas imperiales habían logrado tomar tres pueblos salar, pero, al mismo tiempo, las operaciones de los rebeldes se hicieron más extensas. El gobierno chino, dándose cuenta ahora de la magnitud de su empresa, nombró al mando de las tropas imperiales al general de brigada Teng de Xining. Este era un hombre de rara decisión y reputación militar, quien, tras partir hacia el lugar de los disturbios, derrotó a los rebeldes cerca de la ciudad de Xunhua, victoria con la que se hicieron simultáneos nuevos levantamientos en las inmediaciones de Hechuan y que se logró con extrema dificultad y mucho derramamiento de sangre.

Tras haber sido informado el enemigo de la partida del general de brigada desde Xining, este había venido a su encuentro y, de no haber sido por la oportuna ayuda de los tibetanos, su ejército habría sido aniquilado. Se hizo evidente que la rebelión ya no se limitaba a la secta de los «sombreros negros» y, cuando se difundió la noticia de que Hechuan, la Meca del Gansú mahometano, sitio de las universidades y mezquitas mahometanas, se había convertido en un centro de actividad rebelde, se sentía que lo peor solo había comenzado. El general Teng adoptó las medidas más enérgicas con los recursos a su mando. A principios de julio, infligió una severa derrota al enemigo, matando a setecientos de ellos, pero su gloria se vio empañada por el siniestro rumor de que diez mil mahometanos en los suburbios de Xining estaban a punto de unirse a los rebeldes.

A medida que los informes que llegaban a Lusha'er y Kumbum se volvían cada vez más alarmantes, la gente tomó conciencia por completo, lamas y laicos unieron sus corazones y sus manos en medidas ofensivas y defensivas contra los rebeldes, a quienes ya no llamaban *huei huei* o *xiao jiao*, sino por un título más apropiado: *ze*.

Aumentó la actividad en la recolección de hierro viejo, los hornos brillaron día y noche con un calor más intenso y los yunques resonaron más fuerte bajo los golpes de un ejército de herreros en respuesta al clamor general por espadas, puntas de lanza y fusiles. En todas las carreteras principales que conducían al pueblo de Tiao Lo se construyeron torres de adobe de dos pisos, una entrada debajo y una habitación arriba a través de cuyas paredes había aspilleras para cañones, mientras que una pequeña muralla se bifurcaba en ambos lados.

Los mahometanos de *xin xiao* que vivían en Lusha'er vendieron gradualmente y en silencio sus propiedades, o se las llevaron con sus familias, y partieron hacia Topa, el bastión rebelde en Xi Ho, donde pronto hubo cuarenta mil combatientes. Poco sospechábamos que incluso los mahometanos que se habían convertido en nuestros amigos, en particular un anciano que vivía casi al lado nuestro, tomarían tan pronto las armas contra sus conciudadanos, incluidos nosotros mismos.

Los lamas se dotaron de armas de todo tipo, se organizaron en un ejército bajo el liderazgo de Shertoch Fuye, uno de los «budas vivientes» de Kumbum, y se reunían en las colinas para entrenar, además de estar tan ocupados como abejas en la construcción de fuertes torres de ladrillo para la protección de sus casas y templos. Ishi Nyima, aunque era un cobarde empedernido, preparó una lanza para sí mismo, y nuestras lecciones de tibetano se volvieron muy irregulares y casi inútiles, porque nuestro profesor había perdido por completo el equilibrio mental.

Los habitantes de Lusha'er llevaron todos sus objetos de valor a Kumbum y los pusieron en manos de los lamas, con la intención de huir a la lamasería en caso de que los rebeldes atacaran la aldea, sabiendo que los lamas morirían luchando por sus tesoros y que las vidas de los allí residentes estaban relativamente seguras. Refugiados de aldeas aisladas acudieron en tropel a Kumbum en busca de seguridad, aunque pronto, como resultado del hacinamiento, la difteria y la viruela causaron estragos, mientras que la comida, el forraje y todo había subido a precios tan exorbitantes que nuevos mendigos se sumaron en inmensas multitudes a los ya existentes, ocupando cada cueva, establo o rincón disponible que pudieron encontrar.

Muchos de nuestros amigos de Lusha'er nos aconsejaron que nos fuéramos a casa, o al menos que fuéramos a Xining, que tenía una buena muralla y un ejército para defenderla, pero sentimos que no habíamos llegado sin providencia a Kumbum en ese momento especial y, para que no pudiéramos frustrar los planes de Aquel cuya obra estábamos haciendo, permanecimos entre la gente e hicimos preparativos para salvar nuestros bienes en caso de un ataque, colocándolos en una cueva fuera de nuestro almacén.

Apenas nos habíamos decidido a compartir los temores y las fortunas de nuestros amigos chinos y tibetanos, y afrontar con ellos las espantosas posibilidades de un largo y sangriento asedio, cuando se produjo un acontecimiento de no poca importancia, que, de hecho, en gran medida cambió la corriente de nuestras vidas y afectó todo el curso de nuestras futuras relaciones con este pueblo.

Para nuestro asombro, recibimos una invitación del *kampo* para ocupar nuestra morada en la lamasería durante la rebelión, oferta que, por supuesto, aceptamos con entusiasmo no solo por la seguridad que nos ofrecía, sino también por el prestigio que nos daría a los ojos de aquellos a quienes buscábamos ayudar. Esta amabilidad aparentemente repentina por parte del abad se debió a un divertido incidente durante la visita del señor Rijnhart a Kumbum en 1892. Un día, uno de los «budas vivientes» de Kumbum lo invitó a una reunión con esperanzas de tener una agradable y provechosa conversación sobre asuntos espirituales, así que se dirigió inmediatamente al apartamento del buda, donde se enteró con cierta decepción de que lo habían convocado no por ningún motivo religioso, sino para consultarle sobre una caja de música que el buda había comprado como curiosidad en una visita a Pekín.

La caja de música estaba, en palabras literales del lama, «enferma» y había dejado de producir música, y el lama había llegado a la conclusión de que, dado que había sido hecha por extranjeros, seguramente podría ser curada por un extranjero. El señor Rijnhart examinó cuidadosamente el instrumento y, al ver que solo necesitaba lubricación, le dio un tratamiento generoso con aceite de ricino, el único disponible, después de lo cual recuperó sus poderes y la maravillosa caja quedó, como lo expresó el lama, «curada». Por lo tanto, había depositado una gran confianza en la habilidad del extranjero, porque, si podía curar una caja de música enferma con una dosis de medicina, ¡cuánto más podría hacer por un hombre enfermo! El resultado de un acto de bondad aparentemente insignificante no se puede estimar.

El incidente de la caja de música, aunque olvidado por el señor Rijnhart, evidentemente había dejado una impresión en el lama, quien mientras tanto se había elevado a dignidad de la abadía, porque fue él quien ahora llamó nuevamente al médico extranjero con su aceite mágico para venir y tratar al tesorero de la lamasería, que había caído enfermo, aunque él no sabía en ese momento que el señor Rijnhart era el mismo extranjero que había «curado su instrumento enfermo».

Siguiendo a un guía, subimos por caminos empinados y pedregosos hasta llegar al más imponente de los edificios, la residencia del *kampo*, en una parte de la cual residía el tesorero. Ishi Nyima había hablado muchas veces del *kampo*, o *fa tai*, el gran hombre que presidía el bienestar espiritual de los cuatro mil lamas de Kumbum. Nos aseguró que solo podía ser visto cuando, vestido con su túnica color azafrán, coronado con su brillante mitra y seguido por un largo séquito de asistentes, descendía de su elevada y sagrada morada para presidir alguna importante función religiosa.

Es de imaginarse la sorpresa de Ishi Nyima cuando le dijimos que íbamos a la residencia del *kampo* a visitar a un paciente tan ilustre como Hsam Tso, el tesorero. Indignado, repudió la posibilidad de tal cosa, porque la entrada de extranjeros en la sagrada residencia de la gran encarnación de Buda era inaudita.

Sin embargo, para sorpresa igualmente grande de Ishi Nyima y de nosotros mismos, no solo visitamos al tesorero, diagnosticamos cuidadosamente su caso y le brindamos tratamiento, sino que, por invitación especial, fuimos conducidos a la sala de audiencias del propio *kampo*. Subiendo una empinada escalera, llegamos al patio que se encontraba inmediatamente frente a sus aposentos, donde vimos a un joven lama cruzar corriendo el patio y entrar en una habitación como para informar a su maestro de nuestro acercamiento. Cuando llegamos a la puerta, el joven estaba allí con la obsequiosidad oriental característica para hacernos pasar. Una vez dentro, nos encontramos en presencia del mayor dignatario budista de todo el noreste del Tíbet, el hombre que era admirado como guía espiritual y maestro no solo por los lamas que se sentaban bajo su tutela inmediata, sino por miles de laicos fuera, para quienes su figura era conocida.

Sublime en la conciencia de su propia grandeza, no descendió de su trono al vernos; de hecho, su semblante impasible no delataba ningún signo de placer o sorpresa, pues, ¿por qué debería ser desconcertado el fluir tranquilo y monótono de sus sentimientos por la llegada de un par de maestros extranjeros? ¿Acaso no estaba acostumbrado a recibir a diario devotos de alto rango que venían de lejos y de cerca? Nos pidió que nos sentáramos en unas hermosas alfombras mientras su lama sirviente nos traía el té en tazones de porcelana que estaban colocados frente a nosotros en mesitas de veinticinco centímetros de alto pintadas en colores brillantes.

Durante la conversación, el *kampo* explicó que una experiencia pasada con un extranjero le había despertado el deseo de conocer a otro, y grande fue su placer cuando descubrió que el señor Rijnhart era el mismo extranjero que había «tratado» su caja de música tres años antes.

Esta breve visita fue preliminar a muchas otras que siguieron en rápida sucesión, y resultó en un conocimiento íntimo, de mutuo acuerdo, que pronto maduró en una firme amistad. El *kampo* estaba particularmente interesado en el hecho de que el señor Rijnhart tuviera una esposa y, a medida que llegaban a la lamasería informes más siniestros sobre el progreso de la rebelión, mostró una sincera preocupación por nuestro bienestar.

En verdad, nos tenía reservada una sorpresa mayor que el privilegio de hacerle una visita, pues nos dijo muy cordialmente que su propia casa en la lamasería estaba a nuestra disposición y nos ordenó que trasladáramos nuestros bienes de inmediato a sus aposentos y estableciéramos allí nuestra morada hasta que terminase la rebelión. «Si los mahometanos atacan a Lusha'er —dijo gravemente—, la gente se refugiará en la lamasería y dejarán que os maten». Solo podíamos sentir que la oferta del *kampo* era providencial, por lo que, aceptándola de todo corazón, retiramos aquellos objetos de valor que no estaban escondidos en la cueva y los transportamos a su casa, donde descubrimos que había preparado para nuestra estancia dos habitaciones grandes y una cocina.

Nuestra vida en la lamasería era muy ajetreada. Se trataban cientos de casos de difteria y nos traían muchos heridos de los distritos circundantes. En relación con el trabajo médico en la lamasería, ocurrió un incidente muy interesante y a la vez patético que sirvió para darnos una idea clara de una de las creencias fundamentales del budismo, es decir, la reencarnación. Un joven lama vino a pedirnos que visitáramos a un muchacho que estaba muy enfermo, un pequeño *fuye*, o buda, de unos diez años. Tras seguir a un guía por el espacioso patio de una de las mejores residencias de Kumbum y pasar por muchas habitaciones decoradas en colores alegres, con ventanas de celosía cubiertas con papel brillante y vidrios de colores, llegamos a la puerta de un conjunto de apartamentos. Allí se encontraba un anciano lama de barba y cabellos blancos por cuyas mejillas corrían copiosas lágrimas mientras se retorcía las manos y nos rogaba que hiciéramos lo mejor por el niño y no lo dejáramos morir, porque, si muriera, él, el lama, habría visto morir a su hermano mayor por segunda vez.

Aunque el pequeño *fuye* era sobrino de nacimiento del anciano lama, se le consideraba como su hermano mayor; este último había muerto diez años antes y se creía que el alma había regresado al cuerpo del niño para pasar otro periodo en su progreso hacia el nirvana, el estado de bienaventuranza. Por ello, el hombre que ahora nos rogaba estaba tan apenado por el temor de ser testigo por segunda vez de la muerte de su hermano mayor. Prometimos toda la ayuda que pudiéramos brindar y nos condujeron a una pequeña habitación bellamente adornada, donde vimos recostado en el *kang* a un niño enfermo cuya mirada nos dijo que estábamos en presencia de una víctima de un tipo virulento de difteria.

Después de un examen cuidadoso, sentimos que había pocas esperanzas de que se recuperara e informamos al anciano que la única oportunidad para el paciente consistía en que nos quedáramos con él. Entonces el anciano lama nos dijo que hiciéramos lo que considerásemos mejor, y agregó que nos conseguiría cualquier cosa que deseáramos, sin importar el costo, porque, agregó: «Ese muchacho tiene una gran riqueza: miles de caballos, ganado, las ovejas y los bienes valiosos son suyos». Preparamos lo necesario para el tratamiento de nuestro pequeño paciente y nos acomodamos al lado del *kang* para observarlo.

La luz del día se desvaneció en el crepúsculo y el trabajo secular de la lamasería terminó. A medida que el tumultuoso alboroto de voces se apagaba y el sonido de los pasos de los aguadores cesaba, la lamasería se vio invadida por una extraña y melancólica quietud. Era indescriptiblemente peculiar, pero un tanto parecida a esa atmósfera de asombro silencioso que llena las galerías y criptas de las antiguas catedrales medievales, que subyuga la voz e incluso los pensamientos del viajero, que se encuentra con la cabeza descubierta ante las tumbas de los muertos ilustres y santos.

Y así como ese silencio a veces es roto por los acordes de la canción de los coristas que suenan suaves y bajos desde su sala de ensayos, o por fragmentos de armonía amortiguada que flotan desde el salón del órgano, esa noche la quietud fue rota por las voces musicales de los lamas recitando sus oraciones. Lo hacían en los templos o en los techos de las casas, donde encendían hogueras de hojas de enebro cuyo humo se arremolinaba y exhalaba su fragancia por todas partes hasta que el mismo aire parecía impregnado del sentido de la adoración.

En algunos aspectos, el lado estético del budismo tibetano es irresistible, y no sorprende que haya ejercido una fuerte fascinación sobre los crédulos tibetanos. Es, sin embargo, como el fariseísmo de antaño, solo un sepulcro blanqueado que tiene un exterior hermoso, pero lleno de podredumbre y huesos de muertos por dentro. Con qué fuerza el lamento del anciano lama, de pelo blanco, con su creencia sin fisuras en la doctrina de la reencarnación, trajo a nuestros corazones aquella noche el vacío insatisfactorio. La amarga oscuridad de un sistema que no ofrece al espíritu humano una perspectiva más brillante que la de ser quebrantado una y otra vez en la «Rueda de la Existencia», luchando con todas sus fuerzas durante incontables eras, contra las fuerzas del mal, sin mejor promesa que la aniquilación final.

Aquellos que obtienen sus concepciones del budismo mediante la lectura del libro *Light of Asia*, de sir Edwin Arnold, se sentirían tristemente desilusionados si pudieran ver cómo es en realidad practicado por la gente del Tíbet.

La noche se había apoderado de nosotros junto al niño. Todos los lamas, incluso el anciano, se habían retirado. Nos sentamos a leer o conversar en susurros bajos, con nuestros corazones asombrados por la extrañeza del entorno. La tenue luz de la lámpara primitiva proyectaba sombras extrañas sobre los objetos alrededor de la habitación, dos pistolas listas para usar —sugestivo de cualquier cosa menos de paz— sobre un sombrero de raso amarillo con ala ancha y copa puntiaguda, y también una chaqueta amarilla perteneciente al niño.

No los volvió a emplear, porque de la cama salía una respiración estertorosa que nos recordaba continuamente que la muerte reclamaba a su víctima. De repente, en medio de la quietud impresionante, sonó un grito, luego otro, algunos ladridos de perros, luego algunos disparos, y, casi como un relámpago, desde los techos de las casas, cerca y lejos, sonaron gritos de: «¡Sha sa! ¡Sha sa!» (¡Comed carne! ¡Comed carne!), el grito de guerra de los lamas. Un lama corrió por la habitación donde estábamos sentados y gritó: «¿Dónde está mi lanza? ¡Dame mi lanza! ¡Han llegado los rebeldes!», y, habiéndola obtenido, se unió a sus camaradas en el techo. El señor Rijnhart dijo que iría un momento a la azotea para ver si realmente había peligro y, tras quedarme sola con el niño, oré para que Dios nos guardara de caer vivos en manos de los mahometanos.

El ruido cesó pronto y, para nuestra alegría, descubrimos que había sido una falsa alarma dada por los centinelas alrededor de Kumbum, avisados por aquellos alrededor de Lusha'er que habían visto pasar un gran número de rebeldes a lo lejos para saquear otro pueblo y que pensaron que íbamos a ser atacados. Esta fue solo una de las muchas veces que sonaron las alarmas día y noche durante los meses siguientes.

Temprano a la mañana siguiente, murió el joven *fuye*, y su viejo tío, para quien la pequeña vida era tan preciosa, poco después se suicidó tomando una gran dosis de opio, ¡porque dijo que no podía soportar vivir ante la posibilidad de ver morir a su hermano mayor por tercera vez!

¡Om mani padme hum, llega el amanecer!

¡La gota de rocío se desliza en el mar brillante!

Así canta el poeta, pero para aquel viejo lama no había ni amanecer ni mar resplandeciente, sino, según su propia confesión, pena, desesperación y oscuridad.

IV. CON LOS HERIDOS

Refugiados en Xining – Nuestro aislamiento en Kumbum – El asedio de Shenjun – Al campo de batalla – Un viaje por la vida – La derrota de los mahometanos

Los preparativos para reunirse con los rebeldes continuaron a buen ritmo. Se colocaron centinelas en las torres de la lamasería y en los cerros casi contiguos, listos para dar la alarma cuando amenazara el peligro. Multitudes de lamas con espadas desenvainadas surgieron por las calles o se reunieron en los techos de las casas para discutir los últimos informes del campo de batalla. Nuestro compañero de trabajo, el señor Ferguson, que tenía un negocio importante en Shanghái, decidió partir hacia la costa. Era una empresa arriesgada, pero parecía inevitable. Como el camino aún estaba abierto, lo acompañamos a Xining.

Anticipándonos a tiempos peligrosos durante los meses venideros, pensamos que tal vez no viviríamos para volver a verlo. Además, deseábamos, mientras aún fuera posible, visitar al señor y la señora Ridley antes de que nos privaran por completo de toda relación con amigos europeos o de ver una cara blanca y, de nuevo, más particularmente, nuestra presencia en Xining era necesaria para poder hacer los arreglos finales para el viaje del señor Ferguson. Mientras avanzábamos no había señales de problemas; en muchos de los pueblos la gente no parecía darse cuenta de la gravedad de la situación, porque estaban ocupados en sus tareas ordinarias, y, excepto un cuerpo de tropas chinas con chaquetas rojas que se cruzaron en nuestro camino para atacar un campamento rebelde en un pueblo a dos días de viaje al norte, no vimos nada que sugiriera el terror que se había extendido en otras partes.

Al llegar a Xining, sin embargo, descubrimos que la rebelión se había desatado en serio en el valle del norte. Cientos de personas sin hogar y atemorizadas que buscaban refugio acudían en masa a la ciudad ya superpoblada. Allí los templos se convirtieron en hospitales temporales, donde los misioneros chinos, el señor y la señora Ridley y el señor Hall ayudaban diariamente, administrando ungüentos calmantes a las pobres criaturas que habían sido quemadas en las llamas que habían convertido sus hogares en cenizas y vendando las espantosas heridas producto de las balas y espadas mahometanas. Algunos de los heridos se habían arrastrado sobre manos y rodillas durante distancias de hasta diecisiete millas, y llegaban más muertos que vivos.

A medida que aumentaba el número de refugiados, la difteria y la viruela abundaron, y la señora Ridley se movía entre los pacientes afectados por estas temibles enfermedades con la esperanza de evitar el peligro de infección al que estaban sujetas ella y su preciosa hija pequeña Dora, de solo unos meses de edad, pero sin poder hacer otra cosa que ayudar a aliviar el terrible sufrimiento que la rodeaba. Siendo todavía posible viajar a Lanzhou, aunque no muy seguro, el señor Ferguson continuó con su propósito de avanzar hacia la costa, así que nos despedimos de él y de mala gana regresamos a Kumbum, donde pronto estuvimos completamente aislados.

Diez millas al noroeste de nosotros, los mahometanos se habían concentrado por miles en Topa, desde cuya fortaleza las bandas merodeadoras recorrían el terreno entre su posición y Kumbum, haciendo inseguro para cualquiera aventurarse más de dos millas al norte de la lamasería, mientras que cinco millas en el lado opuesto, el pueblo de Shenjun, la parte mahometana de cuyos habitantes se unieron a los rebeldes, se convirtió en un verdadero escenario de guerra.

Las fuerzas rebeldes combinadas de Shenjun y Yangmaoke, otro pueblo sobre las colinas, bloquearon todos los caminos en su distrito y masacraron a los chinos por cientos. Así, atrapados durante casi seis meses, no recibimos información confiable sobre lo que estaba sucediendo en Xining y en otros distritos, pero los eventos alrededor de Kumbum nos conmocionaron lo suficiente para no viajar hasta que el camino a Xining debiera estar nuevamente abierto y pudiéramos conocer los movimientos de los rebeldes.

Mina Fuye, que así se llamaba el *kampo*, nos daba cada día nuevas muestras de su amistad. Junto a los problemas de defensa de la lamasería y de supervisión del gran sacerdocio, parecía haberse tomado la tarea de nuestra seguridad personal. Había ideado un plan por el cual podríamos escapar si los mahometanos atacaban la lamasería, y si se hacía evidente que los lamas no podían rechazarlos.

Al amparo de la oscuridad, propuso que huyéramos con él a Kuei Teh, donde tenía una casa y donde nos daría cobijo, comida y ropa hasta que tuviéramos noticias del exterior. Mientras que el camino a Kuei Teh aún era transitable y seguían llegando informes de que los rebeldes estaban quemando una aldea tras otra, el *kampo* envió allí a hombres de confianza con cajas que contenían sus preciosos tesoros. Al regresar a Kumbum, los ladrones cayeron sobre la caravana, se llevaron las valiosas mulas del *kampo*, once en número, e hirieron gravemente a dos de los hombres. Tan inseguro se había vuelto el camino que incluso las posesiones sagradas del *kampo* no estaban libres de robos.

Aparentemente, la discusión de los planes para nuestra seguridad no fue prematura, porque todos los días llegaban noticias de nuevas victorias para los mahometanos, cuyas armas parecían prevalecer en todas partes. Todos los días llegaban refugiados a la lamasería; enfermos y heridos fueron traídos de todas partes para recibir nuestro tratamiento, habiéndose difundido la noticia de que los médicos extranjeros, bajo el mismo techo y patrocinio del abad, realizaban milagros de curación y estaban preparados para tratar a todos los que acudían a ellos.

Entre los más interesantes de nuestros pacientes estaba un anciano, chino de nacimiento, pero que poseía el coraje y la audacia de un tibetano, que había sido designado líder de más de cincuenta de las tropas locales y había partido una mañana para ayudar a algunos chinos en un pueblo contiguo para repeler un ataque de los rebeldes.

A traición, uno de sus hombres, un carpintero, lo había apuñalado en el codo, algunos decían que este estaba a sueldo de los mahometanos, que estaban ansiosos por deshacerse de un oponente tan capaz como había resultado el anciano Cheo Laoye. Recordaron su eficiente servicio en la rebelión anterior, en la que, aunque herido siete veces, les había propinado muchas derrotas aplastantes. El golpe traicionero le había hecho una fea herida en el brazo, pero la familia era rica y, en consecuencia, capaz de brindarle toda la atención, mientras que yo no escatimaba esfuerzos para ayudarlo en su recuperación y cada día notaba una mejoría.

Su esposa era mongola. Su única hija era una atractiva joven casada de veinte años que vestía el traje mongol, que le sentaba muy bien, mientras que su hermoso bebé completaba el grupo familiar y añadía mucha alegría a las horas solitarias que el anciano pasaba en el *kang*. Muchos fueron los regalos e incalculables bondades que nos hizo este hombre y, cuando más tarde murió estando nosotros fuera de casa, le pidió a su hija que nos regalara a cada uno un rosario que él había usado, regalos que apreciamos mucho porque sabíamos que eran muestras de sincera gratitud y amor.

Shenjun fue el escenario de muchas luchas, al principio, solo entre los mahometanos y los chinos atrincherados en sus respectivos fuertes, y que consistía en batallas entre pequeños grupos que salían a espigar en los campos o recolectar combustible, siendo los éxitos y fracasos más o menos iguales entre las fuerzas opuestas. Poco a poco, la fuerza de la parte china de la aldea se había ido reduciendo. El último destacamento de hombres jóvenes había sido aplastado completamente durante una incursión, de modo que los habitantes, asediados e indefensos, que ahora consistían solo en ancianos, mujeres y niños, pidieron ayuda al ejército de lamas y a las tropas chinas locales. Contrariamente a los deseos del abad, los soldados lama, habiendo llevado todas sus armas a un templo para ser bendecidos, salieron una mañana para atacar a los rebeldes.

Dejando a un lado sus túnicas sacerdotales, vestían las vestimentas rojas y amarillas de los laicos ordinarios con turbantes rojos de múltiples pliegues de seda cruda enrollados alrededor de sus cabezas. Estaban armados con fusiles, espadas y lanzas, repartidos a partes iguales entre infantería y caballería —esta última, montada sobre espléndidos caballos—. Sus ojos oscuros centelleaban rabia y sed de venganza, y presentaban un aspecto tan guerrero que facilitó nuestra confianza en la valiente defensa que nuestro ejército de lamas ofrecería en caso de que los rebeldes atacaran la fortaleza de la lamasería. En ese momento, los soldados chinos de Lusha'er, formados en orden de batalla, algunos con chaquetas militares de color escarlata brillante, pero la mayoría vestidos con el azul de la vida cotidiana, marcharon para unirse a los lamas. Unos pocos iban montados y portaban banderas de colores brillantes, mientras que los demás iban a pie equipados con espadas y algunas armas de fuego. La partida de los dos destacamentos fue uno de los espectáculos más conmovedores y pintorescos que jamás haya presenciado.

Toda la población de Kumbum y Lusha'er se amontonó en los techos planos de los edificios de la lamasería para despedirlos, mientras que por encima del estruendo que se elevaba entre la multitud se oía el chasquido de las ruedas de oración, los murmullos ardientes de la frase mística *Om mani padme hum* y los encantamientos graves de los lamas restantes, todo lo cual auguraba el éxito de sus hermanos en armas.

Los más atrevidos montaron sus caballos y los acompañaron hasta la cima de una colina que dominaba el escenario de la inminente batalla, entre los que estábamos nosotros. El sol de la mañana, ahora en lo alto de los cielos, doraba las crestas de las colinas lejanas y arrojaba su brillante luz sobre los turbantes, las túnicas rojas, azules y amarillas de los oscuros lamas, los bronceados rostros de los chinos, los multicolores estandartes de los jinetes montados, las lanzas y espadas de hoja ancha y los relucientes caparazones de los fieros corceles. Cada gota de rocío que quedaba en medio del verde césped sobre el que pisaban añadía su rayo de esplendor a la escena.

Habiendo acompañado a las tropas hasta la cima de la colina, observamos su curso sinuoso a través del valle y el pequeño río hasta que se acercaron al fuerte mahometano. En el camino, a poca distancia detrás del ejército, estaba el *sung kuan*, espada en mano, listo para matar al primer chino que huyera de la pelea. Parece que los chinos, en crisis anteriores, habían dejado a los lamas en la estacada, de ahí la medida efectiva para evitar que se repitiese tal cobardía.

El asalto al fuerte se produjo pronto, siendo los lamas los que más lucharon. Cuando intentaron incendiar la puerta, recibieron tal lluvia de piedras desde la muralla que se vieron obligados a retirarse, no sin pérdidas. No obstante, tal fue su capacidad de lucha que los rebeldes, temiendo una nueva embestida, invocaron la ayuda de quinientos expertos tiradores salar y, reforzados por estos, realizaron un nuevo ataque contra el fuerte chino situado frente a ellos.

Mientras se enfrentaban a las tropas de Kumbum, las mujeres chinas y los pocos ancianos que quedaban habían colocado grandes montones de piedras en las paredes, con las que esperaban hacer retroceder a los mahometanos, o, al menos, evitar que cruzaran la puerta, pero estos últimos, durante la noche, habían excavado silenciosamente a través de la pared de barro, de varias decenas centímetros de espesor, y temprano a la mañana siguiente lograron la entrada.

Las mujeres chinas lucharon como tigresas y, aunque muchas de ellas murieron como heroínas en defensa de sus hogares, por supuesto, fueron vencidas. Casi toda la población restante fue pasada por la espada, excepto unos pocos, que escaparon a Kumbum. El día de su llegada hubo casi tanta conmoción como el día de la partida de las tropas.

De nuevo se llenaron los techos de la lamasería, así como las calles, para ver pasar por las puertas a los únicos supervivientes del largo asedio. Unos cuantos ancianos, algunas mujeres y niños, cada uno llevando algún triste recuerdo de la lucha sanguinaria, una bolsa de comida, una palangana o una olla de latón, todo lo que ahora les quedaba en la vida. ¡Qué historias de aflicción y sufrimiento se escribieron en sus rostros tristes! ¡Padres y hermanos asesinados y hogares destruidos! Solo una sensación de miedo parecía quedar en su naturaleza después de tantas largas noches de espantosa vigilia en el fuerte, sus corazones llenos de horror por la crueldad desenfrenada y flagrante inhumanidad con la que los mahometanos habían tratado incluso a mujeres y niños indefensos.

Hubo pocos ojos secos en Kumbum esa mañana. El sentimiento de venganza era elevado, pues las historias de mujeres y niños quemados vivos seguían llegando a la lamasería; o de pastorcitos atravesados de un lado a otro mientras observaban los rebaños de sus padres junto a un arroyo; o de niños pequeños llevados de un lado a otro a punta de lanza, mientras que, de vez en cuando, alguna víctima cubierta de heridas, tal vez una mujer china con sus pequeños pies lisiados, se arrastraría hasta la lamasería, débil por la pérdida de sangre y con la muerte asomándose en sus ojos.

La lamasería budista de Kumbum, como el templo chino del Dios de la Literatura en Xining, se había convertido en un hospital y estábamos muy ocupados. Entre los pacientes cuyos sufrimientos más tocaron nuestros corazones estaba un niño que nos trajeron con dieciséis cortes provocados por una lanza en su pequeño cuerpo. Lo cuidamos con ternura y, para nuestra gran alegría, se recuperó.

Poco después del conmovedor episodio de Shenjun, un número de soldados chinos y tibetanos, armados con armas extranjeras, bajo el mando del comandante Li, un viejo fumador de opio, llegó a Qiaiya, una aldea china bien fortificada a una milla del grupo de fuertes que en parte habían sido arrancados de esas valientes mujeres chinas, y todos sentimos que probablemente el día de la retribución de los mahometanos estaba cerca.

Por la mañana, en buen orden, los primeros atacaron un lado de la posición rebelde, mientras que el ejército de lamas asaltó simultáneamente el otro. Cuerpos de jinetes mahometanos fueron vistos parando los ataques y tratando de engañar a los soldados, pero, con gran fuerza, los dos cuerpos opuestos se encontraron y los tibetanos, en la oscuridad, casi habían conseguido la victoria, cuando, por alguna razón misteriosa, los tibetanos ordenaron una retirada. El comandante Li regresó con todo el ejército. Por la mañana se esperaba otro ataque, pero se supo que, en lo que se refería a Li Laoye, los mahometanos podrían permanecer en paz, pues corrió el rumor de que este había «comido plata mahometana», es decir, había sido sobornado. Li perdió su prestigio, y si no perdió la cabeza fue solo porque los *pingmin*, o gente común, no pudieron ponerle las manos encima para que cumpliera la sentencia que todos le habían dictado en sus pensamientos.

Aunque el número de rebeldes había disminuido durante los combates del día, las bajas entre los chinos y los tibetanos también fueron graves. Temprano en la mañana, un grupo de veinte soldados llegó a la lamasería y nos pidió al señor Rijnhart y a mí que fuéramos al campo de batalla y atendiéramos a sus compañeros heridos, ofreciéndose como nuestra escolta hasta el lugar de la matanza.

La perspectiva de cabalgar hasta encontrarnos a una milla de la posición rebelde no era tentadora, pero, cuando pensamos en los sufrimientos de nuestros soldados lamas y nuestra capacidad para ayudar a aquellos que habían arriesgado sus vidas en defensa de mujeres y niños indefensos, y que podrían ser llamados a defendernos en la lamasería, y recordando que éramos siervos de Aquel que «anduvo sanando a todos los oprimidos», no vacilamos. Habiendo preparado nuestros suministros quirúrgicos y médicos, partimos con nuestros escoltas, cada uno de los cuales estaba armado hasta los dientes. Mientras avanzábamos entre los cerros, algunos hacían de exploradores para ver que el camino estuviera despejado, mientras que los demás que nos rodeaban buscaban que nos sintiéramos seguros bajo su custodia, al mismo tiempo que nos agradecían por haber venido.

Al llegar a la aldea, la encontramos atestada de soldados, algunos de los cuales nos condujeron de inmediato a las habitaciones de los heridos. Trabajamos duro todo el día vendando cortes y sacando balas, atendiendo primero los casos más graves, pero al atardecer no habíamos llegado al final de la lista.

Tras sentir que no era prudente pasar la noche tan cerca de la posición mahometana, especialmente porque todos los rincones disponibles en el pueblo ya estaban ocupados por soldados, decidimos regresar a Kumbum con la intención de terminar de tratar a los heridos al día siguiente. Silenciosamente, acompañados por nuestra escolta, viajamos de regreso a casa bajo la luz de la luna de la cosecha, nuestros exploradores miraban a través de cada valle y desfiladero por temor a que los jinetes mahometanos, que estaban al acecho, pudieran caer sobre nosotros.

A nuestra llegada a Kumbum, encontramos cerradas las puertas de la lamasería y, como el ojo del centinela divisó tan numeroso grupo de soldados, sospechó y se negó a dejarnos pasar, temiendo alguna especie de traición o estratagema. Los lamas se reunieron en el techo, el señor Rijnhart fue a donde lo podían escuchar y les gritó que él era el médico extranjero que regresaba de una visita a los heridos y que los soldados eran su escolta. Yo también hablé corroborando las palabras del señor Rijnhart, ante lo cual el portero abrió con cautela la pesada puerta y nos dejó entrar.

Poco después del amanecer del día siguiente, partimos de nuevo hacia Qiaiya. El aire de la mañana era fresco y estimulante, y cabalgábamos con una sensación de mayor reposo que la noche anterior. Hasta el momento, muy pocas personas estaban en movimiento, vimos un lama que llevaba un balde de agua sobre su ancho lomo, también un viajero madrugador que partía hacia el mercado de Lusha'er, o un granjero con un burro cargado de paja o *fenkuaizi, argol* prensado en forma de ladrillo, para ser vendido a los lamas.

Cuando llegamos a Qiaiya, encontramos bien a nuestros hombres heridos y para el mediodía ya habíamos atendido los casos que quedaron del día anterior. Habiéndose extendido nuestra reputación por el pueblo, nos pidieron que visitáramos a una joven de dieciséis años que había recibido un disparo accidental debajo de la rodilla izquierda dos meses antes. La herida daba una imagen espantosa, la pierna estaba destrozada por agujeros de varios centímetros. Los médicos nativos no podían hacer nada; la extremidad ni siquiera había sido vendada. Solo después de ver tal espectáculo se pueden apreciar las bendiciones que las ciencias de la medicina y la cirugía depositan a los pies de los enfermos y sufridores en las tierras cristianas.

Informamos a las amigas de la muchacha que solo la amputación del miembro enfermo podría efectuar una cura, propuesta que resueltamente se negaron a considerar, de acuerdo con la enseñanza confuciana de que una persona debe abandonar esta vida con todo el cuerpo. Y así tuvimos que dejarla, aunque toda la casa apestaba al hedor de la herida, y tampoco nos extrañó saber poco después que murió.

Terminado nuestro trabajo médico, estábamos sentados en el *yamen* siendo agasajados por el comandante chino durante el almuerzo cuando, de repente, sonó la llamada a las armas y se dio la alarma anunciando que los mahometanos salían de su fortaleza en grandes números. Mientras los soldados tomaban sus armas y se apresuraban a ponerse en orden de batalla, exigimos nuestra escolta y partimos hacia nuestra casa. La primera parte del camino conducía a lo largo de una vereda hueca, profundamente desgastada por el paso de los siglos, con lados tan empinados y altos que todo quedaba oculto a la vista. Cuando salimos de esta, en una pendiente que dominaba el valle, vimos galopando hacia nosotros un grupo de jinetes rebeldes que nos habían visto salir de Qiaiya y se esforzaban por desviarnos. Los tibetanos, tras espolear a nuestros caballos, montaron para salvar nuestras vidas y ganaron velocidad a medida que galopábamos cuesta abajo. A veces las patas de nuestros animales apenas parecían tocar el suelo. No solo existía el peligro de que nuestros perseguidores nos alcanzaran: ¿quién sabía si en cualquier momento podríamos encontrarnos con otra banda?

Tal vez ya corrían a nuestro encuentro por otro camino que se unía al que viajábamos, no lejos de la lamasería.

No éramos los únicos que habíamos emprendido la huida. Habiéndose extendido el sentimiento de alarma por la salida de los rebeldes en todos los pueblos, e incluso entre los viajeros que habían oído la noticia en su camino, muchos huían para salvar su vida por el mismo camino que nosotros.

No muy lejos, galopando sobre colinas y valles, vimos a un tibetano procedente de Koko Nor que, entre gritos y gesticulaciones varias, se dirigía hacia la lamasería. Este prefería, según su costumbre, el terreno accidentado al camino llano, y presentaba una apariencia doblemente torpe con su voluminosa túnica de piel de oveja inflada por el viento y su torpe mosquete moviéndose a cada paso de su caballo. Tras pasar sin peligro el cruce de caminos donde temíamos encontrarnos con una segunda banda de rebeldes, y después de haber dejado atrás a nuestros perseguidores, a quienes las colinas ahora ocultaban, despedimos a nuestra escolta y esperamos el momento oportuno para que dieran la vuelta sin ser vistos y regresaran al pueblo por otro camino.

Luego, apenas disminuyendo nuestra velocidad, cabalgamos solos, adelantando a muchos hombres y mujeres que habían estado en los campos recogiendo *argol* y grano, ahora aturdidos por el miedo y corriendo atropelladamente hacia el refugio al que también nos dirigíamos. Al llegar a la lamasería, encontramos los techos atestados de nuestros amigos lamas, que habían sido informados por los centinelas de la maniobra de los rebeldes y estaban ansiosos por saber de nuestra suerte.

Qué bienvenida fue la sensación de seguridad cuando pasamos detrás de la enorme puerta que encerraba a nuestros enemigos afuera. Si nuestros caballos hubieran tropezado o cualquier otro accidente hubiera impedido nuestro progreso, si hubiera habido alguna dificultad en la puerta como la noche anterior, cualquier retraso de cinco minutos nos habría hecho imposible para siempre contar la historia. Jambula, un anciano lama mongol que vivía en la habitación cercana a la nuestra y que se había encariñado mucho con nosotros, casi lloró cuando tomó a mi esposo de las manos, nos dijo lo preocupado que había estado por nuestra seguridad y lo contento que estaba de vernos de vuelta con vida.

Hubo un gran regocijo cuando se informó que el general Ho, al mando de diez mil soldados bien armados con armas extranjeras, se había abierto paso entre los rebeldes que se habían concentrado en gran número en Xiaoxia o «Garganta Estrecha», donde esperaban cortar el avance de las tropas imperiales.

El ejército del general Ho era tan formidable que los rebeldes, al ser aconsejados de que se disolvieran en lugar de ser aniquilados, actuaron con discreción y se fueron a casa, dejando así el paso libre al general Ho, quien pronto llegó a Xining y se unió al general de brigada Teng, el *chentai* u oficial militar en jefe de la ciudad.

El *chentai* merece el crédito de haber mantenido a raya a los rebeldes hasta la llegada de los refuerzos. Estos prestaron un excelente servicio con sus pesados cañones, bien utilizados al disparar proyectiles lo suficientemente potentes como para destrozar la torre de defensa mahometana. El general Teng libró temporalmente a la ciudad del peligro e hizo posible que las tropas imperiales se apresuraran a acudir en socorro de Shenjun. El anuncio de que el ejército imperial venía a asaltar Shenjun provocó una gran emoción y una profunda alegría en las aldeas cercanas a Kumbum y en el camino a Xining. El día en que se esperaba el ejército, casi todo el pueblo de Lusha'er fue a una colina desde la que se dominaba una buena vista del escenario de la batalla, o hacia los fuertes para saquear tan pronto como entraran en los barrios mahometanos. El héroe conquistador, el general de brigada Teng, que fue para esos chinos lo que lord Roberts es para el ejército británico y el almirante Dewey para el estadounidense, se convirtió en el ídolo del pueblo.

Un escuadrón de caballería apareció a lo largo del Nanjuan o valle del Sur. Pudimos ver sus numerosos estandartes brillantes ondeando en la brisa, el gran cañón tirado por mulas y el *chentai,* destacado por su uniforme brillante y su corcel blanco, encabezando la procesión.

Luego siguió la infantería, todos en un orden de marcha mucho mejor que cualquier soldado chino que hubiéramos visto anteriormente. Siguieron adelante en medio de los vítores de la gente en las colinas y los corazones temblorosos de los mahometanos, quienes, sin duda, estaban observando desde sus aspilleras.

Pronto se detuvieron cerca de los fuertes rebeldes, donde fueron recibidos por los líderes chinos y lamas de las tropas locales que habían salido a su encuentro. El cañón se colocó en una buena posición para apuntar al fuerte más débil, los soldados se colocaron en orden de batalla, mientras que los mahometanos de Yangmaoke se lanzaron valientemente colina abajo para ayudar a sus camaradas, incluso contra tales obstáculos.

Una bocanada de humo del cañón, un estruendo y parte de la torre se derrumbó, acompañada de una densa nube de polvo y los vítores ensordecedores de nuestros vecinos en las colinas, mientras que una mirada a través de nuestro catalejo nos decía que un extremo de la lejana torre inexpugnable se había colapsado. Unos cuantos disparos bien dirigidos redujeron el muro a escombros. El general Ho, al mando de un regimiento, se precipitó sobre uno de los fuertes y, como resultado, el propio general recibió un disparo en el muslo. Los mahometanos huyeron en grupos colina arriba con la esperanza de escapar a través de otro valle, pero solo cayeron en manos de los soldados que se habían escondido en un camino para cortar cualquier retirada.

Vimos a un fugitivo montado caer de su caballo después de que un chino agazapado saltara y lo atravesara con su lanza. Aquellos que escaparon del alcance de la espada y la lanza fueron eliminados por la bala infalible. Toda la ladera se había convertido en un campo de batalla, la hierba otoñal estaba literalmente manchada de sangre. Fue un espectáculo terrible para nosotros, pero para los chinos y los tibetanos había en todo ello la dulzura de la venganza.

Indescriptible, en verdad, fue la retribución que ahora cayó sobre aquellos que, cuando tenían la ventaja, no vacilaron ante la crueldad y se rebajaron a todas las atrocidades conocidas por la mente oscurecida del hombre. Se tomaron varios fuertes antes del anochecer y, como los chinos en general se oponen a luchar en la oscuridad, se retiraron, pero el general Teng colocó sus fuerzas de tal modo que los sitiados no pudieran escapar durante la noche. Como vimos que traían varios heridos del campo, nos dirigimos a sus habitaciones para prestarles cualquier servicio que pudiéramos ofrecer.

Nos hicieron pasar a una pequeña habitación, de unos pocos metros de largo con solo una ventana de treinta centímetros cuadrados, desde la cual un soldado, usando enérgicamente un látigo, impedía que las cabezas de los curiosos cubrieran la luz. Varios camilleros, en medio del griterío general, nos mantuvieron abastecidos de agua tibia y fría, madera para férulas y otras necesidades.

Cuando lográbamos sacar una bala de la extremidad de un soldado, este pedía verla y, cuando se la daban, la tomaba entre los dientes y la rechinaba y trituraba en venganza por el dolor y el sufrimiento que le había causado. Siempre encontramos que, en la mente de los heridos, la principal esperanza de recuperación, así como del cese del dolor, residía en la extracción de la bala.

La oscuridad se apoderó de nosotros antes de que hubiéramos tratado a todos nuestros pacientes esa noche. Mientras avanzábamos por las estrechas calles del pequeño pueblo de veinte casas que alojaba a dos mil soldados, vimos algunos de ellos durmiendo lanza en mano, tendidos en los rincones de los patios y a lo largo de las calles, todos agotados por la lucha de la jornada. No obstante, estaban listos para atender la menor alarma y seguir a su líder de confianza hacia nuevos peligros y nuevas victorias.

Justo cuando estábamos listos para retirarnos, un fuerte golpe en la puerta principal anunció la llegada de visitantes, que resultaron ser algunos soldados que venían a invitar al señor Rijnhart para que los acompañara a ver a un cabo que había recibido un disparo en la boca. Aunque consciente del riesgo, los acompañó a la aldea donde se alojaba el *chentai* y lo condujeron a la presencia de su paciente, quien maldecía en voz alta y abusaba de todos los que se encontraban a su alcance. La bala estaba incrustada entre la encía y la mejilla y tuvo que ser examinada.

Durante la operación, el cabo juraba y daba órdenes bruscas a sus hombres cada vez que el instrumento le permitía usar la lengua. El señor Rijnhart aseguró que había una mezcla de patético y ridículo en la rabia que manifestaba su paciente al verse obligado a llevar en la boca, aunque fuera por un breve tiempo, una bala rebelde.

El *chentai*, aunque era un general muy eficiente, no había completado su ocupación de los fuertes sitiados, porque durante la noche los mahometanos se retiraron sigilosamente con sus familias y objetos de valor. Abriéndose paso entre las filas enemigas, efectuaron la huida a Topa y, a la mañana siguiente, los soldados y un enjambre de *pingmin* que pretendía robar y saquear entraron en las casas desiertas, encontrando pan a medio cocer en el fuego y otras señales de una huida apresurada. La gente de Lusha'er regresó después de haber asegurado su botín, presentando una escena divertida con sus premios, que en su mayor parte eran objetos sin valor, mesas viejas, armarios, ollas rotas, bolsas gastadas con quizás un poco de grano. Nos dimos cuenta de lo amargo que era el sentimiento contra los rebeldes cuando escuchamos a muchos expresar tal alegría por la gran masacre de mahometanos del día anterior, ya que ochocientos habían sido asesinados.

V. MISIONES Y MASACRES

Escuela bíblica en Lusha'er – Revuelta mahometana en Xining - Terrible matanza de soldados imperiales – La caída de Topa – Paz al fin

En medio de estos tiempos conmovedores, cuando los pensamientos de asesinato y venganza predominaban en las mentes de la gente, nos esforzamos por llevar a cabo la obra de predicar y enseñar, así como también de curar. No podíamos más que interpretar la invitación del abad a residir en la lamasería como una llamada divina a un campo más amplio de utilidad, y la influencia que nos dio su patrocinio a los ojos de la gente no era más que otro nombre para la oportunidad: una sagrada confianza por la cual sentíamos que debíamos ser considerados responsables.

Sacerdotes y laicos, mujeres y niños, se unieron a nosotros, consultándonos en sus dificultades y dándonos todas las pruebas de su confianza en nosotros. Una de las características más alentadoras de nuestra obra misional fue la escuela bíblica, que se inició poco después de que nos trasladaran a la lamasería y se organizaba todos los miércoles y domingos por la tarde en nuestra casa de Lusha'er. Los niños, que se habían encariñado con nosotros, incluso siguiéndonos por la calle, se reunieron fácilmente y se interesaron de inmediato en las imágenes bíblicas en colores que colgaban de nuestras paredes.

Las lecciones abarcaron los puntos más destacados de la historia y la doctrina bíblicas, comenzando con la historia de la creación y el jardín del Edén en el Antiguo Testamento y terminando con la muerte y resurrección de Jesús en el Nuevo Testamento. También les dimos charlas sobre la vida y los caminos de San Pablo. Cuán encantados estaban con la historia de la escalera de Jacob, diciéndonos, mientras miraban la imagen, que a ellos también les gustaría subir esa escalera para estar entre los ángeles.

Pronto, no solo los niños, sino también las madres asistieron a las lecciones. Todos se emocionaron con la historia del buen samaritano. «El sacerdote y el leví son como nuestros sacerdotes —dijo una mujer—, ellos también pasan por el otro lado cuando alguien está en problemas». Las mujeres estaban particularmente interesadas en el milagro de Naín. Nuestra imagen mostraba una puerta de la ciudad como si fuera una china, y eso la hacía tan vívida; y entonces las mujeres podían entrar en el dolor de la madre por la muerte de un hijo y compartir su alegría cuando el Gran Médico restauró la vida del muchacho.

Otros cuadros y las lecciones sugeridas por ellos causaron profundas impresiones, a saber: la curación del ciego Bartimeo, el hijo pródigo, la muerte, resurrección y ascensión de Jesús, Pablo encadenado a un soldado romano y Pedro en prisión.

Se debe hacer una mención especial a un niño tibetano que nunca olvidó nada de lo que le dijimos; la cantidad de conocimiento bíblico que adquirió fue verdaderamente asombrosa, y creo con cariño que su corazón era tierra fértil y que algún día la buena semilla sembrada en él dará fruto. Nunca olvidaré con qué entusiasmo los niños cantaban los himnos que con gran dificultad les enseñábamos.

Descubrimos que los tibetanos poseen ideas mucho mejores sobre la melodía que los chinos. Las disonancias, al principio, fueron impactantes, pero, con la ayuda de la concertina del señor Rijnhart y mi violín, las melodías se llevaron a cabo. En la Navidad de 1895, les dimos a los niños un festín de gofres y té con leche. Algunas de las mujeres presentes dijeron que, si su gente siguiera nuestra doctrina, todo iría mejor, y agregaron que les enseñábamos a los niños solo lo que era bueno. El señor Rijnhart habló mucho con los lamas sobre asuntos religiosos, sin perder oportunidad de insistir en el mensaje del Evangelio.

Ishi Nyima declaró que si los mahometanos no venían a atacar a Lusha'er y Kumbum era porque estábamos allí y le habíamos rezado al «Gobernante Celestial» para que nos protegiera. Hasta donde sabemos, el propio Ishi Nyima dejó a un lado un ídolo de Buda que siempre se había llevado a la cama para protegerse y puso su confianza en el «Gobernante Celestial».

Los chinos decían que cumplíamos nuestra misión con el propósito de acumular méritos para nosotros mismos, aunque no discutían que nuestro trabajo era bueno. Parecían incapaces de concebir la posibilidad de una sola acción desinteresada, mucho menos una vida de altruismo, y menos aún una misión de sacrificio y servicio por amor a Dios y al hombre.

La caída de Shenjun, descrita en el capítulo anterior, condujo a la apertura temporal del camino a Xining, aunque hasta ahora solo un pequeño número de hombres intentarían el viaje, ya que miles de mahometanos vagaban por los valles a ambos lados del Nanjuan barriendo todo antes que ellos. Por extraño que parezca, aunque Xining no estaba a veinte millas de nosotros, sabíamos muy poco sobre el progreso de la rebelión en sus alrededores, tan cerca había estado la toma de Kumbum y las aldeas circundantes. Finalmente, nos enteramos de que, durante los meses posteriores al estallido de la rebelión, los mahometanos del gran suburbio oriental de la ciudad se habían mantenido neutrales y habían expresado enfáticamente su intención de no tomar parte alguna en la lucha de sus correligionarios.

Sin embargo, los chinos no confiaron completamente en su palabra y mantuvieron a miles de soldados en las murallas de la ciudad, siendo especialmente vigilantes en el lado que daba al barrio mahometano. Las puertas dobles habían sido bloqueadas y todas las casas cercanas a las murallas habían sido destruidas para que no pudieran usarse como protección en caso de un ataque. El 1 de septiembre, debido, sin duda, a los éxitos informados de las armas rebeldes en otros lugares, sucedió lo que durante mucho tiempo se había temido. Los mahometanos del suburbio comenzaron a atacar la ciudad, y sus cañones acertaron con gran precisión sobre las tropas estacionadas en la muralla. Los artilleros del *chentai* también hicieron buena práctica con los rebeldes que pululaban en las paredes del arrabal, y tan valientes y decididos eran estos últimos que, cuando el hombre que servía el cañón era alcanzado, este era arrastrado fuera por otro hombre, que tomaba su lugar, y esto se repitió hasta seis veces. Cuando poco después las tropas del gobierno ocuparon el suburbio, se encontró a un hombre clavado a su cañón, muerto mientras permanecía valientemente en su puesto.

Durante días, Tong Kuan, o «suburbio del este», proporcionó un refugio seguro para los rebeldes de los distritos circundantes que se atrevieron a desafiar a la caballería del *chentai* y acercarse a la muralla de la ciudad, mientras que los miles de valientes habitantes del suburbio parecían estar llenos de imprudencia, porque, desprovistos de todo temor, se abalanzaron sobre las colinas adyacentes a la ciudad, aparentemente sin ser afectados por los rifles y cañones de las tropas chinas, que estaban haciendo todo lo posible por mantener el control de la ciudad hasta que llegaran los refuerzos. Nada enfureció más a los chinos que la destrucción deliberada de los hermosos templos de Nanxizi, en una colina justo al lado de las murallas de la ciudad, a los que la gente de Xining recurría a veces para rezar y otras veces para presenciar representaciones teatrales.

Estos templos eran el orgullo del distrito y tan fuerte era el sentimiento popular respecto a su destrucción que, tan pronto como terminó la guerra, el *chentai* y sus tropas emprendieron el trabajo de reconstruirlos, sin escatimar esfuerzos para devolverles su antigua belleza y magnificencia.

Después de intentos infructuosos de asaltar la ciudad, los mahometanos de Tong Kuan asumieron una actitud inofensiva y finalmente se sometieron al gobierno de la ciudad, un acto que nunca fue visto con buenos ojos debido a su gran traición al rebelarse. Cuando el general Li llegó a las puertas de la ciudad con sus tropas desde Lanzhou, no se le permitió entrar porque su llegada no había sido anunciada oficialmente y, al ser considerado simpatizante de los rebeldes, se vio obligado a instalarse en el suburbio con los mahometanos.

Él fue quien aconsejó a estos últimos que renunciaran a una mayor resistencia en Xiao Xia y actuó como árbitro o mediador entre los beligerantes, incluso convocando una reunión de todos los jefes rebeldes del valle del norte y Topa para discutir los términos de la paz. La comunicación con Lanzhou estaba ahora abierta, se colocaron grupos de soldados a lo largo de las carreteras y comenzaron a llegar refuerzos en gran número a Xining. Aprovechamos la coyuntura para hacer una visita a esta última ciudad.

Es de imaginar el deleite que sentíamos de un reencuentro con los misioneros allí, porque habían pasado seis largos y fatigosos meses desde que habíamos visto una cara blanca por última vez.

Poco después de nuestro regreso a Kumbum, algunos de los mahometanos de Tong Kuan, temiendo la traición de los chinos, abandonaron silenciosamente Xining para ir a otros lugares, y uno de ellos, disfrazado de chino corriente, llegó a Lusha'er, pero fue reconocido por alguien y asesinado. Mientras sus captores le cortaban el cuello con un cuchillo muy desafilado, les dijo que usaran uno más afilado y que fueran rápidos.

Hacia el mediodía de ese día, un joven granjero vino a nuestra puerta portando en la punta de un palo un corazón humano, diciendo que le habían dicho que los extranjeros empleábamos partes del cuerpo humano para hacer medicinas y que nos había traído el corazón de un mahometano en venta, esperando un alto precio por él.

Se sintió decepcionado e incluso incrédulo cuando dijimos que nunca utilizábamos ninguna parte del cuerpo humano para tal propósito. La creencia de los chinos de que los extranjeros fabrican medicamentos de esta manera es muy apreciada por los bóxers y otros fanáticos, y es la razón que ha conducido a muchos disturbios antiextranjeros, en los que se saquean las casas de las misiones y los mismos misioneros son a veces asesinados.

Había un tráfico considerable en la carretera de Xining y, por medio de los mensajes que surgían y de nuestras repetidas visitas, pudimos seguir el curso de los acontecimientos en la ciudad y sus alrededores. Hacia fines de febrero, el general Wei llegó a Xining con su ejército de soldados desde China central, decidido a aplacar a los mahometanos de Tong Kuan de una vez por todas. Con este fin, miles de soldados del emperador fueron acuartelados en el suburbio.

Ochenta y cinco de los jóvenes líderes fueron capturados, conducidos a la ciudad en medio de los vítores del populacho emocionado, y decapitados frente al *yamen* del *chentai*. Las cabezas y los cuerpos fueron arrojados fuera de la puerta occidental, donde los perros, que habían estado medio muertos de hambre durante meses, se daban un festín con la carne humana. Entonces comenzó el trabajo de carnicería en el suburbio y miles de hombres, mujeres y niños fueron masacrados despiadadamente por los soldados imperiales, algunos por hombres de Hunan, otros por hombres de Xining. Al reconocer todos que la matanza de ese pueblo indefenso era una deshonra para el ejército, se esforzaron por eludir la responsabilidad de estos terribles hechos.

Los soldados participaron en muchas comidas de corazones e hígados humanos, deseosos de poseer el coraje que sus enemigos habían mostrado, pues creían que las cualidades pasarían del corazón comido al que lo devoraba, y no perdían oportunidad de apoderarse así del admirado atrevimiento temerario de los rebeldes.

Como Topa había sido el refugio de los mahometanos de las aldeas capturadas, también era el centro desde el que los rebeldes armados habían salido en sus maniobras bélicas, así que, en el momento en que el general Wei llegó a Xining, Topa era el bastión donde se estimaba que cuarenta mil estaban preparados para organizar una resistencia final contra las tropas del gobierno. El *chentai* y sus soldados ocuparon Chenhaipú, un fuerte chino inexpugnable bien fortificado a una milla de Topa, que estaba situado al otro lado del río Xi Ho, que lo protegía por un lado ya que no había puente, mientras que las colinas lo rodeaban por los otros lados, proporcionando, en general, una posición fuerte para la defensa.

Por invitación de uno de los comandantes del ejército chino, nos dirigimos al fuerte mencionado, donde tratamos a todos los soldados heridos y enfermos durante el resto del tiempo en que continuaron hostilidades. A nuestra llegada, encontramos el lugar lleno de tropas y, si no hubiera sido por la influencia de algunos jefes, no habríamos tenido lugar para hospedarnos; e incluso entonces, compartimos un rincón del *kang* donde dormían casi una docena de hombres, mujeres y niños que habían dejado todas las habitaciones de la casa para las tropas de Xining, mientras que el ejército de Hunan estaba estacionado fuera del fuerte en tiendas de campaña.

No pasó mucho tiempo antes de que tuviéramos muchos heridos que tratar, y por la noche subimos los escalones hasta la muralla, desde donde había una buena vista del gran fuerte de Topa y el campo circundante. Los suburbios de Chenhaipú habían sido destruidos por los propios chinos, los templos, las tiendas y las casas habían sido casi arrasados y todos los árboles disponibles se habían utilizado como combustible. El muro tenía montones de piedras que estaban destinadas a ser empleadas en tiempos de ataque, y se habían construido casitas de adobe a pocos metros de distancia a lo largo de todo el muro para ser usadas como protección durante las frías noches del invierno. La guardia designada patrullaba las murallas, y los ciudadanos tomaban esta tarea por turnos.

Mientras caminábamos por el muro, nos encontramos con el general de brigada Teng, el *chentai* de Xining, un hombre sin pretensiones vestido con sencillez y con una sonrisa agradable mientras nos saludaba al pasar, porque nadie apreciaba más que él los servicios prestados a los enfermos por los misioneros en Xining y Kumbum. Regresó a Xining con todos sus soldados al día siguiente y la tarea de reducir Topa recayó en el general Wei, la mitad de cuyas tropas estaban acuarteladas en las afueras de Chenhaipú y la otra mitad en Hezuizi, en un río situado cinco millas más lejos, de modo que mantuvieron la fortaleza mahometana entre dos grupos de soldados. Estos, desafortunadamente, no trabajaron ni trabajarían al unísono durante el ataque; sin embargo, hicieron un buen trabajo, como resultado del cual miles de mahometanos fueron asesinados y heridos, y muchos otros fueron desmoralizados.

En más de una ocasión, contemplamos desde la muralla el bombardeo de Topa. Desde allí notamos con qué precisión y orden la infantería, que había recibido instrucción extranjera, avanzaba en una masa negra al ataque. Entretanto, la caballería —quienes, por regla general, no estaban acostumbrados a cabalgar sobre terrenos tan irregulares como los campos de cosecha alrededor de los fuertes— cabalgó a toda velocidad contra los mahometanos, que se esforzaron por rechazar el ataque. En una ocasión, la caballería hizo retroceder a un grupo de quinientos rebeldes hacia las puertas, que habían sido cerradas por la gente asustada que había dentro, y solo escapó media docena de ese grupo. El resto fue asesinado junto a sus propias puertas.

Las bajas entre la caballería china ese día fueron grandes, pero su victoria fue reveladora y tuvo el efecto de hacer comprender a los mahometanos la desesperanza de su lucha.

Se planeó otro bombardeo en el que la infantería y los cañones atacaron por un lado mientras la caballería se ocupaba del otro. Nos dirigimos a los campamentos de los soldados cuando los heridos habían comenzado a llegar, llevados por sus compañeros a veces en una canasta hecha con una prenda colgada de una lanza, a veces en la espalda de un hombre, pero siempre con ternura.

Se tendían en hileras al aire libre junto a las tiendas mientras dábamos a cada uno por su turno la atención que necesitaba lo más rápido que podíamos. Los acompañantes del enfermo corrían en busca de agua y lo que fuera necesario. Y así, durante horas y horas, mientras la batalla rugía afuera, los hombres fueron traídos y acostados para esperar su tratamiento. Los cientos de heridos que fueron atendidos esos días requirieron el uso de tantas vendas y apósitos que la demanda de ropa adecuada fue suplida con nuestras sábanas y fundas de almohada que habían sido proporcionadas para su uso en un hospital que esperábamos fundar en Lusha'er. El comandante había puesto a nuestra disposición un *puzí* o tienda, a la cual acudían a curarse los heridos que podían caminar, y los que no podían venir eran atendidos en sus tiendas en los diferentes campamentos. Nuestra comida era traída ya preparada de la cocina del comandante, y era de gran ayuda, porque la inmensa cantidad de soldados hacía muy escaso el alimento y, además, no teníamos cocina en nuestra tienda.

A los hombres de China central que estaban acostumbrados al alimento con arroz les fue muy mal en Chenhaipú, porque solo se podía comprar harina y no sabían cómo preparar el *mien*, sino que lo ponían en trozos grandes en lugar de tiras delgadas en el agua y, como resultado, comían trozos indigestos de masa dura a medio cocer. Esta falta de alimentos adecuados, unida al frío, al que no estaban acostumbrados y para el cual no estaban vestidos adecuadamente, además de los sótanos profundos que cavaron debajo de sus tiendas para dar más espacio a los trece hombres alojados en cada tienda, donde también tenían que cocinar, provocó un brote de enfermedad entre las tropas, de modo que tuvimos en total mil o más pacientes. Muchos de los hombres heridos que recibieron de nosotros arroz, fideos y huevos seguramente habrían sucumbido a sus heridas sin nuestra ayuda. Además, usamos nuestra influencia con los comandantes, induciéndolos a proporcionar de sus provisiones personales algunos alimentos adecuados para sus hombres.

Los artilleros de estas tropas acertaban sus tiros rara vez, por lo que los cañones fueron de muy poca ayuda, y de nada sirvieron las minas terrestres que se habían colocado, pues los mahometanos no pisaron el lugar donde habían sido enterradas. Una mina había sido colocada justo afuera de una de las puertas del fuerte rebelde durante la noche, donde fue descubierta muy temprano a la mañana siguiente por un pequeño grupo de mahometanos, que cortaron el alambre unido a esta. Se la llevaron al fuerte y, en lugar de golpearla, la desmontaron, como lo habría hecho un chino. Las minas llenaron a los mahometanos de miedo y superstición, porque poco después ofrecieron su rendición, la cual fue aceptada con la condición de que sus jefes y todas sus armas fueran llevados a Chenhaipú.

Así fue como grupos de rebeldes custodiados por tropas marcharon frente a nuestra puerta con grandes fardos de armas y lanzas al hombro y, cuando los hubieron depositado en el *yamen*, se les permitió regresar a sus casas, habiendo sido retenidos solo los líderes.

Estos últimos, desnudos hasta la cintura, fueron conducidos frente a nuestra puerta de dos en dos hasta el exterior de la puerta de la ciudad para ser decapitados, cada uno con un golpe de cuchillo de un soldado. Los cuerpos fueron enterrados y las cabezas llevadas en cestas de regreso al *yamen*, en cuyo trayecto algunas de ellas llegaron a rodar sobre el polvo del camino. Tales escenas tienen un efecto desmoralizador en una comunidad. Los efectos perversos de esa rebelión, con su crueldad y derramamiento de sangre, no desaparecerán ni en los mahometanos ni en los chinos durante al menos una generación.

No mucho después, nos proporcionaron una tienda en Topa, donde estaban alojados ciertos destacamentos de tropas imperiales que habían salido de Chenhaipú, y, después de un poco de vacilación, fui con mi esposo y una gran escolta de hombres bien armados hacia la ciudad rebelde. Descubrimos que los suburbios habían sido casi destruidos en el bombardeo de los cañones, y también que los templos chinos, que habían sido utilizados por los mahometanos como viviendas, apenas sufrieron daños. Había dos murallas alrededor de Topa, una exterior y otra interior, esta última rodeaba un fuerte de construcción cerrada, separada de la otra por muchos edificios.

Dentro del muro exterior se habían cavado profundas trincheras para una mayor defensa y era evidente que, si las tropas hubieran logrado forzar la entrada al fuerte exterior, miles habrían caído, porque los mahometanos estaban bien armados con fusiles, espadas y lanzas, incluso armas extranjeras, que poseían en grandes cantidades.

La mujer mahometana propietaria de la tienda en la que estábamos me dijo que, incluso antes del bombardeo final, muchos de los jóvenes mahometanos habían sido asesinados, y dijo que la mayoría de ellos fueron empujados a la refriega por las circunstancias y las órdenes de sus líderes. Ella y su marido, zapatero de oficio, habían vivido en las afueras de Chenhaipú y un día, advertidos por los chinos, se habían ido a dormir a Topa sin llevarse nada, excepto la ropa que llevaban puesta y un poco de dinero. Esa misma noche, los chinos atacaron el suburbio, robaron lo que pudieron y destruyeron todas las casas y templos. Luego los obligaron a permanecer en Topa, pero su esposo se mantuvo oculto como pudo, negándose a tomar parte en los combates, hasta que una mañana encontró en su puerta un pequeño papel con una orden del líder o *ahon* para que se uniera a una salida en el valle hacia Xining. Como no tenía caballo, pero no se atrevía a desobedecer, porque eso significaría la muerte, su esposo tomó una lanza y se unió al grupo de doscientos, de los cuales solo dieciocho regresaron con vida, pero él no estaba entre ellos.

La guerra ya prácticamente había terminado. Una gran parte de los combatientes de Topa había muerto, algunos se habían rendido, mientras que unos veinte mil huían hacia Turquestán, sembrando la consternación entre los nómadas de Koko Nor a su paso por su territorio, saqueando y devastando sin piedad. Muchos de ellos perecieron de frío y hambre en las desoladas llanuras.

El general Wei y sus tropas regresaron a Xining, mientras que el general Teng, un oficial militar de rango aún más alto, tomó su lugar y, diciendo que su predecesor no tenía autoridad para aceptar la sumisión en las condiciones que lo había hecho, exigió las cabezas de otros mil líderes. Estos fueron atrapados a regañadientes, pero rápidamente, por sus compañeros, llevados a Xining y decapitados. Los soldados robaron a la población restante de Topa casi todo lo de valor que poseían y luego los enviaron al pequeño valle del norte, donde se les permitió residir, habiendo sido confiscadas sus tierras.

De este modo, el Gobierno de China había mostrado, a través de los comandantes de su ejército, una traición y falta de honor tales que podrían conducir fácilmente a nuevos problemas en el futuro.

Sin embargo, los mahometanos alrededor de Xining habían sufrido una derrota tan aplastante que los hacía incapaces de rebelarse, a no ser que los de Hechuan decidieran vengarse por las atrocidades cometidas en Tong Kuan, capturar Xining, que sería una fortaleza admirable, y apoderarse de toda la parte occidental de Gansú.

Huangyuan no tiene más mahometanos. La muchedumbre, por orden del oficial, cayó sobre los pocos cientos que residían allí, matándolos a todos. Las paredes de Topa han sido casi niveladas, la hermosa mezquita ha sido destruida y las tejas verdes y los ladrillos que la componían han sido llevados a Xining por orden del *futai* para ser usados probablemente como material de construcción para los templos chinos.

Los únicos mahometanos que se pudieron ver durante algún tiempo después en Tong Kuan eran mendigos y aquellos que habían venido a vender pequeñas mercancías, y tengo entendido que las autoridades de Xining no les permitían residir de nuevo ni siquiera en un suburbio, aunque, si siguiesen con su propósito, el comercio no sería de ninguna manera tan fácil como antaño.

Todas las tropas de China central fueron desbandadas en el Gansú occidental y, como muchos de ellos no tenían medios de vida, se convirtieron en bandoleros y aterrorizaban a los tímidos chinos como lo habían hecho los mahometanos, pues atacaban y mataban sin piedad.

Se estimó que un total de cien mil personas murieron durante la guerra. En muchos distritos no quedaban agricultores para cultivar la tierra, y en algunos lugares la gente tenía grandes dificultades para obtener suficiente semilla para sembrar e implementos para trabajar, aunque los funcionarios habían otorgado un alivio considerable para este propósito. Cuando la cosecha estuvo sembrada, fue en gran parte destruida por las ratas, las cuales, atraídas probablemente por tantos cuerpos mal enterrados, se esparcieron como un ejército más por los campos, dejando tras de sí desperdicios y corazones afligidos. Por estas diversas razones, hubo, incluso dos veranos después de la guerra, una gran escasez entre las clases trabajadoras, y pasarán años antes de que los efectos de la rebelión, aunque sea en un grado mínimo, desaparezcan.

Cuando se declaró la paz, el señor Rijnhart, para consternación tanto de los tibetanos como de los chinos, fue al cuartel mahometano de Topa para tratar a los mahometanos heridos. Se había entendido que, debido a que habíamos ayudado a los soldados chinos y tibetanos, compartíamos su odio hacia sus enemigos y no podíamos tener un pensamiento amable hacia ellos. Cuando vieron que el misionero era tan amable y tierno con los mahometanos como con ellos mismos, se asombraron por completo. La ley de la bondad cristiana que impulsa el amor y la misericordia, incluso para con los enemigos, les llamó vívidamente la atención y algunos, mientras meditaban en la lección, pensaron de nuevo en la imagen bíblica a color en la pared de nuestra casa en Lusha'er: la imagen del buen samaritano. Allí habían aprendido la lección en una historia: el misionero la había traducido ahora en acción.

VI. LA LAMASERÍA DE KUMBUM

Lamaserías tibetanas – Leyenda de Tsongkhapa – Origen de Kumbum – El templo de tejas doradas y el árbol sagrado – Devociones nocturnas y adoración al Dios de la Mantequilla

Las lamaserías de Asia central son, como las catedrales de Europa, los monumentos más imponentes de la vida religiosa, pero, mientras que las torres y cúpulas de estas últimas se elevan sobre la bulliciosa ciudad y contemplan todos los refinamientos y actividades de la civilización, los toscos santuarios del budismo se sitúan con frecuencia en los lugares más apartados y, a veces, incluso en los más inaccesibles de la escarpada meseta tibetana.

Algunas de ellas están a millas de distancia de cualquier pueblo o campamento y, aunque no pueden presumir del exquisito acabado artístico y el enorme esplendor de Colonia, Estrasburgo o San Marco, poseen una gran originalidad propia. A veces se construyen en un barranco protegido, pero más generalmente en la ladera de una montaña, a menudo en lo alto de una masa de roca que sobresale, y se llega después de escalar laboriosamente por medio de escaleras en zigzag excavadas en la piedra. La arquitectura es fantástica e irregular, y consiste en una serie de edificios cuadrados y oblongos que se alzan hilera tras hilera contra la ladera o se juntan sin ningún plan aparente y que están adornados con toscas almenas, puentes y escaleras exteriores, todo coronado por una abrupta torre techada o por varias torrecillas de diversas formas.

Estas lamaserías, o *gompas*, son las moradas del sacerdocio tibetano, que constituye, se estima, alrededor de una séptima parte de la población total del Tíbet. En las *gompas* de Lhasa se dice que hay no menos de quince mil lamas, mientras que solo en la provincia de Amdo, según información recopilada por W. W. Rockhill, el número de lamas oscila entre veinticinco y treinta mil, que residen en veinticuatro lamaserías, cada una con capacidad de alojar entre doscientos y cinco mil monjes. Dos tercios de estos lamas son tibetanos de Koko Nor, el tercio restante son mongoles de Koko Nor y Tsaidam, mongoles orientales y tibetanos.

La lamasería de Kumbum, en la que residimos durante la rebelión y la que, a causa de nuestra amistad con el abad, tuvimos la tan excepcional oportunidad de conocer, es, como ya se ha dicho, una de las más grandes y famosas de toda Asia central. Hace más de medio siglo, después de su visita, M. Huc la describió como «de una belleza encantadora». Reposa en un valle fértil por donde corre un arroyo que la divide en dos partes. A ambos lados del arroyo y en las laderas opuestas reposan las blancas viviendas de los lamas, que se elevan terraza sobre terraza en orden de anfiteatro.

La residencia más pretenciosa es la del *kampo*, situada en la fila más alta de la ladera, que se destaca por sus paredes de color rojo brillante. Las viviendas ordinarias de los lamas se mantienen inmaculadamente blancas, aplicándose periódicamente una capa de cal de una manera muy novedosa, pero no por ello menos eficaz. En lugar de aplicarla con un cepillo, los lamas se paran en lo alto de una escalera o en el techo y vacían grandes cántaros de líquido sobre las paredes, dejándolo correr hasta el suelo y haciendo su trabajo a medida que este avanza.

En el lado occidental del arroyo están los templos, estructuras bien construidas de ladrillo cocido con paredes pintadas llamativamente y rodeadas de columnatas, con techos de tejas inclinadas cuyos extremos, que sobresalen de las paredes, están teñidos de azul o verde brillante. Hay un templo que se destaca con un relieve audaz y deslumbrante sobre todos los demás. Es el templo de techo dorado de Tsongkhapa, que los lamas llaman Jo Kang u «Hogar del Buda».

Este templo es el centro de interés en Kumbum y es el orgullo supremo de toda la gente de Amdo, que lo considera particularmente sagrado. Tiene unos cinco metros cuadrados; sus paredes son de madera tallada y presentan un mosaico de muchos matices que llevó a Huc a hablar de ellas como «resplandecientes con mil colores brillantes». Tiene, además, dos techos, uno inferior y otro superior, este último apoyado sobre una hilera de pilares cortos lacados en rojo. El techo inferior es mucho más ancho que el superior y sobresale considerablemente más allá de la pared principal al estilo chino habitual.

Las tejas de ambos techos están recubiertas de una pesada lámina de oro, sobre cuyo espesor exacto parece haber diferencia de opinión. Algunos de los lamas nos dijeron que tenía unos treinta milímetros de espesor, otros dijeron que trece centímetros.

Tsongkhapa, cuyo nombre conmemora el templo de tejas doradas, fue una especie de Lutero del budismo tibetano y prosperó en el siglo XIV. Las crónicas de la lamasería son ricas en registros, mitad míticos y mitad históricos, de la carrera de este hombre maravilloso, y la lamasería deriva su nombre de un incidente relacionado con su nacimiento. La palabra «Kumbum» es una combinación de dos palabras tibetanas que significan «diez mil imágenes» y se aplicó por primera vez a un árbol magnífico, un descendiente del cual todavía existe en la lamasería.

Los lamas relatan gravemente la historia del niño fantástico, cómo nació con una barba blanca, cabellos largos y sueltos, semblante sabio, poderes mentales completamente desarrollados y habla fluida. A la edad de tres años, resolvió renunciar al mundo y dedicarse a la contemplación de la doctrina de Buda. Su madre, que simpatizaba con la santa ambición de su hijo, cortó su hermoso cabello y lo arrojó al patio, cuando he aquí que inmediatamente brotó de él un árbol, en cada hoja del cual era visible una imagen del «Señor Buda». El joven estudiante se sentó a los pies de los lamas más ilustres de su época, residió algún tiempo en Lhasa y eventualmente lideró un movimiento de reforma que resultó en la fundación de una nueva secta, la de los Gelug o «sombreros amarillos», que se distingue de los «sombreros rojos» de la escuela conservadora.

Tsongkhapa introdujo cambios radicales en la liturgia budista y, sobre la base del nuevo culto, fundó la gran lamasería de Kaldan, que todavía florece a unas nueve millas de Lhasa y se dice que contiene ocho mil lamas. La influencia de Tsongkhapa ha sido grande durante los últimos cinco siglos de la historia tibetana, no solo por la inmensa cantidad de adherentes que ganaron sus puntos de vista durante su vida, sino también por las producciones literarias que dejó tras de sí.

Las más importantes de sus obras son una edición de los dichos de Gautama Buda y un tratado religioso-filosófico titulado *Etapas del camino a la iluminación*. Los primeros seguidores de Tsongkhapa fueron muy entusiastas en la propagación de las doctrinas gelugpa y, como resultado de sus labores misioneras, se establecieron fraternidades de la secta amarilla en todas partes del Tíbet y en Mongolia. Incluso el rey tibetano estaba entre los conversos. Tsongkhapa murió en 1419 y su cuerpo, según afirman los lamas, aún se conserva en el monasterio de Kaldan, donde puede verse en toda su frescura, suspendido en el aire a unos pocos metros del suelo a causa de un milagro perpetuo. Para aquellos que están muy avanzados en el camino hacia la budeidad, el gran hombre todavía habla palabras de sabiduría y aliento, ¡aunque nadie del populacho puede escuchar su voz o ver cómo se mueven sus labios!

Debiera ser de interés a la erudición cristiana una pregunta muy interesante relativa a las notables semejanzas entre el ritual de la secta gelugpa y el que todavía está en boga entre las ramas católica y anglicana de la cristiandad. El viajero M. Huc, siendo él mismo de fe católica y tras visitar varias lamaserías de gelugpa, escribió:

«Después del examen más superficial de las reformas e innovaciones introducidas por Tsongkhapa en el culto lamanesco [sic], uno debe sorprenderse de su afinidad con el catolicismo. La cruz, la mitra, la dalmática, la capa —que los grandes lamas usan en sus viajes o cuando están realizando alguna ceremonia fuera del templo—, el servicio de doble coro, la salmodia, los exorcismos, el incensario suspendido de cinco cadenas y que se puede abrir o cerrar a voluntad. También las bendiciones dadas por los lamas extendiendo el mano derecha sobre la cabeza de los fieles, la coronilla, el celibato eclesiástico, el retiro espiritual, el culto a los santos, los ayunos, las procesiones, las letanías, el agua bendita; todo esto son analogías entre los budistas y nosotros mismos»[3].

¿Cuál es el origen de estas sorprendentes analogías? Los mismos lamas tibetanos nunca han sido grandes viajeros, y la suposición de que Tsongkhapa visitó un país cristiano en esa fecha tan temprana es muy improbable. Huc conjetura que Tsongkhapa conoció a algunos de los misioneros católicos que estaban operando en China bajo Jean de Monteorvin, arzobispo de Pekín, ya en el siglo XIV, y que incluso habían entrenado a un coro de mongoles para cantar salmos y les enseñaron las ceremonias del catolicismo.

Con relación a esta pregunta, las leyendas tibetanas hablan de un extraño lama que llegó a la tierra de Amdo desde las lejanas regiones occidentales y residió en la tienda de Tsongkhapa, un hombre de maravillosa erudición y piedad que tenía una nariz grande y ojos brillantes y deslumbrantes. Tsongkhapa, se dice, se sentó a los pies del gran extraño y recibió instrucción en todas las doctrinas de Occidente hasta que el maestro cayó en un profundo sueño del que nunca despertó.

¿De dónde viene esta leyenda del extranjero del oeste? Es tanto posible como probable que Amdo fuera visitada por algunos de los primeros misioneros en Asia, tal vez por los nestorianos que tenían misiones en China occidental ya en el siglo VII. Nuevamente, se sabe que en 1325 un misionero católico romano llamado fray Odoric hizo un viaje desde el noroeste de China a través del Tíbet hasta la India y residió algún tiempo en Lhasa; que los padres Grüber y Dorville en 1661, y Desideri y Freyre en 1716 realizaron giras misioneras, residiendo este último en Lhasa durante trece años; que en 1719 el fraile capuchino Francisco della Penna, con doce colaboradores de la misma orden, inició una misión en Lhasa que prosperó hasta 1760.

---

[3] *Travels in Tartary, Thibet and China*, por M. Huc, vol. II, págs. 45-46.

¿Quién puede decir hasta qué punto la estancia y la enseñanza de estos misioneros en el Tíbet es responsable de las semejanzas en el ritual entre el catolicismo y el budismo tibetano? La leyenda, con toda probabilidad, ha atribuido a Tsongkhapa más de lo debido con respecto a la introducción de las formas cristianas. Que se hayan incorporado gradualmente al culto tibetano como resultado neto de todos los primeros contactos con los occidentales es una opinión razonable. Encontramos la leyenda del «lama blanco del oeste» bastante fresca en la mente de la gente. Mina Fuye nos dijo que Tsongkhapa tenía una nariz grande y parecía un europeo.

La importancia y el carácter sagrado de Kumbum, a los ojos de los budistas, puede entenderse fácilmente cuando se recuerda que la lamasería está tan íntimamente conectada con un personaje tan importante como el gran reformador budista, ya que, aunque en realidad no fundó la lamasería, sin embargo, solo a él debe su origen. Los peregrinos acudían a adorar al pie de la montaña donde nació; pronto llegaron sacerdotes budistas del Tíbet interior, China, Mongolia y Manchuria para construir allí sus celdas; los emperadores de China le extendieron su protección, y así ha crecido hasta su estado actual.

Gracias a la influencia de Mina Fuye, tuvimos muchas oportunidades de visitar el «templo de las tejas doradas». Alrededor de su patio exterior hay pequeños santuarios con una fila de ruedas de oración a un metro de distancia entre sí. Estos son pequeños cilindros que contienen rollos de oraciones impresas.

Hacer girar estas ruedas de oración es, según la idea budista, acumular méritos, y casi nunca están quietas, porque todo el que pasa les da una vuelta. En los tablones de madera que forman el umbral del santuario se ven abrasiones de siete a veinticinco centímetros de profundidad, hechas por las manos y la frente de los peregrinos que se postran ante el gran altar y la imagen del interior.

Incluso cuando se acercan al templo desde lejos, se puede ver a los peregrinos hundirse en el polvo cada tercer paso, acumulando celo e impulso, por así decirlo, para la postración final sobre las duras tablas. Para los miles de devotos budistas que acuden allí cada año y colocan sus manos y frentes en los mismos lugares que los miles que los han precedido, estos tablones son considerados tan sagrados como los escalones de mármol que conducen a la catedral de San Pedro lo son para las multitudes de peregrinos católicos que acuden anualmente a la Ciudad Eterna.

Solo una vez al año, el primer día de la tercera luna, se permite a las mujeres entrar en el templo, y, cuando llegó ese auspicioso día, tuve el privilegio, gracias a la influencia de Mina Fuye, de entrar con las mongolas y tibetanas, aunque se sabía que yo no tomaría parte en su culto idólatra. Lo primero que nos recibió al entrar fue una enorme imagen de Tsongkhapa sentado en un trono decorado.

El trono tiene unos tres metros de altura, y la imagen, según nos dijeron los lamas, en oro macizo, tiene unos dos metros de altura. Si la imagen es de oro, debe ser de un valor fabuloso, ya que en conjunto es de proporciones masivas, y, de hecho, si solo está chapada, como a veces suponemos, aún sería una de las posesiones más valiosas de la lamasería, tanto desde un punto de vista material como religioso. Inmediatamente frente a la imagen había un inmenso altar oblongo cubierto con jarrones de agua bendita y lámparas de mantequilla grandes y pequeñas.

De las lámparas de mantequilla debía haber varios cientos encendidas para esta ocasión especial. De pie ante el altar, y en medio de la luz resplandeciente de las lámparas, miré al rostro de uno de los ídolos más grandes del budismo tibetano mientras a mi alrededor los devotos se inclinaban, murmuraban oraciones y rendían tributo con todo su corazón.

El ídolo nunca había estado más radiante que en ese día, cuando el brillo de muchas llamas sagradas lo cubría y hacía que los rayos dorados destellaran como los del sol. No obstante, mientras miraba no encontré ninguna chispa de inteligencia saliendo de sus ojos sin pupilas; no hubo cambio de expresión en el semblante plácido que indicara que los oídos habían sido tocados por los gritos del corazón de los devotos postrados; ninguna palabra de bendición salió de aquellos labios silenciosos, inmóviles y firmes como el día en que recibieron el último toque de la mano del artista. Qué apropiadas las palabras del poeta de Israel: «Los ídolos de las naciones son plata y oro, obra de manos de hombres. Tienen boca, pero no hablan, tienen ojos, pero no ven, tienen oídos, pero no oyen, ni hay aliento en sus bocas. Sus creadores serán como ellos; sí, todo aquel que confía en ellos»[4].

Sin embargo, hay algo patético en este espectáculo de adoración pagana, y no es, en mi opinión, parte del misionero cristiano asumir un aire de mofa y desprecio por las ideas y prácticas religiosas de pueblos menos ilustrados que el suyo, ya que, en todo servicio religioso, por absurdo o degradado que sea desde el punto de vista cristiano, hay un reconocimiento débil y un intento de buscar a tientas al único gran Dios a quien todos los hombres y naciones quieren igualmente; incluso en la adoración de ídolos hay, para quien tiene el oído dispuesto y el corazón comprensivo, «gritos dolorosos del alma, arrancados de su centro y separados de su objeto»[5].

El trabajo de las misiones cristianas se ve obstaculizado por el antagonismo de los pueblos no cristianos a través de la afirmación dogmática de las doctrinas y el fracaso del misionero cristiano en reconocer y regocijarse en las grandes verdades subyacentes de todas las religiones. Solo cuando este aprecia la luz, por tenue que sea, que brilla en medio de la oscuridad y la superstición de los sistemas paganos, puede esperar guiar los ojos de los hombres hacia Aquel que es el Sol de Justicia y la Luz del Mundo.

Además de la imagen y el altar, el templo de azulejos dorados contiene muchas reliquias interesantes, entre las que destaca la piedra sobre la que nació Tsongkhapa. Las paredes están cubiertas de libros budistas y *khatas*, algunas de ellas de quince metros de largo, que cuelgan del techo. Estrechamente conectadas con el

---

[4] Salmo CXXXV.
[5] Cita del teólogo suizo Alexandre Vinet (1797-1847). (N. del T.)

santuario están las «salas de lectura», una de ellas lo suficientemente grande como para albergar a dos mil quinientos sacerdotes a la vez.

Antes de entrar en la sala de lectura, cada sacerdote está obligado a quitarse los zapatos. A veces hay una pila de zapatos en la entrada que comprende dos mil pares o más, arrojados juntos promiscuamente. Sin embargo, los propietarios parecen no tener dificultad en encontrar cada uno su propio par. Sobre las salas de lectura se encuentra el museo, que contiene una colección de reliquias sagradas, instrumentos musicales —principalmente grandes trompas y caracolas—, jarrones de oro y plata, lámparas y obras de arte.

La más preciada entre las reliquias es una imagen de Tsongkhapa que se dice que el mismo santo dibujó con su propia sangre. Esto se hizo en la ciudad de Lhasa cuando el santo estuvo allí realizando sus estudios. Su madre en Amdo estaba deseosa de saber cómo le iba, de modo que él dibujó un boceto de sí mismo y se lo envió en lugar de escribirle una carta, y, tan pronto como ella lo recibió, la imagen habló, ¡asegurándole que su hijo se encontraba bien de salud! Otra cosa notable en el museo es una imagen de barro de un buda llamado Mete Fuye, sobre cuya cabeza embarrada se dice que comenzó a crecer cabello poco después de ser completada. Está cuidadosamente conservada en una caja de cristal.

Del árbol sagrado del que toma su nombre la lamasería, y que creció de los cabellos de Tsongkhapa, hay que hacer un comentario. Hay tres de estos árboles en un patio cerca del «templo de las tejas doradas». Todos los peregrinos que visitan la lamasería se esfuerzan especialmente por mostrar reverencia al árbol central y recibir algunas de sus hojas, en cada una de las cuales es claramente discernible a los ojos de los fieles la imagen de Tsongkhapa.

Nadie alrededor de Kumbum parecía cuestionar esta maravilla, excepto los dos extranjeros. Frecuentemente, visitábamos el árbol y teníamos las hojas en nuestras manos, pero nuestros ojos no podían ver la imagen ni nada que se le acercara, una discapacidad que los lamas nos informaron fríamente que surgía del hecho de que no éramos verdaderos seguidores del Buda. Esta explicación es bastante dañina para la reputación de M. Huc y Gabet, quienes declararon ver en las hojas del árbol no imágenes de Tsongkhapa, sino caracteres tibetanos bien formados.

No hay nada en la narración de Huc tan desconcertante como esto, y, sin cuestionar su veracidad, uno no puede dejar de preguntarse hasta qué punto cayó bajo el hechizo mágico de las leyendas de Tsongkhapa. ¡Tampoco está más claro por qué las hojas que en la época de Huc tenían caracteres tibetanos habrían pasado de la literatura al arte, produciendo ahora solo imágenes del santo! El árbol ha sido clasificado de diversas formas. Rockhill, siguiendo a Kreitner, primero pensó que era una lila *(Philadelphus coronarius)*, pero luego concluyó que era una especie de siringa *(Syringa villosa)*. Vimos el árbol una vez cuando estaba en flor: las flores se parecen mucho a las lilas, pero las hojas parecen más rígidas.

Además de la adoración de la imagen de Tsongkhapa, fuimos testigos de muchas otras ceremonias extrañas e interesantes durante nuestra residencia en Kumbum. Una de las más impresionantes fue la de las «devociones nocturnas», celebradas periódicamente por los lamas. Al caer la noche, la gente es llamada a los techos de las casas por fuertes toques de una trompa hecha de una gran concha del Koko Nor. Las mujeres y los niños de Lusha'er llevan fardos de madera aromática, que se quema en pequeñas chimeneas dispuestas al efecto en el techo. A medida que el incienso de la madera arde y se eleva como una dulce ofrenda al Buda, todas las voces se unen en el canto de alguna canción o himno ininteligible. En el techo de cada casa, alguien hace su deber en la rueda de plegaria, sentándose con las piernas cruzadas y haciéndola girar a la máxima velocidad, porque se cree que, cuanto más rápido gira el cilindro, mayor es el mérito del devoto. Algunos de los lamas y mujeres se ocupan pasándose el rosario entre los dedos, mientras que otros lamas se paran con la cabeza inclinada pronunciando la famosa invocación de seis sílabas, *Om mani padme hum*.

Desde el primer sonido de la bocina a las nueve, la noche se vuelve espantosa y el sueño es imposible. El redoble de gongs y címbalos y el repique de las campanas acompañan la adoración, al tiempo que, con estos sonidos discordantes, se mezclan las voces de mil lamas hasta que el ruido parece un eco del caos.

Toda la escena está iluminada por miles de lámparas de papel rojo suspendidas por postes y por fuegos de incienso que se mantienen frescos mediante la adición constante del combustible fragante. La noche se aleja lentamente, pero el ruido no disminuye. La incansable energía muscular de los devotos que golpean enormes gongs hora tras hora y el poder pulmonar de otros que soplan incesantemente sobre las gigantescas trompas es verdaderamente maravilloso. Los lamas consideran que la ceremonia de las «devociones nocturnas» es de gran mérito y, por lo tanto, se participa en ella con la mayor solemnidad y fervor.

Otra ceremonia imponente, que se celebra una vez al año el día quince de la primera luna, es el Festival del Dios de la Mantequilla. A partir de algunos días antes, los caminos que conducen a la lamasería se cubren literalmente de viajeros que llegan de China, Mongolia y todos los territorios tibetanos. Algunos van montados a caballo, conduciendo delante de ellos sus pesados yaks; otros, de mayor rango, son llevados en majestuosos camellos, con largas comitivas de peregrinos siguiéndolos a pie.

Hay sacerdotes con la cabeza rapada al ras y mochilas de madera echadas sobre los hombros. También laicos con largas túnicas de piel de oveja andrajosas y pelo corto de aspecto salvaje. A medida que llegan los peregrinos, primero se ocupan las habitaciones de la lamasería, luego las tiendas negras de los tibetanos comienzan a levantarse hasta que todo el valle y la ladera se convierten en un vasto campamento resonando con los gritos y las risas de hombres, mujeres y niños, el lloriqueo de camellos, relinchos de caballos y mulos, ladridos de perros, repiqueteo de gongs y címbalos, toque de trompas y repique de campanas.

En el camino principal hacia el templo hay decenas de tiendas blancas de comerciantes mongoles y chinos que han venido no solo a presentar sus respetos al Buda, sino también a deshacerse de sus mercancías, que consisten principalmente en cubiertos, agujas, botas de tela, té, cajas de amuletos, ídolos y otros artículos. La gente se precipita en abigarradas procesiones hacia el centro de atracción en el patio del «Templo de los Azulejos Dorados», donde, en un pabellón erigido como un santuario temporal, se encuentra la gran imagen de mantequilla que han venido a adorar. El santuario tiene unos doce metros de alto, seis metros de largo y ancho, hecho con cuatro pilares de madera conectados en la parte superior por grandes vigas pintadas de las que cuelgan tiras de raso que sirven como paredes.

El satén está bellamente trabajado en dispositivos que representan las diferentes formas en las que Sakya Muni apareció sobre la Tierra antes de su última encarnación, en la que se convirtió en Buda. En la parte trasera hay una gran mesa en la que arden cientos de lámparas de mantequilla, y sobre ella se elevan, capa sobre capa, una serie de bajorrelieves de mantequilla de la más exquisita fabricación. La primera capa representa un famoso templo en Lhasa a través de cuyas puertas, mediante un ingenioso mecanismo, se hace que los protectores de papel se muevan de extremo a extremo, y un enorme dragón con las fauces abiertas parece arrastrarse de un lado a otro.

En la segunda capa se encuentra la imagen gigante de Buda hecha de mantequilla, de unos seis metros de altura. Sus rasgos, su gorra y su túnica están admirablemente trazados. Se le representa bendiciendo a su pueblo: sus manos están extendidas hacia ellos y su cabeza ligeramente inclinada hacia abajo. A su lado se destacan aún otras piezas de arte mantecoso, como pequeños reptiles, flores, vegetales y diferentes tipos de animales.

Sobre la gran imagen hay una imagen más pequeña de Buda, que lo representa sentado en un templo recibiendo el homenaje del pueblo. Su cabeza se mueve mecánicamente en reconocimiento al homenaje rendido. Todo está bellamente ejecutado, no solo el moldeado de las imágenes, sino también la pintura, siendo artística en el verdadero sentido de la palabra.

Frente a la mesa sobre la que se encuentran las lámparas de mantequilla hay un banco bajo y largo cubierto de tela roja, preparado para los lamas dignatarios que vendrán a venerar la imagen. Estos dignatarios van acompañados de una media docena de asistentes que llevan grandes farolillos rojos. Al llegar frente al Dios de la Mantequilla, los asistentes se inclinan hasta el suelo, se llevan las manos a la frente tres veces y pronuncian la oración *Om mani padme hum* mientras su maestro se arrodilla en el banco cubierto de rojo ofreciendo algunos palitos de incienso a la deidad grasienta.

A los miembros ordinarios de base no se les permite arrodillarse en el banco para ofrecer sus devociones; deben contentarse con el suelo desnudo. En un determinado momento del proceso se produce una gran conmoción, ya que los *heihe shang*, o lamas negros, que son los policías de Kumbum, se abren paso entre la multitud haciendo restallar sus grandes látigos para despejar el camino al mayor dignatario de todos, que viene a inspeccionar las imágenes. Es el gran «hombre-dios», la encarnación de Tsongkhapa. Los *heihe* encabezan la procesión; tras ellos sigue un lama de alto rango que lleva un haz de varitas de incienso ardiendo, y otro con una pirámide de *tsampa* decorada con papel de muchos colores, inscrita con caracteres místicos. Lo sigue otro lama sosteniendo en su mano un cetro adornado con una cruz, y a cada lado de él hay un lama que lleva una antorcha encendida. Luego viene la gran encarnación con túnicas de raso amarillo, sosteniendo en una mano un cetro y en la otra un rosario de marfil pulido bellamente acabado. Sobre su cabeza luce una alta mitra amarilla y sus pies están calzados con botas chinas con empeine de terciopelo. Con paso majestuoso se dirige hacia las imágenes de mantequilla, pero es demasiado santo para rendir homenaje al ídolo de Buda. Solo él permanece de pie mientras todos los demás dignatarios se postran.

Después de inspeccionar las imágenes, la gran encarnación regresa lentamente a su palacio en la ladera que domina el «templo de las tejas doradas». Su partida es la señal del inicio de un gran júbilo. La multitud, de repente, salta de su estado de ánimo religioso y se entrega a canciones y risas bulliciosas. Parecen perder todo el control de sí mismos, bailando y gritando como locos. Es evidente que la ceremonia ha llegado a su fin. Si la gente ha cambiado, también lo han hecho los dioses.

El calor de los cientos de lámparas ha hecho su efecto en la superficie de las imágenes: aunque cubiertas de pintura, chorros de aceite gotean de las narices y los dedos de las deidades, y pronto no queda nada más que masas sin forma. En la madrugada, los sacerdotes designados para la tarea retiran los restos de las tablas y los arrojan al barranco, donde los perros, lobos y pájaros los devoran para el desayuno.

Del origen de esta fiesta poco se puede decir. Las respuestas recibidas de los naturales, a quienes pedimos una explicación, nos dieron a entender de manera clara que no era generalmente conocida. Algunos decían que era una fiesta en honor al gran Tsongkhapa; otros dijeron que era una ceremonia ilustrativa de la irrealidad y falta de valor del honor terrenal en un cuerpo material. Al comienzo de la octava luna se inician los preparativos para la fiesta.

El consejo de lamasería se reúne y selecciona moldeadores y los pone bajo la supervisión de un lama de gran fama en este arte. Luego se recoge la mantequilla, que, desde ese momento en adelante, hasta tarde en la última luna, es escasa y cara. La mantequilla se lleva a lugares frescos, donde se somete a un minucioso proceso de amasado, por lo que se vuelve más sólida.

En esta época del año hace mucho frío, lo que contribuye a que la mantequilla sea mejor para el uso que se le va a dar, pero también aumenta el sufrimiento de los artistas, porque tienen que meter las manos constantemente en agua fría para bajar su temperatura y no estropear los rasgos recién formados al tocarlos con sus manos calientes. Una vez terminado el moldeado y formación, el consejo se reúne de nuevo y nombra a los pintores. Los moldeadores entonces dejan su trabajo enteramente en manos de estos últimos. Ambos están empeñados en una cosa, la de cosechar los elogios de sus superiores y compañeros lamas y así obtener el premio: una suma de dinero otorgada por los mejores diseños. Mucho se ha escrito de los paganos en otros países que adoran los cuerpos celestes, animales, imágenes de barro, madera, piedra y metal, pero los tibetanos, con su gigantesco Buda de mantequilla, ocupan un lugar único en la idolatría del mundo.

VII. UN SANTO BUDISTA

La morada de Mina Fuye – Sus encarnaciones anteriores – Mahatmas – Conversaciones sobre el cristianismo – Jambula – Entre bambalinas

E l nombre de la morada en la lamasería donde vivíamos era Mina Karwa, es decir, el palacio perteneciente a Mina Fuye. Cada uno de los lamas de alto rango en Kumbum tiene una *karwa* en la que agasaja a sus *pesing*, o gente de su distrito que viene a visitar la lamasería.

Durante su liderazgo en el monasterio, Mina Fuye habitó principalmente en una casa que lleva el nombre de Tsongkhapa, el reformador, y también llamada La Rong, o residencia oficial. Mina Karwa estaba rodeada por un muro alto pintado de rojo y blanco, a través del cual había dos entradas.

Una de ellas, grande y muy imponente, era para uso exclusivo del dueño de la casa o de algún gran *fuye* de visita; la otra era de uso ordinario y conducía a un patio más pequeño. Había dos grandes patios empedrados: el exterior estaba rodeado por compartimentos de dos pisos y se comunicaba con el interior por medio de puertas macizas.

En el patio interior estaban el templo doméstico, los aposentos privados del buda cuando estaba en casa y las tres salas de estar que había puesto a nuestra disposición. Todos los apartamentos estaban bien construidos, la carpintería estaba pintada, y las ventanas enrejadas. Contrariamente a la costumbre, estas tenían paneles de vidrio, mientras que una generosa provisión de los mejores muebles chinos daba a todo el interior un aspecto comparativamente lujoso. A un lado del edificio, y en la parte trasera, florecía un césped cubierto de hierba realzado por macizos de flores en plena floración, siendo Mina Fuye muy aficionado a las flores y bastante exitoso en cultivarlas.

Dos o tres grandes árboles servían de abrigo a los rayos del sol, que, a una altura de mil quinientos metros sobre el nivel del mar, son muy fuertes, sobre todo en verano. Antes de la rebelión mahometana de 1861-1874, la casa era mucho más grande y magnífica. Todavía quedan enormes escalones de piedra que conducen a una elevación que Mina Fuye señaló como el sitio de los espléndidos apartamentos que había ocupado en su vida anterior, pero que habían sido destruidos por el fuego mahometano y no reconstruidos.

Mina Fuye tenía solo veintisiete años, pero afirmaba con confianza que había vivido en esta morada palaciega antes del año 1861. Incluso profesaba tener recuerdos vívidos de todo lo relacionado con su encarnación anterior y, más que eso, ¡él podía decir algunas cosas que iban a suceder en el siguiente! Con gran placer profetizó que el señor Rijnhart reaparecería en su próxima vida en la tierra como un buda, como recompensa por el buen trabajo que estaba haciendo en la existencia presente.

Un proyecto era particularmente querido por el corazón de Mina Fuye: era el de restaurar la antigua residencia a su grandeza original, pero hasta ahora nunca había sido lo bastante rico para emprenderlo, y durante los tiempos turbulentos de la segunda rebelión se felicitó más de una vez por no haber gastado dinero en levantar un edificio que habría sucumbido de nuevo a las llamas.

Durante nuestra estadía en Karwa, Mina Fuye venía con su secretario y tesorero a realizar devociones religiosas en el templo de su casa durante un periodo de tres días. Su culto consistía principalmente en el canto de oraciones con el acompañamiento del tintineo de campanas y el redoble de pequeños tambores hechos de pieles estiradas sobre cráneos humanos.

Después de cantar hasta quedar roncos, bebían copiosas cantidades de té y luego entraban en nuestros apartamentos, donde parecían gozar de un respiro de la aburrida rutina tan vivamente como los niños de la escuela disfrutan del recreo. Durante tales visitas intermitentes, pasábamos mucho tiempo conversando sobre cristianismo y budismo, temas de los que Mina Fuye nunca parecía cansarse.

Poco después de haberlo conocido, el señor Rijnhart le había dado copias de los Evangelios cristianos en caracteres tibetanos, entre ellos una copia de San Juan, que él apreciaba mucho. Tenía una memoria maravillosa, y pronto estuvo casi tan familiarizado con el texto de los Evangelios como nosotros mismos, y fue capaz de discutir con bastante inteligencia los diversos incidentes de la vida de Jesús, citando pasajes con asombrosa precisión y acierto.

Nos dijo que creía plenamente en Jesús, pero que no veía ninguna razón por la que debiera renunciar al budismo y convertirse en cristiano. Él no podía ver ninguna dificultad insuperable en la aceptación de ambos sistemas, porque incluso en la gran doctrina de la reencarnación, con respecto a la cual se supone que el cristianismo y el budismo están en polos opuestos, puede afirmarse que, mientras que los Evangelios no enseñan explícitamente la doctrina, no la niegan expresamente tampoco. De hecho, fue más allá y declaró su creencia de que Jesús no era más que una reencarnación de Buda, y que Tsongkhapa, el gran reformador tibetano, era una encarnación posterior de Jesús.

Al mismo tiempo, Mina Fuye se confesó encantado con la historia del Evangelio. Nos dijo que había muchos paralelos entre Jesús y Tsongkhapa, que este último había ido curando a los enfermos y enseñando a la gente, como Jesús. Cuando hablamos de la crucifixión, dijo que Tsongkhapa también había sido perseguido, y agregó que, incluso hoy en día, en el Tíbet no es prudente que un lama sea «demasiado bueno». Creo que, tal vez inconscientemente, Mina Fuye ha sido el medio para difundir la enseñanza del Evangelio entre su pueblo, en una medida que hasta ahora no ha sido posible para ningún misionero cristiano. Conversó sobre el tema con todos los famosos lamas y peregrinos del lejano interior, incluso de Lhasa, como también de Mongolia, diciéndoles lo que sabía sobre las doctrinas cristianas y enseñándoles a pronunciar por primera vez el nombre «Yesu Mashika», Jesucristo.

El *kampo* era muy superior al lama promedio en inteligencia. Había sido educado, según nos dijo, en su vida anterior en Lhasa, y había disfrutado de la instrucción de un anciano lama de barba blanca muy sabio en Kumbum; sin embargo, su conocimiento era extremadamente limitado, un hecho que admitió alegremente. No sabía prácticamente nada del mundo exterior, había viajado muy poco y tenía la idea de que Pekín, que una vez visitó, estaba en el otro extremo del mundo. Interrogó al señor Rijnhart durante horas mientras anotaba cuidadosamente las respuestas y se maravillaba de la variedad de conocimientos del maestro occidental.

Cuando el señor Rijnhart le demostró, en una serie de lecciones prácticas con el globo terráqueo y una lámpara, la redondez de la tierra, su interés y placer no conocieron límites, porque siempre había creído que era plana. Mediante un viejo atlas que le dio el señor Rijnhart, estudió geografía con toda la aptitud de un colegial y aprendió los nombres de muchos países y mares occidentales.

Con frecuencia expresaba un ardiente deseo de acompañarnos a América o a Europa si alguna vez volvíamos a casa, para poder ver por sí mismo y aprender algo del mundo del más allá, tan lleno de misterio.

A pesar de que los teósofos atribuyen el conocimiento de los fenómenos ocultos de la naturaleza a sacerdotes como Mina Fuye, abad de una de las mayores lamaserías del mundo y solo superado en eminencia espiritual e intelectual por el dalái lama, la realidad era que este no sabía nada.

Nunca había visto un *mahatma* y se sorprendió mucho cuando le dijimos que los occidentales pensaban que existían en el Tíbet. Sobre la cuestión de los *mahatmas* hicimos preguntas muy cuidadosas y minuciosas a muchos lamas, todos los cuales confesaron su ignorancia de tales seres. No había ningún registro ni leyenda de que alguno hubiera visitado Kumbum, y uno de los sacerdotes más antiguos de la lamasería, que había pasado años en Lhasa, nos dijo que nunca había oído hablar de un *mahatma*, ni siquiera en esa «Ciudad de los Espíritus».

Es cierto que hay algunos lamas que profesan tener poderes mágicos mediante los cuales son capaces de controlar las lluvias y convertir caballos de papel en verdaderos, que son llevados por los vientos en ayuda de los viajeros alcanzados por las tormentas en las montañas. De hecho, Ishi Nyima, nuestro maestro tibetano, una vez entregó al señor Rijnhart el grabado en madera donde están impresos estos *lungta*, o «caballos del viento», y le permitió hacer tantas copias como deseara enviar a sus amigos.

No obstante, está muy lejos de la realidad la creencia de muchos occidentales de que los lamas son seres superiores dotados de trascendentes dones físicos e intelectuales. Por el contrario, son meros niños en el conocimiento, influidos por las emociones que juegan en la superficie misma del ser. Durante nuestra estadía de cuatro años entre tibetanos de varias tribus y distritos, no encontramos a un solo lama que estuviera versado ni siquiera en los simples hechos de la naturaleza. Mina Fuye estaba muy por encima del promedio, pues encontramos que la gran mayoría de ellos eran ignorantes, supersticiosos e intelectualmente atrofiados, como todos los demás sacerdocios que nunca han entrado en contacto con la influencia iluminadora y edificante de la educación cristiana.

Están viviendo en las edades oscuras, y ellos mismos están tan ciegos que no son conscientes de la oscuridad. Diez siglos de budismo los han llevado a su estado actual de estancamiento moral y mental, y es difícil creer que alguna fuerza que no sea el Evangelio de Cristo pueda darles vida y progreso en el verdadero sentido.

Los lamas tibetanos dudarían de su existencia actual antes que cuestionar la verdad de la doctrina de la reencarnación. Para ellos es más que una especulación, es un hecho, el postulado básico de toda su filosofía de vida. Mina Fuye hablaba con la mayor seguridad no solo de su vida inmediatamente anterior a la actual, sino de una veintena de encarnaciones por las que había pasado desde que alcanzó la santidad, y respecto de cada una de las cuales su memoria le sirvió de mucho.

Sin embargo, no estaba tan avanzado como Sakya Muni, el fundador del budismo, quien, nos aseguró, se encarnó quinientas cincuenta y una veces y podía recordar las quinientas diez encarnaciones que precedieron a su consecución de la santidad, ¡así como las cuarenta que siguieron! La forma en que los tibetanos siguen la línea de las sucesivas encarnaciones es interesante y está bien ilustrada por un incidente experimentado por el propio Mina Fuye.

Cuando era un simple niño, antes de ser enviado a la lamasería para ser entrenado como sacerdote, se había determinado, por supuesto, qué ego o individualidad había reaparecido en su cuerpo. Se colocaron ante él una serie de artículos pertenecientes a varios lamas fallecidos y se le pidió que seleccionara los que había usado en una vida anterior. Entre los artículos de los que se iba a hacer la selección había una serie de rosarios y, como el niño pequeño eligió el rosario y otras cosas que habían pertenecido a un antiguo lama llamado Mina Fuye, su identidad quedó indiscutiblemente establecida. Además, no solo heredó el nombre, sino también la propiedad y el rango que había tenido en la encarnación anterior. Hablando de su elección de rosario, dijo: «¿Por qué no debería reconocerlo entre todos los demás si lo había usado durante años?».

Cuando el señor Rijnhart se rio afablemente de la credulidad del *kampo*, adujo lo que en la mente de todos los que habían presenciado el proceso había sido la prueba más convincente de su anterior individualidad, así como de su maravillosa perspicacia. Al ser presentado con una serie de caballos, algunos de ellos jóvenes, gallardos y bien alimentados y otros flacos y decrépitos, escogió como el de su vida anterior el más ruinoso de todos.

Un niño común, se sostenía, sin duda habría seleccionado el poni más atractivo. En conversaciones con muchos lamas, recibimos repetidas descripciones de esta ceremonia de identificación. Aunque M. Huc y Gabet se inclinaban a creer que a menudo se lleva a cabo de buena fe y que los misteriosos resultados que la acompañan deben explicarse solo bajo la suposición de la agencia de Satanás, teníamos razones para creer que es un acto humano de engatusamiento donde los participantes, sin duda, en gran parte se engañan a sí mismos.

No son pocos los profanos más inteligentes que son lo suficientemente heterodoxos como para sospechar, y con razón, que el niño pequeño, antes de elegir el artículo, ha sido incitado por sus padres o por influyentes lamas que, a cambio de una contraprestación, ¡se interesan especialmente por su carrera profesional!

Aunque lamentablemente Mina Fuye desconocía las ciencias naturales, lo encontramos un lingüista consumado, versado en tibetano, tanto clásico como coloquial, chino y mongol. Era tan hábil en esta última lengua que una vez hizo una gira entre los mongoles orientales, un poco a la manera de un fraile mendicante; leía los libros sagrados budistas de pueblo en pueblo y de tienda en tienda y recibía por ello lo que a la gente le complaciera otorgar.

Había hablado chino en Pekín, donde también había visto por primera vez a extranjeros. Entre las curiosidades que había traído de la capital china había una colección de fotografías que había tomado como representaciones de Buda, pero que resultaron ser en su mayoría fotos de actrices francesas y estadounidenses vestidas.

Cuando le dijimos esto a Mina Fuye, se sintió bastante avergonzado y nos entregó las mismas para que las descartáramos, rogándonos que no dijéramos nada al respecto, ya que se supone que ningún lama debe tener fotografías de mujeres en su poder. Mina Fuye fue bastante concienzudo en este asunto y voluntariamente sacrificó toda la colección, con la única excepción de una foto del zar Alejandro de Rusia.

Tan íntima se hizo la amistad entre el *kampo* y el señor Rijnhart que el primero discutía libremente en nuestra presencia no solo sus asuntos personales, sino también todos los asuntos relacionados con la lamasería. Pasaron muy pocos días, especialmente durante la rebelión, sin una entrevista. El *kampo* a veces venía a vernos, y con la misma frecuencia el señor Rijnhart era llamado a la residencia oficial. En tales visitas, por regla general, acompañaba a mi esposo.

Un día fuimos llamados con mucha prisa por Xian Zuo, el tesorero del *kampo*, y a nuestra llegada encontramos el semblante de ese oficial gravemente desfigurado por los golpes de la mano de su maestro, que había caído en un ataque de moquillo y había perdido el control de sí mismo. La noticia de la enfermedad del *kampo* corrió por la lamasería y todos parecían temer que le pasara algo grave. En nuestro diagnóstico del caso, lo encontramos en una condición peculiar, como un demente, aunque dócil como un niño.

Descubrimos que su enfermedad había sido causada por la cantidad excesiva de frutas enviadas desde Kuei Te que había comido esa mañana. Unos potentes sedantes y una gran dosis de calomel, un medicamento que encontramos particularmente útil entre los orientales, lo aliviaron por completo, de modo que al día siguiente volvió a ser completamente él mismo y se mostró muy agradecido por su recuperación.

Poco después de este incidente, sufrí un ataque de difteria que casi resultó fatal y, al poco de caer convaleciente, Kai Tan, nuestro joven sirviente, contrajo la misma enfermedad. Le suplicamos que se quedara con nosotros, ofreciéndole todas las atenciones, pero fue en vano. Enfermo como estaba, insistió en irse a casa porque su padre lo había llamado para cumplir con ciertos deberes religiosos al enterarse de que el niño acababa de sacrificar una oveja.

Para un budista realmente devoto, quitar la vida es un pecado que no se expía fácilmente. Kai Tan se fue a casa y en cuatro días los carpinteros estaban fabricando un ataúd bajo el techo de la casa de su padre. La muerte había privado al padre de un hijo obediente y a nosotros de un fiel servidor, cuyo lugar no ocupó nadie durante mucho tiempo.

Jambula, un sacerdote mongol del que ya se ha hecho mención, nos llamó la atención al ser uno de los cinco o seis lamas de rango que golpeaban a un pequeño acólito por dejar caer un cubo de agua que yacía hecho pedazos a sus pies. El señor Rijnhart intervino, dispuesto a defender al niño pequeño de tal crueldad con algo más que palabras si fuera necesario, y, a causa de este acto, aunque dirigido contra él mismo, Jambula tomó una gran apreciación por mi marido.

Cuando nos quedamos sin sirviente, se comprometió a ayudarnos en todo lo que pudiera, haciéndonos el té por la mañana, barriendo nuestras habitaciones y finalmente ayudándonos a mudarnos cuando regresáramos a Lusha'er. A veces bebía té con nosotros y, cuando terminaba de lavar su palangana, la lamía con la lengua para ahorrarse más lavados. Ni que decir tiene que vigilamos la palangana de Jambula y nos aseguramos de que fuera lavada a fondo, pero, al mismo tiempo, por motivos estéticos, no emitimos ninguna palabra de disgusto para evitar herir su corazón grande y leal.

El niño pequeño que el señor Rijnhart había rescatado era un lama mongol que vivía con su maestro en la casa que ocupábamos nosotros y a menudo teníamos ocasión de compadecerlo, porque el maestro lo trataba con gran crueldad, a veces golpeándolo severamente y nunca dándole siquiera una mirada agradable. Al igual que otros acólitos de la misma edad, estaba demasiado ansioso por combinar el juego y las travesuras con sus diversas tareas.

A veces, de hecho, estos niños se transformaban en verdaderos pequeños bribones, el terror de todos cuando sus maestros particulares estaban fuera de vista. El espíritu de travesura no se limita a los lamas muy jóvenes, sino que adquiere un aspecto más serio cuando los mayores dejan de lado sus deberes religiosos y vuelven su atención a otras cosas, porque algunos no evitan incluso la lucha.

Un día vino un joven lama a invitarnos a acompañarlo a su casa, donde un compañero yacía enfermo. Como parecía ansioso por no tener demora y el señor Rijnhart no podía en ese momento ir con él, fui yo bajo su promesa de acompañarme de regreso a casa. A mi llegada descubrí que mi paciente era un lama mongol que había estado peleando de noche con algunos de sus compañeros y tenía varios cortes grandes en la cabeza. Después de vendar sus heridas, partí para casa montada en mi mula, que era conducida por mi niño tibetano, mientras el lama caminaba cerca de nosotros.

De repente, escuchamos gritos emocionados, pero, como no entendía el idioma lo suficientemente bien, no sabía lo que significaba, así que no presté atención. Luego una piedra arrojada por un sacerdote desde el otro lado del barranco pasó volando junto a mí, casi dándome en la cabeza. El niño tibetano, asustado sin control, corrió al templo a rezar sus oraciones; mi guía desapareció por completo, pero la mula me llevó sana y salva a casa, porque allí estaba acostumbrada a ser alimentada.

El abad explicó más tarde, cuando el señor Rijnhart protestó indignado contra tal trato, que a nadie se le permite cabalgar por el monasterio y yo había violado esa importante regla, pero el lama, admitió el abad, había mostrado malos modales al tratar de herirme cuando yo era inocente, y especialmente cuando había estado tratando de aliviar el sufrimiento de otro monje.

El asunto de la disciplina en la lamasería es serio. Mina Fuye, al no haber aprendido la virtud del autocontrol, no encontró tarea fácil gobernar a los cuatro mil lamas bajo su cargo. En ocasiones festivas, una gran compañía de lamas que portan enormes látigos negros es especialmente designada para tratar de mantener el orden. El mal humor y la turbulencia que conducen a actos de insubordinación son características distintivas de los sacerdotes. La atmósfera de santa meditación y de dichosa calma con la que algunos desde lejos llenarían la lamasería tibetana, con sus sublimes *mahatmas*, demasiado exaltados y puros para vivir entre hombres ordinarios, es solo la atmósfera de una imaginación desinformada y color de rosa. La distancia presta encanto, pero al primer contacto desaparece el espejismo.

VIII. NUESTRA MUDANZA A HUANGYUAN

Huangyuan y alrededores – Una nueva oportunidad – Ani y Doma – Los funcionarios de Lhasa – Lamas borrachos – Visita del capitán Wellby

Situada en el río Xi Ho, a unas veinticuatro millas al noroeste de Kumbum y veinte millas al este del bastión mahometano de Topa, se encuentra Huangyuan —o Donkyr—, una ciudad de considerable importancia comercial que es una especie de centro de distribución de mercancías chinas dirigidas al interior del Tíbet.

Aquí vienen las caravanas del dalái lama de Lhasa, ese dignatario que maneja no poco el comercio con los chinos, y, como existe una ruta directa de Huangyuan a Lhasa, una gran caravana parte hacia la ciudad sagrada anualmente en la cuarta luna.

La ciudad es también de importancia política y estratégica. Aquí el Xining se detiene en su camino para adorar al Koko Nor, o lago Azul; aquí también son recibidos los príncipes mongoles una vez al año y se distribuyen regalos en nombre del emperador. A unas diez millas al este, se encuentra una parte de la gran muralla en la que hay una puerta llamada Kuanmen, ahora en ruinas, pero en la que anteriormente se encontraba estacionada una guardia de soldados. La ciudad estuvo una vez dentro del territorio tibetano, pero gradualmente los chinos han ido invadiendo el distrito en el que se encuentra con fines agrícolas.

A lo largo del río Xi Ho hay estrechos desfiladeros que dificultan mucho la entrada al valle de Huangyuan y que, durante la rebelión, los chinos aprovecharon para mantener a raya a los mahometanos. El acceso desde el este se ve encantador, con un molino y algunos árboles fuera de la puerta este y hermosos templos en las colinas de la parte trasera. Hay una larga calle principal flanqueada a ambos lados por tiendas en las que se encuentran productos chinos, artículos para el trueque con los *si fan* del distrito de los lagos, cereales, pan y alimentos de los chinos. El resto del espacio dentro de la muralla de la ciudad está ocupado por los *yamen* que desembocan en esta calle, una pequeña lamasería, varios depósitos de lana, casas de ciudadanos y de tibetanos de Lhasa y más templos chinos. A través de este último hay dos puertas, la oriental y la occidental, fuera de las cuales hay suburbios, sin que la puerta oriental esté en su mayor parte en ruinas, con la excepción de algunas posadas y tiendas. Antes de la rebelión mahometana de 1861-1874, se estimaba la población de este suburbio en unos diez mil habitantes, en su mayoría mahometanos.

Fuera de la puerta occidental se pueden encontrar comerciantes chinos en cuclillas a cierta distancia a ambos lados de la carretera, con su pequeño suministro de mercancías esparcidas debajo de un toldo: hilo, cuentas, pulseras, pan y otras cosas. Estos pequeños comerciantes son frecuentados por las clases más pobres, a las que estafan de todas las formas posibles. A este respecto, se ensañan especialmente con los tibetanos. En el espacio entre las puertas exterior e interior trabajan carpinteros y fabricantes de herramientas.

Durante la reciente rebelión, como ya se dijo, una gran proporción de la población mahometana abandonó sus hogares y se unió a las fuerzas rebeldes, mientras que la parte restante, estimada en cuatrocientas personas, continuó pacíficamente sus vocaciones, habiéndose presentado ante el funcionario chino diciendo que eran leales a China.

Sus profesiones de lealtad fueron aceptadas y la paz podría haber prevalecido si no hubiera sido por una disputa que surgió entre un chino y su esposa mahometana. La mujer dijo que una noche los mahometanos de Topa vendrían a atacar Huangyuan y darían la señal incendiando los hermosos templos en las colinas a las afueras de la ciudad, tras lo cual sus correligionarios en el interior se levantarían y abrirían las puertas.

El esposo llevó su información al funcionario y, temprano a la mañana siguiente, las calles se llenaron de sangre. Los chinos se anticiparon y asesinaron a todos los hombres, mujeres y niños mahometanos, excepto a unas pocas niñas que buscaban como esposas para sus hijos chinos.

El propio Xi Ho es demasiado ancho y tumultuoso para hacer funcionar los pintorescos molinos, pero los pequeños arroyos desviados en cualquiera de las orillas sirven para ese propósito. Las orillas están bordeadas por sauces y álamos en profusión, y en conjunto el río es una gran bendición para la gente. Muchos de los ricos comerciantes de la ciudad recurren a él en primavera y verano. Acampan en lugares protegidos, donde disfrutan de la libertad del campo con sus sombríos bosquecillos, ondulantes colinas y verdes campos que se extienden salpicados de flores.

La región está literalmente repleta de caza de todo tipo, y en el río abundan los peces. Los chinos, siendo hábiles deportistas y sin escrúpulos religiosos, aprovechan al máximo la oportunidad de llenar sus despensas con faisanes, liebres, truchas y otras delicias, pero los budistas tibetanos, creyendo que en cada animal viviente hay un alma en camino a la santidad y al nirvana, vacilan en matar la presa y no pueden ser inducidos a probarla hasta después de haberse mezclado por algún tiempo con los chinos en la frontera.

Puede observarse, de paso, que los tibetanos son groseramente inconsecuentes en el asunto de quitar la vida, pues mientras ellos, por regla general, se abstienen de matar animales y tienen la más indulgente compasión por un piojo, sin embargo, sacrifican ovejas, exponen a sus hijos y ancianos indefensos e incluso cometen asesinatos.

El invierno en Huangyuan no es tan agradable como el verano, el termómetro marca ocasionalmente doce grados bajo cero y se mantiene en esa temperatura durante un tiempo considerable excepto a la mitad del día, cuando, debido a la latitud y la altitud, los rayos del sol son fuertes.

Después de una nevada, los nativos se abalanzan sobre los techos para limpiar la nieve y evitar filtraciones, arrojándola a la calle, donde permanece hasta que se derrite. No obstante, incluso con el mercurio por debajo de cero, cuando el sol brilla, sentarse al aire libre sobre alfombras calientes es preferible a estar en el interior.

Los habitantes son una multitud abigarrada. Son aproximadamente unos diez mil en total, compuestos por chinos, mongoles con su rostro característico, afable y simpático, las mujeres con su tocado de terciopelo bordado con sedas de colores y engastado con plata y cuentas que se llevan al frente en lugar de en la espalda, el vestido siendo, por lo demás, el mismo que el de los tibetanos. Después están los tibetanos magníficamente ataviados de Lhasa y los tibetanos *si fan* del distrito de los lagos, elegantes y de aspecto pulcro en comparación con muchas otras tribus, y sus mujeres llevan el tocado pesado y engorroso en la espalda con conchas, cuentas brillantes y pedazos de tela.

Por varias razones, se nos ocurrió que sería ventajoso abrir un centro misionero en Huangyuan. Lusha'er, es cierto, nos había servido bien como punto de partida, y en Kumbum nos habíamos ganado la confianza de la gente de tal manera que nos sentíamos como en casa en nuestro trabajo. De hecho, la tentación era establecerse en Kumbum y Lusha'er para una misión de vida.

Bajo la providencia de Dios, ¿no habíamos superado todas las dificultades preliminares para establecer un punto de partida? ¿No estábamos predicando el Evangelio a quienes nunca lo habían oído, y no podríamos razonablemente esperar que, continuando en nuestro campo actual, veríamos resultados a su debido tiempo? Además, nos unían otros lazos: habíamos llegado a amar realmente al pueblo; nuestras lágrimas habían corrido juntas y ahora teníamos muchos intereses en común.

A lo largo de los meses de terror, enfermedad y matanza, habíamos conocido la comunión de sus sufrimientos, habíamos descendido al valle con ellos y capeado el temporal juntos. Literalmente, habíamos sido bautizados con su bautismo de sangre, por eso, cuando la idea de dejarlos empezó a agitarse en nuestros corazones, cobramos conciencia de los estrechos y tiernos lazos que nos unían a ellos.

Luego estaba el anhelo de verlos a todos ganados para el Salvador y regocijándose, como nosotros, en la libertad del evangelio del amor de Dios. Si hubiéramos actuado meramente sobre nuestros propios sentimientos al respecto, habríamos permanecido en la gran lamasería, instruyendo a los amados niños de la escuela bíblica, conversando con los lamas acerca de Cristo y, en medio de nuestros ministerios médicos, predicando el Evangelio a los pobres.

Pero ¡cuán a menudo le llega al cristiano el momento de agitar el avispero! Abraham fue a la Tierra Prometida, pero, «sin saber a dónde iba», no pudo permanecer en Harán; Elías fue convocado para cumplir con su rígido deber desde el tranquilo hogar de Zarefath; el apóstol Pablo predicó el Evangelio en Asia menor y dejó atrás a miles que no hicieron caso al mensaje, tuvo visiones de regiones más extensas más allá; e incluso el Maestro debió dejar los arroyos y las laderas iluminadas por el sol de las colinas de Judea y poner su rostro hacia Getsemaní con toda su agonía oscura e indescriptible y la terrible inmolación en la cruz.

Como ya he dicho, desde el principio nos habíamos sentido especialmente llamados al trabajo itinerante, el trabajo de buscar nuevos campos y preparar el camino para otros trabajadores. El trabajo de preparar el suelo en las regiones baldías, apenas de a dos y de a tres personas, y en mayor número cuando llegara el tiempo de Dios, los sembradores de la Palabra podrían venir al oscuro Tíbet para esparcir la semilla hacia una cosecha gloriosa.

La puerta estaba abierta de par en par en Huangyuan y, como ahora estábamos solos, ya que el señor Ferguson había asumido otro trabajo en China, sentimos que debíamos entrar. Después de la rebelión, recibimos invitaciones de muchos de sus habitantes influyentes para subir y abrir un dispensario médico, y sabíamos que eso significaba una oportunidad para predicar el Evangelio a muchos que nunca habían escuchado el nombre de Cristo.

Supusimos que la gente de Huangyuan no estaría tan completamente bajo la influencia de los lamas como la de Lusha'er y, por lo tanto, quizás deberíamos tener resultados visibles más rápidamente. Nuevamente, el pueblo estaba en la ruta de las grandes caravanas, los viajeros salían y llegaban continuamente de Lhasa, y quién sabía si mudándonos allí y haciendo nuevos amigos se nos permitiría acompañar a alguna expedición al interior y así aprender más sobre el pueblo a cuya edificación nos habíamos dedicado. Deseábamos averiguar hasta dónde, más allá de la frontera, podrían residir los misioneros.

Una vez decidido, nos despedimos, muy a regañadientes, del abad Mina Fuye, de nuestro maestro Ishi Nyima y de los muchos amigos que se habían vuelto tan queridos para nosotros en Kumbum y partimos hacia Huangyuan.

El asunto de obtener alojamiento adecuado se agilizó con la ayuda que nos brindaron los oficiales y ricos comerciantes del lugar, quienes nos conocían bien por la reputación que habíamos adquirido durante la rebelión. La casa que alquilamos por la módica suma de trece dólares al año, sin incluir muchas reparaciones, era menos pretenciosa que la que teníamos en Lusha'er, pero nos convenía admirablemente, especialmente porque estaba situada cerca de la puerta occidental del pueblo.

Al principio nos resultó imposible conseguir ayuda doméstica, porque, debido a que la guerra reciente se había llevado por delante a tantos buenos jóvenes y los depósitos de lana en Huangyuan daban empleo y salarios altos a muchos otros, nuestra demanda de un muchacho fue respondida solo por ladrones y fumadores de opio durante muchos meses. Sin embargo, logramos asegurar la ayuda de dos mujeres que fueron de un valor inestimable para nosotros. Una de ellas era la joven esposa de un jugador y fumador de opio que había visto días mejores; en consecuencia, sus pies eran muy pequeños y tuve la oportunidad de examinarlos cuidadosamente.

Los cuatro dedos más pequeños estaban doblados y vendados debajo del pie, el talón estaba presionado hacia delante y parcialmente girado hacia abajo, lo que hacía que el empeine sobresaliera de manera poco natural; todo atado con metros de vendajes de unos cinco centímetros de ancho. Cuando sus pies, que tenían llagas abiertas en los talones, se volvían dolorosos por el uso, se quitaba los vendajes y probaba los efectos calmantes del agua tibia, reemplazando la tela mojada y calzándose zapatos.

Los pies son vendados cuando las niñas tienen tres o cuatro años. El dolor es insoportable, y durante dos años las pobres criaturas sufren mucho. Después de que los pies han sido vendados y comprimidos, el retiro de las vendas provoca gran dolor y tiene que hacerse gradualmente, permitiendo que los pies se expandan lentamente. Hay un movimiento en China para acabar con esta costumbre bárbara, pero, aunque algunos nativos influyentes le dan su apoyo, pasarán muchos años antes de que los pies naturales vuelvan a estar de moda en el Celeste Imperio.

La otra mujer, con mucho la más valiosa de las dos, era una anciana viuda de Mongolia, llamada Ani, cuyo marido había sido un tibetano de Lhasa y cuya única hija era una niña de catorce años llamada Doma. Ellas dos se convirtieron en mis fieles amigas y hacían todo lo posible para servirme en todos los sentidos. Durante casi dos años, Ani nos trajo agua en su burro con un balde de madera a cada lado de la silla, mientras que Doma, durante más de un año, actuó como «criada».

Su casa estaba en un patio de aspecto respetable, a pocas puertas de la nuestra, y consistía en una cocina y dos habitaciones, en el interior de las cuales había un *kang* con armarios y un pequeño altar con sus ídolos, lámparas de mantequilla, pequeñas lámparas de latón poco profundas, cuencos e innumerables *khatas*.

En el *kang* había un *hopen* en el que invariablemente ardía un fuego, mientras que una tetera bien sazonada con leche y sal siempre estaba lista sobre el trípode de hierro que estaba sobre el fuego. También había una pequeña caja cuadrada pintada de vivos colores con una tapa corrediza que contenía *tsampa*. Cada vez que visitaba la casa de Ani, el pan y la mantequilla estaban listos esperándome —ella se había enterado de mi aversión al *tsampa*—, se extendían alfombras limpias sobre el *kang* y el té no tenía sal. Ani siempre se disculpaba profusamente por no tener nada que ofrecerme, pero la hospitalidad era genuina y era recibida por nosotros con tanto entusiasmo como era brindada.

Las mujeres tibetanas y mongolas son grandes bebedoras de vino cuando tienen compañía o están de visita, y Ani no era una excepción a la regla. Cuando estaba bajo la influencia del licor, era muy locuaz; golpeaba y abusaba de Doma de manera bárbara. A esta última también le gustaba bastante el vino, porque, cuando tenía la oportunidad, lo bebía libremente, pero, después de un tiempo, ambas se abstuvieron porque yo objeté. Repetidamente, y con éxito final, persuadí a Ani para que mantuviera a Doma alejada de las compañías de la bebida y le permitiera seguir el instinto natural de pureza de una niña que yo sentía que ella poseía.

A mis exhortaciones, Ani respondía con gran sinceridad: «Qué lástima que a las pobres mujeres de nuestra tierra no se las respete como en la vuestra; aquí ni los padres ni nadie espera que lleven lo que vosotros llamáis vidas morales». Por desgracia, las palabras de la pobre Ani cuentan con demasiada veracidad la triste historia de la vida de las mujeres tibetanas.

Por lo que pudimos observar, la moralidad entre ellos era más un accidente que una regla, y esta afirmación se aplicaba a todas las clases, casadas o solteras. Aunque a veces hay afecto entre marido y mujer, la fidelidad no se considera en absoluto una cualidad esencial de la feminidad y, cuando un hombre se va de casa, es tan probable que traiga a otra esposa con él como si no.

Esto ocurrió en una casa no muy lejos de nosotros, donde un hombre y su esposa habían vivido cómoda y agradablemente juntos durante años. De repente, a su regreso de Xining, trajo consigo a otra esposa muy joven. La primera esposa se enojó y trató a la pobre joven con tanta crueldad que esta última se suicidó tomando una gran dosis de opio. Entonces sus padres exigieron una indemnización al marido por la pérdida de su hija y el hogar se convirtió en una miseria. Todo el sistema social, y especialmente la relación doméstica de los tibetanos, necesita purificación.

Doma era una niña muy inteligente, hablaba con fluidez mongol, chino y tibetano de Lhasa, y, mientras nos daba lecciones de mongol, descubrimos que poseía una gran habilidad innata, que tenía buena memoria y una aguda perspicacia. Ella apreciaba mucho cada pequeña partícula de tela y cada una de nuestras ropas desechadas, y después, cuando contratamos a nuestro sirviente tibetano Rahim, se puso muy celosa, demostrando cuán fácilmente se malcrían los nativos.

Si nos hubiéramos demorado mucho tiempo en Huangyuan y Rahim se hubiera quedado con nosotros, él y Doma probablemente se habrían casado, ya que él y Ani lo habían discutido. A menudo pienso que es posible que algún día, desde su hogar lejano en Ladakh, podría volver a encontrar el camino al norte de los Kunlun y establecerse en Huangyuan como yerno de la anciana, pues Doma poseía grandes encantos para él, pero estos no son más que sueños ociosos.

Una visita con Ani a la casa de una mujer mongola casada con un rico tibetano de Lhasa fue todo un acontecimiento para mí, ya que era la mujer nativa más respetada de Huangyuan, a excepción de la esposa del más alto funcionario chino. Su pequeña hija, de trece años, estaba comprometida con un joven de once años, hijo del príncipe mongol de Koko Nor, y este muchacho vivía en casa de su prometida, donde él y la niña estudiaban caligrafía china, jugaban, comían y dormían juntos. La niña era siempre obedecida y respetada por el niño, que brillaba dondequiera que iba con su ropa de seda amarilla.

Las habitaciones de esta casa estaban lujosamente amuebladas con armarios tallados y muy pulidos, mesas y sillas de fabricación china, hermosas alfombras, muchos accesorios de latón resplandecientes, papeles blancos y de colores frescos en las ventanas enrejadas; todo indicaba riqueza y cierto grado de limpieza y gusto estético. Su esposo, cortésmente llamado Zun Bo, era un hombre corpulento, bien formado y vestido, que parecía como si bebiera *chang* con demasiada libertad, una bebida alcohólica que preparaba en su casa y vendía en grandes cantidades a los tibetanos.

Como las citas en esta casa eran de primer orden, los refrigerios que se ofrecían a los invitados eran de buena calidad, entre los que destacaba el té, que era el verdadero té batido, el más favorecido por todos los tibetanos del interior. Está hecho de ladrillo de té, hervido durante cinco minutos o más en agua con sal; luego el líquido se cuela en una mantequera en la que se han puesto mantequilla y *tsampa* y el conjunto se bate todo junto con giros peculiares de la manivela. Parece chocolate caliente, pero no sabe para nada igual, especialmente cuando la mantequilla está contaminada, lo cual ocurre con mucha frecuencia.

Entre los personajes más interesantes que conocimos en Huangyuan estaban los cuatro *kushok*, o representantes del dalái lama. Estos son lamas especialmente enviados desde Lhasa para velar por los intereses comerciales del gran potentado, y al mismo tiempo están facultados para actuar con una capacidad semioficial en todos los asuntos relacionados con el comercio de los *kopas*, o tibetanos de Lhasa, muchos de los cuales comercian en Huangyuan.

Cada año, las grandes caravanas comerciales enviadas por el dalái lama a Pekín pasan por Huangyuan y son supervisadas por los *kushok*. El doctor Sven Hedin ha caído en el error de confundir estas caravanas comerciales con la misión-tributo que el dalái lama envía al emperador chino una vez cada tres años.

La misión-tributo viajaba anteriormente por la ruta Tsaidam-Huangyuan, pero, desde la rebelión mahometana de 1861-1874, por orden del emperador, ha pasado por Kangding, aunque los tibetanos han solicitado con frecuencia que se les permita enviarla por la ruta anterior porque es mucho más fácil viajar en ella.

Sin embargo, ahora no es tan seguro debido al estado inestable del país.

A través de Kangding llegan también las caravanas comerciales del gran lama de Tashilhunpo, o panchen lama, que vive en el monasterio de Shigatse, cerca de Lhasa, y que es reverenciado por muchas tribus tibetanas y algunos mongoles en mayor medida incluso que el dalái lama. Aunque ambos señores espirituales del Tíbet se involucran en los asuntos mundanos, lo hacen con respeto mutuo y sin pensar en la competencia, sin que ninguno transgreda el territorio del otro.

Los cuatro *kushok* tienen grandes establecimientos en Huangyuan, casas magníficamente pintadas y bellamente amuebladas donde a veces pasan muchos meses en su camino de Lhasa a Pekín. Tras experimentar las dificultades del viaje entre Lhasa y Huangyuan, no están ansiosos por repetir esa parte del viaje y, por lo tanto, con frecuencia, al regresar de la capital china, envían las ganancias de su empresa a Lhasa al cuidado de mayordomos de confianza y esperan el regreso de estos últimos con una nueva caravana de suministros comerciales.

Así, cada año parte una caravana y llega otra tanto de Pekín como de Lhasa. El principal de estos cuatro agentes era Sharje Jaba, mientras que el cuarto en rango era Karpon Losang Kindum, siendo *karpon* un título dado a los agentes responsables que tienen el control completo de todas las mercancías de su amo. Los conocíamos bien a los dos. El primero era un lama grande y corpulento con una cara redonda y gorda, un pequeño tumor en la frente y una cicatriz en la cabeza de varios centímetros de largo, resultado de una herida que le hicieron unos ladrones algunos años antes. Estaba vestido con prendas amarillas y rojas de seda brocada, con un pequeño sombrero circular que parecía una gorra de oro de lo brillante que era.

Le faltaban dos de sus dientes frontales y mostraba tanta ansiedad por reemplazárselos que, ante su ferviente solicitud, el señor Rijnhart, por medio de una lima de acero, le hizo dos con el mango de marfil de un cepillo de dientes. Después los sujetó en su lugar mediante un alambre de plata hilvanado a través de agujeros y luego atado alrededor de los otros dientes. Nadie en esta tierra podría estar más complacido que ese *kushok* tibetano con sus dos dientes toscamente tallados, aunque, hay que confesarlo, eran más ornamentales que útiles.

Losang Kindum, vestido principalmente con sedas y satenes rojos, era de complexión delgada, alto y erguido, con una expresión afable, aunque cínica, en su rostro. Él también había tenido experiencia con ladrones, el año que llegamos a Kumbum había perdido toda una caravana y, conociendo a la gente que lo había atacado, estaba tratando de obtener una compensación a través del *amban*.

Tanto Sharje Jaba como Losang Kindum fueron sumamente amables, nos invitaron con frecuencia a sus suntuosas habitaciones y nos visitaron con la misma frecuencia en nuestra propia casa. Una vez, cuando nuestro viejo amigo Mina Fuye, que ahora ya no era abad de Kumbum, vino a pasar unos días con nosotros, Sharje Jaba invitó a este último y al señor Rijnhart, junto con varios funcionarios destacados, a un banquete.

La ocasión fue tan grande como para recibir el reconocimiento oficial del *amban*, quien envió tablillas de inscripciones honoríficas en letras de oro para ser colocadas sobre la puerta del patio. Cuando todos los lamas y *kopas* ordinarios estaban sentados en alfombras bajo toldos en el patio y los invitados de honor estaban en los *kangs* de las habitaciones, se sirvió vino y té en profusión, con viandas que serían más condimentadas de acuerdo con el gusto de los invitados chinos o tibetanos según sus apetitos.

Mina Fuye, otro buda viviente, el señor Rijnhart, un chino adinerado y Losang Kindum se sentaron en un *kang* y pasaron un rato muy agradable juntos, pero que casi se volvió desagradable por una broma que solo este último disfrutó. Aunque era un lama, era un bebedor de vino desmesurado, mientras que sus tres invitados en el *kang* se limitaban a tomar té, y, probablemente por una sensación de incorrección al beber tan libremente, o por el deseo de ser jovial y hospitalario, le pidió al señor Rijnhart que tomara un poco.

No recibiendo la aquiescencia esperada, cuando la pequeña vasija cubierta con una tapa de plata, de la cual mi esposo bebía su té, fue enviada para ser rellenada, Losang Kindum susurró algo al sirviente. Cuando le devolvieron la copa, el señor Rijnhart descubrió que contenía vino, por lo que Mina Fuye se indignó mucho e informó a Sharje Jaba del truco. La única compensación que el genial anfitrión podía ofrecer era darle una paliza al pobre sirviente por falta de cortesía, cuando en realidad Losang Kindum era el culpable. Cuando se le preguntó el motivo de la indignidad que había acumulado sobre el señor Rijnhart, Losang Kindum respondió que simplemente había supuesto que el señor Rijnhart era como el lama tibetano común, que se niega a beber solo hasta que la primera gota ha pasado por sus labios como resultado de la persuasión y entonces está listo para hacer su parte. Los hábitos de borrachera de algunos lamas son impactantes.

No hay feria o fiesta sin peleas y desórdenes provocados por las bebidas alcohólicas. No digo que todos los lamas beban, pero decir que la mayoría de ellos no solo son adictos a la bebida, sino también a la glotonería, no está nada lejos de la realidad, y esto a pesar de las enseñanzas de Buda sobre la templanza y el autocontrol. El lama budista etéreo, abstemio y vegetariano es pura ficción. He visto a un lama devorar varios filetes de carne de una sentada.

Estos ricos tibetanos llevan a cabo el entretenimiento de manera suntuosa y, a veces, no reparan en gastos para su propio placer o el de sus amigos. Durante varias estaciones del año, organizan lo que puede llamarse teatro, a falta de un nombre mejor. Se envían invitaciones a amigos especiales, mientras que cualquier otra persona que desee asistir puede tomar posiciones en el techo, desde donde puede mirar hacia el interior del patio de abajo. Tuvimos el privilegio de contemplar una de estas actuaciones, que nos pareció interesante para el tiempo que estuvimos. Los artistas eran todos hombres, algunos de los cuales, sin embargo, representaban a mujeres, vestían túnicas de tela con chaquetas ricamente bordadas y tenían el cabello adornado con corales y piedras verdes y velos cuadrados de tela sobre sus rostros.

La obra consistió en la representación de una recepción por parte de un gran potentado de embajadas de diferentes naciones. El potentado era un hombre santo, un gran lama sentado en un trono. El primero en ser presentado pertenecía a la embajada china, encabezada por un mandarín magníficamente ataviado con plumas y botones y seguido por un séquito de funcionarios menores. Presentó su *khata* al potentado con una ceremonia elaborada, pero, para disgusto aparentemente grande de los chinos y diversión de los espectadores, se devolvió la *khata* y el gran mandarín no logró ganarse el favor del potentado. Luego aparecieron los *kaches*, hombres de largas barbas blancas vestidos con faldas blancas trenzadas y turbantes, uno de ellos encorvado personificando a un elefante con una sábana blanca enrollada alrededor de él.

A continuación, siguieron los mahometanos indostaníes con sus túnicas y turbantes de color rojo oscuro, que gritaban en voz alta al entrar en actitud de adoración: «¡Alá! ¡Alá!». Las embajadas mahometanas compartieron la misma suerte que la china, siendo rechazadas todas sus *khatas*. Sin embargo, el clímax se completó cuando un joven príncipe bien vestido de una casa real tibetana presentó su *khata* y fue recibido amablemente por el gran hombre en medio de mucho regocijo.

Toda la representación estuvo acompañada de mucho canto y baile, este último consistía, primero, en un paso lento y digno, después, en un vigoroso balanceo del cuerpo hasta que los extremos de la cuerda unidos a la faja sobresalían perpendiculares a la cintura y tenían la apariencia de una rueda que gira rápidamente.

Un tambor golpeado a intervalos controlaba a los actores, que a veces bailaban hacia delante para beber vino de una palangana en cuyo borde había tres pequeñas pirámides de mantequilla. Los demás invitados nos sirvieron refrigerios como té, delicioso pan y sopa tibetana hecha de carne finamente picada, cebolla y arroz reducido a pulpa, un alimento muy apetecible y digerible.

Entretenimiento no había de ninguna manera y no sentimos que, después del primer rato, nuestro tiempo estuviera bien empleado, así que dejamos que los nativos disfrutaran plenamente de su juego. La visita de Mina Fuye a nuestra casa en Huangyuan estuvo llena de interés. Pasamos horas hablando de la desgarradora experiencia que todos sufrimos durante la rebelión. También repasamos los días felices que habíamos compartido juntos en Kumbum y renovamos nuestras discusiones sobre el cristianismo y el budismo. No había duda de que, aunque Mina Fuye se había sentido muy conmovido por la historia del Evangelio, y aunque hacía mucho tiempo que había llegado al punto de expresar su admiración por Cristo y la enseñanza cristiana, no mostró signos de voluntad de renunciar abiertamente a su fe ancestral; todavía era budista de profesión.

Habíamos hecho todo lo posible por iluminarlo. Le habíamos enseñado con el más diligente y concienzudo cuidado. También habíamos orado por él y buscado con el ejemplo de nuestro caminar diario abrir sus ojos a la belleza y la alegría de la vida cristiana. Por estos motivos, pensamientos confusos pasaban por nuestras mentes cuando, durante esa visita, observamos a la gente dirigirse a él con *khatas* y regalos, postrándose, adorándolo como a un dios con la esperanza de recibir su bendición.

Para el misionero que trabaja solo por obtener resultados visibles, ciertamente hay muchas desilusiones en tierra extranjera. Durante los largos días de pioneros, días de espera y de siembra, solo la conciencia de que está cumpliendo con su deber y obedeciendo al gran Señor de la Cosecha, permite al misionero mantener el corazón lleno de paz y de fe en cuanto a los resultados finales.

¡Qué difícil fue darse cuenta de que nuestro visitante, con quien nos sentamos y conversamos, era un hombre de tal influencia, pureza y poder a los ojos de la gente como para ser adorado como un dios! Pues, según nuestra norma, era ignorante y materialista hasta cierto punto.

Mina Fuye iba acompañado de su pequeño discípulo, un niño de unos diez años, a quien habíamos conocido en Kumbum. Era vivaz como un grillo, y nos hizo muchas bromas a nosotros y a su exaltado amo. Tras pensar que su apariencia podría mejorar con un buen lavado, le proporcioné lo esencial y le di instrucciones completas, después de lo cual, con mucho cuidado, se frotó las manos, los brazos, la cara y el cuello con abundante agua caliente y jabón, y hubo tal transformación que quedó realmente bien parecido. Después de atravesar un rato el patio hacia otra habitación, me asombré al volver a verlo en la puerta de la cocina, con el rostro resplandeciente y algo aceitoso. Al interrogarlo, descubrí que, sintiéndose incómodo, se había untado las partes lavadas con mantequilla, un cosmético que todo tibetano usa libremente.

En relación con nuestra obra médica y de predicación habitual en Huangyuan, a veces hacíamos viajes cortos a los distritos circundantes, el comienzo de una obra de precursor más extensa que esperábamos con ansias. En octubre de 1896, a nuestro regreso de un viaje a la pradera, nos recibió en la puerta un mensajero que nos informó que un extranjero había llegado a los suburbios y se hospedaba en una posada. El señor Rijnhart partió de inmediato para preguntar quién podría ser el extraño inesperado y, como la visita de viajeros europeos o estadounidenses era tan rara en esa lejana ciudad fronteriza, había decidido de antemano invitarlo a nuestra casa. Por lo tanto, me apresuré a poner la casa en orden y no había terminado cuando el señor Rijnhart regresó, seguido por un caballero inglés vestido con un traje de *tweed* con charreteras de piel de oveja, con signos de haber estado expuesto a la intemperie. ¡Qué emoción y deleite cuando intercambiamos saludos en el viejo idioma anglosajón! El forastero resultó ser el capitán M. S. Wellby, del Decimoctavo Regimiento de Húsares, que había hecho un viaje desde la India a través de Ladakh y el norte del Tíbet.

Había estado viajando durante casi siete meses y había encontrado muchas dificultades. Su intención era penetrar en el interior del Tíbet desde Ladakh a través de Rudok, pero un gran grupo de soldados tibetanos estacionados allí para proteger la carretera de Lhasa impidió que llegaran a este último lugar. Luego se vio obligado a girar hacia el noreste en una especie de curso en zigzag y pasar muchas semanas en un territorio árido y deshabitado.

Sus provisiones se acabaron, muchos de sus animales murieron y sus hombres se amotinaron y lo abandonaron, de modo que todo lo que quedaba de la caravana cuando llegó a Huangyuan era el propio capitán Wellby, el teniente Malcolm y Duffadar Shahzad Mir, sus compañeros de viaje, su arriero y dos criados con una carga de efectos. El viaje por el norte del Tíbet, aunque desastroso en muchos aspectos, no había sido en vano. En el camino se habían hecho valiosas observaciones y la ciencia geográfica se había enriquecido con el descubrimiento del nacimiento del río Chumar.

Dejemos que el capitán Wellby describa con sus propias palabras la llegada del señor Rijnhart a la posada y lo que siguió:

Apenas podía decidir si era europeo o chino, y, cuando se dirigió a mí en una mezcla de francés y chino, yo estaba aún más desconcertado, así que, para simplificar las cosas, le respondí: «Soy inglés», y le tendí la mano. Él la agarró ansiosamente y me dio el apretón más cordial que había recibido en muchos días, y me sentí agradecido de haber encontrado un europeo y un amigo deseoso de ayudarnos en este lugar apartado. El señor Rijnhart, porque ese era su nombre, era un misionero holandés, y apenas se había establecido en Huangyuan hacía tres meses.

Algo más tarde, estábamos trotando por la calle en fila india, charlando todo el tiempo, cuando, girando repentinamente a la izquierda, muy poco después nos detuvimos en la casita de Rijnhart. Un paso más allá de la estrecha callejuela había un patio abierto, donde su bondadosa esposa, la doctora Rijnhart, nos esperaba para darnos la bienvenida, así como al señor Hall, de la Misión del Interior de China, que había venido a visitarnos a Huangyuan desde Xining y acababa de regresar con los Rijnhart después un viaje a Koko Nor. Me fue mostrado un gran honor, a los ojos de los chinos, al ser asignado para mi uso la habitación que daba a la entrada. Los Rijnhart, cuando estaban solos, vivían al estilo chino y se llevaban muy bien con todos los funcionarios chinos y tibetanos de la ciudad, y nosotros mismos éramos tratados con cortesía y civismo[6].

La visita del capitán Wellby fue de corta duración, de un solo día. Por la tarde recibimos una llamada de la princesa del Koko Nor, que sirvió para añadir interés a la ocasión. Al día siguiente, acompañados por el señor Rijnhart, el grupo partió para visitar la lamasería de Kumbum[7] y de allí continuar a Xining y Lanzhou. Mientras tanto, ante la ferviente solicitud de los viajeros, y además porque algunos arreglos sobre nuestro correo y otros asuntos en la costa requerían ajustes previos al gran viaje que estábamos contemplando realizar hacia el interior del Tíbet, el señor Rijnhart accedió a acompañarlos a Pekín para actuar como intérprete, un servicio del cual el capitán Wellby ha hecho el reconocimiento más cortés y copioso[8].

---

[6] *Through Unknown Tibet*, por el capitán M. S. Wellby, págs. 261-2.
[7] «Tenemos mucha suerte de poder hacer esta visita bajo la dirección del Sr. Rijnhart, ya que no solo tiene un conocimiento más íntimo del monasterio que cualquier otro hombre vivo, sino que ha hecho su hogar durante dos años en Lusha'er, de los cuales diez meses los pasó en el propio monasterio. Se ha hecho amigo de un número muy grande de sus habitantes, especialmente de Mina Fuye, uno de los más grandes santos encarnados del lugar». *Through Unknown Tibet*, pág. 270.
[8] *Through Unknown Tibet*, págs. 267-411. Nota de la autora: «Desde entonces, me he enterado con gran pesar de la muerte del capitán Wellby a causa de las heridas recibidas a finales de la guerra de Sudáfrica».

IX. VISITANTES DISTINGUIDOS

Ausencia del señor Rijnhart – Nos roban en nuestra casa – Visita del doctor Sven Hedin – Tsanga Fuye – Trabajo médico entre nómadas – Nacimiento de nuestro hijo pequeño

El señor Rijnhart condujo el grupo del capitán Wellby a Pekín, desde allí se dirigió hacia Hankou por tierra con un viajero alemán, hizo nuevos arreglos para nuestro correo y provisiones, y regresó a Huangyuan lo más rápido que le fue posible. Durante su ausencia, los nativos me brindaron las mayores bondades y me sentí perfectamente segura con ellos.

Las mujeres en particular hicieron todo lo posible para entretenerme, invitándome a sus casas y llevándome regalos, permitiéndome así conocerlas de la manera más íntima. Parecían sentir que me tenían bajo su protección, y competían entre sí para brindarme la atención más considerada de la que eran capaces.

Una vez más había una oportunidad de oro para hablarles de Cristo y de todo lo que su religión había hecho por las mujeres en otras tierras, y de lo que podía hacer por ellas también. Durante estas semanas memorables aprendí a comprender y simpatizar con las mujeres paganas como nunca antes.

Además, me mantenía ocupada con mi trabajo médico, y la constante llegada de visitantes de todas partes que habían oído hablar de los maestros extranjeros y venían a verlos por sí mismos compensaba en gran medida cualquier sentimiento de soledad que pudiera haber tenido y hacía imposible sentir monotonía o tedio.

Pasé la Navidad con la señora Ridley en Xining. Mientras me encontraba allí, la pobre Ani, a quien había dejado a cargo de la casa, tuvo una experiencia dura. Un ladrón, sabiendo probablemente que estábamos fuera, irrumpió en nuestra casa y se llevó nuestro dinero y muchas otras de nuestras valiosas posesiones, además de destruir placas fotográficas exponiéndolas a la luz y vaciar muchos frascos de productos químicos preciosos sobre el suelo.

Con la ayuda del perro, Ani localizó al culpable agazapado en una habitación contigua al establo y, al exigirle una explicación de su presencia en la casa, se vio envuelta de repente en una lucha cuerpo a cuerpo, al final de la cual quedó tendida en un hoyo cerca del establo mientras su adversario se daba a la fuga.

Sin desanimarse, la fiel Ani se recompuso lo antes posible y corrió por las calles gritando: «¡Alto al ladrón!», pero nadie lo detendría ni le diría a Ani de quién se trataba, aunque resultó que casi todos lo conocían, pues la cortesía tibetana prohíbe que alguien delate a otro por robo.

Tan pronto como regresé de Xining, notifiqué inmediatamente al *yamen* el ultraje. Algunos subordinados se acercaron para decirle a Ani que, si no atrapaban al ladrón, ella sería responsable y sería arrastrada ante el *yamen*, ya que era la culpable de que la casa del *yang tar ren*, «caballero extranjero», hubiera sido robada. Pasaron muchas semanas agotadoras antes de que el nombre de Ani quedara limpio, cuando finalmente se atrapó al verdadero ladrón.

No olvidaré la amabilidad del funcionario y su esposa en ese momento en que tuve que visitar el *yamen*, porque me admitieron en su propia habitación, donde, contrariamente a la costumbre general en China, cenaban juntos los dos solos. Mina Fuye, al enterarse de que nos habían robado, envió a su tesorero desde Kumbum con una *khata* para ofrecerme todo el dinero que pudiera necesitar y para invitarme a regresar a vivir a la lamasería, donde estaría entre «amigos».

Losang Kindum, uno de los *kushok* del dalái lama, también me envió varias remesas de dinero en efectivo y me ofreció tantas más como quisiera, diciendo que no siempre se podía depender de los funcionarios chinos, pero que los tibetanos tenían un gran corazón y eran sinceros en sus actos. Sin embargo, teniendo plena confianza en mis amigos de Huangyuan, no cedí a la persuasión de Mina Fuye.

Después de la visita del capitán Wellby, llegamos a la conclusión de que pasaría mucho tiempo antes de que un viajero europeo nos visitara nuevamente, pero este raro regalo nos estaba reservado antes de lo que esperábamos.

Un lunes de noviembre tranquilo y radiante, el sol brillaba cálidamente sobre Ani y yo mientras estábamos sentadas en nuestras alfombras en el patio disfrutando de un *pian shi*, ya que la había invitado a cenar conmigo. La anciana respondió a un toque en la puerta y me llamó de inmediato. Al llegar, descubrí que la entrada estaba llena de hombres, algunos de los cuales eran mongoles y otros funcionarios del *yamen*. Uno de estos últimos, actuando como portavoz, me dijo que un extranjero estaba justo afuera de la puerta oeste y venía a nuestra casa para ser entretenido.

Al interrogarlo de cerca, obtuve la información de que el extranjero estaba saliendo del Tíbet; que había enviado un mensaje al *yamen* para que encontrara alojamiento, forraje y leña para él y su caravana; y que, sabiendo que habíamos recibido al capitán Wellby y al teniente Malcolm, el oficial había ordenado a los extranjeros que se dirigieran a nuestra casa, todo lo cual fue dicho con los gestos peculiares de los mensajeros del *yamen*.

No parecía posible que otro explorador pudiera haber venido tan rápidamente tras el capitán Wellby, y temí que fueran los hombres que este último había dejado en el Tíbet. Sintiéndome así, respondí que el funcionario debía proporcionarles entretenimiento él mismo, que el señor Rijnhart estaba fuera de casa.

Mientras tanto, los mongoles le habían estado diciendo a Ani lo importante que era el extranjero que se acercaba, un *amban*, dijeron, y se ganaron tanto su simpatía que me convenció a reconsiderar mi decisión, así que dije: «Seguramente, si es un *amban*, debe tener pasaportes y otros documentos», ante lo cual los mongoles dijeron que los había enviado con uno de sus hombres, que fue invocado de inmediato.

Había estado parado en un lado de la calle y ahora se adelantó, un hombre corpulento con una larga barba negra y un aspecto muy extranjero, quien, supuse de inmediato, era un mahometano de la India o Kashgar. Si hubiera presentado los documentos al principio, se habría evitado una consulta tan larga.

Miré los papeles que me entregó y leí un texto en francés que indicaba que el doctor Sven Hedin estaba en un viaje de exploración científica en Asia central, o algo por el estilo. Al instante, les dije a los hombres que fuera guiado a nuestra casa, y agregué que cuidaríamos de su entretenimiento.

En muy poco tiempo llegó a nuestra puerta la caravana del gran viajero sueco y, en ausencia del señor Rijnhart, salí enseguida a darle la bienvenida y extenderle la hospitalidad de nuestro pequeño hogar.

Sabiendo que era sueco, sentí que debía aclarar de inmediato en qué idioma íbamos a conversar, así que le pregunté si hablaba inglés y, ante su respuesta afirmativa, no nos costó encontrar temas que nos interesaran a ambos. Ani estaba encantada de que pudiera hablar mongol, lo llamó *amban* y personalmente le dio la bienvenida a Huangyuan.

Tenía un gran número de hombres en su caravana, algunos de los cuales se alojaron en nuestro salón de medicina, mientras que el resto, con los caballos, se fue a una posada. El doctor Hedin había oído hablar de nosotros antes de su llegada.

En Bayin Hoshum, no mucho más allá del Khara Kottel, o Paso Negro, un jefe tangut le había dicho que había una *oruss* o dama «rusa» solitaria en Huangyuan. «Ruso» es el único nombre con el que se conoce a todos los europeos en el norte del Tíbet. En su gran obra *Through Asia*, el doctor Hedin ha dado el siguiente testimonio de su recepción y visita en nuestro humilde hogar:

Temprano en ese día había enviado a Parpi Bai por adelantado para que llevara mi pasaporte al gobernador de la ciudad. Ese dignatario ahora nos recibía en la puerta y nos trajo una carta de la dama rusa con una cordial invitación para compartir su hospitalidad. Sentí que era bastante presuntuoso alojarme junto con una dama solitaria. Sin embargo, decidí, tal vez por curiosidad, ir de todos modos a hacerle una visita. Cuando llegué a la casa indicada, de tipo chino con un patio oblongo, me recibió una joven con la cabeza descubierta, gafas y vestida a la manera china. Me preguntó en un tono amistoso: «¿Hablas inglés?». Le dije que sí, que eso creía, y muy pronto entablamos una conversación fluida.

Se presentó como la señora Rheinhard (Rijnhart), una doctora estadounidense en medicina. Su esposo era un misionero holandés, el señor Rheinhard, quien un mes antes había partido hacia Pekín con el capitán Wellby, y regresaba a casa de su viaje por el Tíbet. La señora Rheinhard era la personificación de la hospitalidad y la amabilidad.

Fue todo un placer hablar con alguien cuyos intereses iban más allá de la hierba y los pastos, los peligrosos pasos de montaña, yaks salvajes o el ganado vacuno y ovino. El coraje de su esposo al aventurarse a dejarla sola entre la muchedumbre de Huangyuan realmente me asombró. Pero quizás no había tanto peligro, después de todo; porque, a través de su conocimiento y habilidad médica, la señora Rheinhard había ganado varios amigos entre la población nativa[9]*.*

Los funcionarios chinos en el Turquestán oriental le habían mostrado una marcada cortesía, y él esperaba lo mismo en las ciudades del oeste de China, pero creo que la encontró totalmente deficiente, porque los mongoles que anunciaron su llegada lo llamaron *amban*, mientras que su pasaporte era casi el mismo que el de un misionero; el oficial se apresuró a apreciar el hecho de que el capitán Wellby tenía un pasaporte mucho mejor que el doctor Hedin, aunque este último tenía derecho a uno de mayor rango, ya que el rey Óscar estaba personalmente interesado en la expedición.

En lugar de venir a visitar al viajero, el funcionario ignoró su presencia en Huangyuan y el doctor Hedin fue él mismo a visitar al *ting*, pero no se dispararon cañones en su honor como había ocurrido en el Turquestán.

Los *kopas* estaban ansiosos por saber cuán cerca había estado de Lhasa, por lo que Losang Kindum se acercó con su rueda de plegaria en una mano para preguntar detalles y, como resultado, el doctor

---

[9] *Through Asia*, Sven Hedin, dos volúmenes, Harper & Bros., vol. 2, págs. 1156-7.

Hedin lo visitó por la noche para comprar algunas curiosidades, ropa, botas, etcétera. Los *kushoks* tienen cantidades grandes de tales artículos, pues el dalái lama es uno de sus clientes más importantes. En el libro *Through Asia*, el doctor Hedin habla de esta transacción como la compra hecha por él de algunos de los bienes destinados como tributo al emperador chino. No obstante, el emperador recibiría más tarde menos de lo que se le había destinado en principio. Aunque estaban disponibles para comerciar, estos bienes comprados tal vez pertenecieran al dalái lama, con lo cual no podían ser presentados como tributo. También es posible que esos artículos en particular pertenecieran al mismo Losang Kindum, porque incluso un sirviente que venga de Lhasa por su propia cuenta no tiene mucha influencia en estos trueques. De cualquier manera, el *kushok* se jactó de las ganancias de ese trato durante mucho tiempo después.

Con el deseo de contemplar Kumbum, el doctor Hedin permaneció poco tiempo en Huangyuan y, cuando se fue, envié a mi sirviente con él, con instrucciones de visitar a Mina Fuye, presentarle una *khata* y decirle que el doctor Hedin deseaba visitar los templos y que cualquier amabilidad que le mostrara sería apreciada.

Justo antes de su partida, llegaron dos correos del *yamen* y ofrecieron sus servicios. Sin embargo, el doctor Hedin se indignó y envió un mensaje a su oficial a través de ellos diciendo que tenía la intención de ofrecerle un buen revólver, pero que ahora no lo haría, y además informaría a Pekín de su falta de cortesía hacia él, un extraño en Huangyuan. Los hombres hicieron una reverencia y se fueron, pero pronto regresaron.

Al partir la caravana delante de nuestra puerta, el doctor Hedin le dijo a su tesorero que le entregara a Ani cuatrocientos dólares en efectivo. La anciana estaba tan encantada que creo que nunca olvidaría al gran *amban* blanco. Si sus deseos de prosperidad y paz sirvieran de algo, seguramente Hedin debe haber tenido una vida placentera desde entonces. Si regresara a Huangyuan, Ani no dejaría de darle una calurosa bienvenida.

Mi siguiente visitante, igualmente distinguido a su manera, fue un lama de setenta y tres años, un «buda viviente» llamado Tsanga Fuye.

Habiendo leído los Evangelios de Marcos y Juan que le habíamos dado a un joven amigo suyo, deseaba, dijo, ver a las personas de quienes habían venido los libros. Él era, por lo que pudimos saber después, un hombre de carácter puro, y además lo parecía. Lo invitamos con gran ceremonia a ocupar su lugar en el *kang* de la habitación de invitados, le di té, pan, *tsampa* y mantequilla. Evidentemente, había decidido que nosotros, los maestros extranjeros, éramos diferentes de los seres ordinarios, porque estaba tan sorprendido como encantado cuando descubrió que comíamos carne tibetana y mantequilla, y nos regaló una pata de cordero y algunas peras, acompañadas de una *khata*, prometiendo complementar estos obsequios con un poco de mantequilla de oveja cuando regresara con su pueblo, promesa que cumplió.

El anciano buda estaba muy interesado en nuestra habilidad médica, pidió un medicamento para los ojos y preguntó sobre nuestra capacidad para ayudar a un pariente que tenía un tumor.

Aproximadamente un mes después, cuando el señor Rijnhart había regresado, entró la paciente, una mujer bastante joven, acompañada de su esposo. En lugar de un tumor, encontramos a la paciente con hidropesía abdominal y pudimos aliviarla inmediatamente con unos pinchazos.

Ella y su marido alquilaron una habitación, la única que pudieron conseguir, de un metro cuadrado, sin ventana, donde la mujer yacía sobre el *kang*, con una silla de montar como almohada, lo más contenta posible. Su marido era uno de esos hombres joviales y de buen carácter que no se ven a menudo; nos traía regalos e imitaba nuestro inglés. También se hizo amigo de nuestra perra Topsy, la portera, hasta tal punto que ella lo dejaba entrar y salir sin ningún ladrido de desaprobación. En general, disfrutaba tanto con nosotros como nosotros con él.

Entre estos tibetanos hay una costumbre peculiar que solo aprendimos después de un estrecho contacto con ellos. Cuando alguien está enfermo, uno de los miembros de la familia acude a un lama, le ofrece una *khata*, le habla del enfermo y le pregunta qué *mamba* debe consultar.

El lama acepta la *khata* y tira los dados, que indican cierta página en un libro sagrado que es abierto, y anuncia el nombre del *mamba*. Tsanga Fuye era el lama a quien recurrían para obtener este conocimiento y, después de que su pariente se curara con los pinchazos, nos enviaba a todos para recibir tratamiento. ¡Nunca habíamos sospechado que nuestros nombres estaban registrados en los libros sagrados del budismo!

La noticia de la curación de esta mujer se extendió hacia el oeste entre los tibetanos de Koko Nor, y Tsanga Fuye no cesó de hacer sonar nuestras alabanzas. Como resultado, la gente venía de lejos y necesitaba veinte días a caballo para cubrir la distancia. Y esto resultaba divertido: cualquiera que tuviera un dolor en la región del estómago quería ser «pinchado», ¡por la razón tibetana de que lo que es bueno para una persona enferma es igualmente bueno para otra!

También debía tener especial cuidado en dar indicaciones explícitas sobre la toma de medicamentos, ya que otra de sus máximas era: «Si un poco de medicamento es bueno, una gran cantidad debe ser mucho mejor», y se tragaban una botella entera de líquido o una caja de pastillas en una sola dosis.

Con frecuencia, también comían los papeles en los que estaban envueltos los polvos, pensando que, si la medicina dentro de los papeles era buena, ciertamente también debía haber alguna virtud en el papel. La visita de Tsanga Fuye y la notoriedad que nos dio entre los nómadas de la pradera allanaron el camino, como se verá, para futuros viajes al interior del Tíbet.

El regreso del señor Rijnhart del viaje a Pekín fue saludado con deleite por los nativos, especialmente por los *kopas*, que vinieron a darle la bienvenida a casa, trayendo una *khata* y grandes trozos de carne, a veces hasta la mitad de una oveja. Poco después de su regreso, se resolvió la cuestión de los sirvientes, ya que aseguramos los servicios de Mohammed Rahim, el tercero de los hombres del capitán Wellby que había llegado sano y salvo a Huangyuan.

Rahim había estado en el prado pastoreando rebaños y ganado, de modo que, cuando apareció el doctor Sven Hedin, no se encontró con sus hombres y acabó solo en Huangyuan. Vino a nosotros y demostró ser un sirviente muy valioso, a pesar de tener un temperamento precipitado que ocasionalmente lo metía en problemas.

Teníamos en el centro de nuestro patio un jardín de flores cuadrado, donde cultivamos algunas flores nativas que se asemejaban a amapolas amarillas, caléndulas y asteres, junto con nuestras propias violetas, capuchinas y guisantes de olor, lo que le daba a nuestra casa un delicioso aroma como el de los jardines de nuestra patria. Muchas veces nos sentábamos en la pequeña valla de piedra alrededor de las flores y mirábamos hacia abajo en las profundidades de las flores, donde veíamos rostros de nuestros seres queridos lejanos, felices por las cartas enviadas desde la soleada y brillante frontera tibetana.

El florecer de cada nueva flor fue para nosotros como recibir un visitante, cada una traía su granito de interés y alegría. Cuando floreció la primera capuchina oscura y aterciopelada, vino a nuestra casa otra flor, que trajo consigo una dosis de amor y una cantidad de luz solar que permanecerá para siempre con nosotros, aunque ahora solo en la memoria: el pequeño y querido Charles Carson Rijnhart, que vino a nosotros el 30 de junio de 1897.

Ani esperaba el evento con una gran cantidad de conversación y asombro por los preparativos que yo estaba haciendo. Me dijo que, entre los nómadas, la única cama de la madre es una hecha con excremento de oveja en polvo y que, cuando hace calor, se empapa al pequeño con manteca y se lo saca a tomar el sol. Si se necesita ciencia médica, no se debe tener ninguna, solo se debe depender de la naturaleza; y, sin embargo, todos están satisfechos, ya que nadie ha aprendido que en otros países las cosas son diferentes.

Al traerse la tina de agua tibia todos los días para el baño y ponerse al bebé en ella, Ani y Doma lo consideraban un acto de locura, aunque la señora Ridley, que era de una ayuda inestimable para nosotros, había estado haciendo lo mismo por sus dos queridos hijitos y sin haber resultado en ningún daño.

Los nativos no permiten que un extraño se acerque a la madre hasta cuarenta días después del nacimiento de un niño, por alguna superstición, y la madre sale cien días después, de modo que todos se sorprendieron al vernos montar a caballo en un viaje al sur del Koko Nor a mediados de agosto.

Mohammed Rahim, a partir de ahora conocido como Rahim, era el deleite del bebé. A Doma no le agradaba en absoluto que no la mirara con tanto favor como al niño de rostro oscuro, que paseaba de un lado a otro del patio con el bebé entre sus brazos, cantando extrañas canciones indostaníes y ladakis e incluso el toque de corneta británico que había aprendido en la India.

Hay diferencias entre los niños tibetanos y los blancos. Los primeros, aparentemente, muestran poco interés y vivacidad, y, aunque nuestro bebé era solo un niño ordinario, a los ojos de los nativos era una gran curiosidad y lo consideraban sumamente listo para «observar cosas». En comparación con ellos, ciertamente lo era.

Los veinte días que pasamos entre los nómadas en agosto, que se describirán en el próximo capítulo, fueron muy agradables y nunca serán olvidados por aquellos nativos que entraron en contacto con nosotros. Entraban de puntillas con la lengua fuera, se paraban y miraban a Charles dormido en su hamaca meciéndose entre los postes de la tienda, levantaban ambos pulgares y sacaban la lengua aún más si era posible, como muestra de aprobación.

Cuando llegaba la hora de su baño, se cerraba la puerta de la tienda debido a la corriente de aire. Entonces las mujeres y los hombres corrían hacia nuestra tienda, recogían la solapa alrededor del fondo y toda la abertura se llenaba de caras oscuras y ojos negros risueños mientras miraban la actuación interesante para ellos y agradable para Charles. Comentarios como los siguientes eran comunes: «Niño blanco», «Mira cómo lo mete en el agua», «Morirá» y «¿Por qué no lo unta con mantequilla y lo pone al sol?».

Los niños tibetanos que viven en las tiendas nómadas son expertos en montar, saltar a lomos de caballos e incluso vacas y correr cuesta abajo a toda velocidad. Cuando el tiempo es soleado y cálido, se les puede ver jugar entre las tiendas con una cuerda que les sirve como amuleto alrededor del cuello, que a veces tiene una pequeña campana, sin nada más puesto encima.

Sus vidas están desprovistas de placeres, porque no poseen juguetes, dulces, frutas o pasteles que otros niños en esta tierra e incluso en China tienen en tanta abundancia. No son amados y mimados como los niños en nuestra patria, y muchas veces los terneros y cervatillos atados al poste de la tienda reciben más atención que los bebés.

Poco después de que nos estableciéramos en Huangyuan, el señor Rijnhart fue a Xining e hizo que trajeran su bicicleta por el camino montañoso. Como era imposible montar en bici de Xining a Huangyuan, era necesario que un hombre la llevara a la espalda. Este maravilloso «carro de un solo hombre», la traducción literal del nombre que le confirieron los nativos, nunca será olvidado por la gente y, aunque muy interesados en su mecanismo, ninguno de ellos pudo ser inducido a montar en ella.

En lo que respecta a la utilidad real para viajar, era nula, pero los tibetanos venían en gran número para contemplarla, y nos alegramos de tener un imán tan poderoso que atraía a la gente hacia nosotros casi a diario, ampliando así el círculo de nuestros conocidos y amigos.

Para satisfacerlos, el señor Rijnhart daba exhibiciones. Multitudes de personas vinieron a presenciar el paseo del «maestro extranjero» en «el carro de un solo hombre». La gran dificultad era evitar que los hombres y los niños lo siguieran demasiado de cerca, ya que, si ocurriera algún accidente, el ciclista corría el peligro de ser pisoteado por la multitud que lo seguía. Afuera de la puerta oriental había un declive, y no paraban de comentar sobre la velocidad con la que la bicicleta «correría» cuesta abajo «más rápido que el mejor caballo».

Mi máquina de coser también llamó su atención y la bautizaron como «sastre de hierro», una mujer llegó incluso a preguntar si era cierto que, cuando terminaba de coser, llevaba la máquina a la cocina para que esta cocinase. Las pobres mujeres tibetanas, y a menudo los hombres también, me daban un pequeño trozo de tela y me pedían que lo convirtiera en una bolsa para que pudieran llevárselo a casa y mostrar a sus madres lo maravilloso que mi máquina cosía.

Gradualmente, habíamos ganado tantos amigos en Huangyuan como en Kumbum y Lusha'er. Además, habíamos reunido una fuente de información sobre los nómadas de la pradera. Nuestro nombre y obra eran conocidos entre ellos a muchos días de camino hacia el oeste y el sur, y las escrituras que habíamos dado a los visitantes se leían en distritos a los que nunca habíamos ido.

X. ENTRE LOS TANGUTS DE KOKO NOR

Costumbres tanguts – Viaje al Koko Nor – Vida nómada – Un vistazo al lago Azul – Ladrones – Distribuyendo Evangelios

Nunca, desde nuestro memorable intento de llegar al Koko Nor bajo la dirección de Ishi Nyima, habíamos renunciado al proyecto de visitar ese maravilloso lago. No solo por el placer que preveíamos sentir al volver a contemplar un extenso cuerpo de agua, sino más bien por espiar el país, familiarizarnos mejor con los nómadas en sus asentamientos temporales, distribuir ejemplares de los Evangelios, predicar la doctrina cristiana y averiguar las perspectivas y posibilidades del futuro trabajo misionero entre ellos.

Estos nómadas, llamados tanguts, o tibetanos de Koko Nor, que nos visitaban con frecuencia en Huangyuan, hablaban continuamente del lago y nos proporcionaban información minuciosa sobre la naturaleza del territorio por el que debíamos pasar. Nos habíamos familiarizado tanto con los tanguts que, aunque sabíamos que la mayoría de ellos eran ladrones, les perdimos todo miedo.

Su ropaje consiste en el vestido ordinario de piel de oveja que se usa con el lado de lana por dentro, botas altas y, a veces, un sombrero con una copa puntiaguda coronada por una borla roja y el ala forrada con piel de cordero blanca. De los cinturones de los hombres cuelgan su pedernal y yesca, estuche de cuchillos, cuerno de pólvora, y atravesada por el cinto de derecha a izquierda hay una espada envainada hecha a veces de madera, pero a menudo de metal con incrustaciones de plata y piedras.

Cuando están de viaje, rara vez quitan la mano de la empuñadura de la espada. Muchos de ellos llevan también fusiles y lanzas. Todo el equipaje más pequeño, como el bebedero, la caja de rapé, el dinero, la balanza, etcétera, se lleva dentro de la blusa.

Las mujeres apenas se podían distinguir de los hombres excepto por el tocado. El cabello, completamente engrasado, está trenzado en cincuenta o más pequeñas trenzas que se unen en la parte posterior con anchas tiras de tela cubiertas de conchas y cuentas que pesan varios cientos de gramos y se extienden por debajo de la cintura colgando a cada paso.

La forma de peinarse entre los hombres varía en distintas localidades. Algunos llevan la coleta china, otros llevan el pelo de delante recortado en flequillos untados con mantequilla, mientras que el de la nuca va suelto; otros tienen el cabello aumentado con rollos de seda o algodón, enrollado alrededor de la cabeza y adornado con anillos, corales y otras piedras; otros tienen la cabeza completamente despeinada.

Las túnicas de las mujeres, al igual que las de los hombres, están sujetas por fajas de las que cuelgan cuchillos, estuches de agujas y otros accesorios.

Tanto los hombres como las mujeres llevan una caja de amuletos alrededor del cuello que contiene un pequeño ídolo, trozos de tela vieja y pequeños paquetes de medicamentos. Las mujeres siempre emplean argollas grandes en ambas orejas y tantos anillos en los dedos como pueden procurarse. Los hombres usan una argolla generalmente en la oreja izquierda solamente.

Como los tanguts utilizan las prendas de piel durante años y no saben cómo bañarse, el olor de sus cuerpos es decididamente desagradable. En mi calidad de doctora, he tenido que entrar en contacto tan cercano con las mujeres tibetanas que he sentido náuseas por el olor y la abundante cantidad de alimañas que a veces se encontraban en mi muñeca después de tomar el pulso de un paciente.

No parecen sufrir molestias a causa de las alimañas, no tienen ningún deseo de exterminarlas. Matar un piojo, de hecho, se considera un pecado contra las enseñanzas de Buda, y rara vez los matan excepto para comérselos. Eso lo he visto hacer, quitándoselos no solo de su propio cuerpo, sino del de los demás.

Siempre consideramos de gran importancia las visitas de un grupo de estos tanguts en Huangyuan. Les dedicábamos todo el tiempo posible en la casa, bien para hablar con ellos, o bien para curar a los enfermos, ya que invariablemente algunos de ellos necesitaban ayuda médica, y casi siempre les dábamos un poco de su apreciado ladrillo de té.

Anunciaban su llegada en la puerta con la llamada de *aro* (hermano), luego corríamos a sujetar a la portera, nuestra perra Topsy. Seguidamente, varias personas entraban de manera rápida con sus batas de cuero crujiente, botas pesadas, espadas rechinantes, cuchillos y tocados de mujer.

Luego, como es costumbre, los tomábamos de las manos, con saludos profusos y gritos de *dimo dimo ing*, la presentación de una khata, o a veces el estómago de una oveja lleno de leche dulce, o un trozo de mantequilla sacado del fondo de una bolsa de piel sucia, con manos que dejan marcas negras dondequiera que tocan, y alguna *churma*. Todo dado con generosidad y genuino buen sentimiento, y aceptado con la mayor gracia y agradecimiento, porque sabíamos que era lo mejor que podían dar y que lo hacían de todo corazón.

Mientras tanto, Rahim preparaba una enorme tetera en la cocina, llenaba algunos cuencos y acto seguido se producía el chasquido de labios y parloteo que mostraba el genuino disfrute con el que se participa en la visita.

Si entre ellos se encontraba un hombre de alguna posición social, se le invitaba a pasar a la mejor habitación, la más alejada de la entrada, donde era recibido. Si era gente corriente, se les agasajaba en el patio con alfombras extendidas en el suelo, o en el salón de las medicinas.

El viaje particular al territorio tangut del que ahora escribo fue uno que hicimos por invitación de un *panaka*, quien nos pidió que fuéramos a operar los ojos de su anciano padre aquejado de cataratas.

El *panaka* nos proporcionó animales para llevar nuestros pertrechos, que consistían en una tienda de campaña, mantas para la ropa de cama, dos ollas de hierro, una palangana de madera para cada uno y un par de fuelles de piel de cabra, además de medicamentos y ejemplares de los Evangelios para repartir.

Para la comida, tomamos un montón de fideos secos, una bolsa de harina de cebada tostada, mantequilla, *churma*, medio ladrillo de té y un poco de pan duro. El pan que se lleva de viaje en esta forma compacta tiene la ventaja de ser siempre muy sabroso y de permanecer bueno durante meses si se hace bien.

Aunque el pequeño Charles solo tenía cuarenta y dos días de vida, se decidió que yo acompañaría a la expedición, y se fijó para nuestra partida el 12 de agosto, día de suerte en la estimación de los indígenas.

Una mañana, temprano, el *panaka* vino a nuestra puerta con dos hermosos yaks y no pasó mucho tiempo hasta que nos unimos a la caravana, que consistía en un total de nueve yaks y un caballo, cargados de provisiones, y cinco ponis con sus jinetes: nuestro *panaka*, un lama médico y su contable chino, Rahim, nuestro sirviente ladaki, el señor Rijnhart y yo. El señor Rijnhart cargaba el bebé, mientras que Topsy, moviendo la cola, corría entre las patas de los caballos tan emocionada como si ella también tuviera visiones del lago Azul.

A unas cinco millas al oeste de Huangyuan, vadeamos el Xi Ho (río occidental) y, girando hacia el suroeste, entramos en el valle de Ra La, en el que pasamos una pequeña lamasería del mismo nombre que albergaba a unos doscientos sacerdotes.

Hacia las cinco de la tarde llegamos al límite de los campos cultivados y, tras encontrarnos con algunas caravanas de mercaderes que se dirigían a Huangyuan con lana y cebada, acampamos con ellos para pasar la noche. Continuamos nuestro viaje a la mañana siguiente hacia el desierto occidental, dejando atrás todo rastro de civilización.

No habíamos avanzado mucho cuando uno de los yaks cayó enfermo y, como los tibetanos no pensaron en dejar al animal solo en su triste estado, toda la caravana se vio obligada a armar tiendas y esperar hasta que se recuperara o muriera. Mientras encendíamos una hoguera y hervíamos un poco de té, el médico lama, viendo la oportunidad de demostrar su habilidad, se comprometió a devolverle al animal su acostumbrado vigor.

Entretanto, murmuraba encantamientos en voz baja, desenvainaba su espada y seguía acariciando el lomo y los costados del animal con ella mientras marchaba a su alrededor y de vez en cuando ofrecía oraciones. En ocasiones, le arrojaba un puñado de polvo de carretera sobre la cabeza y la espalda. Súbitamente, los encantamientos cesaron y se ordenó al *panaka* que asegurara una hierba seca, la torciera formando dos pirámides y les prendiera fuego, poniendo una en cada una de las fosas nasales del yak. Hecho esto, se reanudaron los encantamientos hasta que finalmente el yak dio una vigorosa patada y el hombre santo vino a unirse a nosotros en nuestra hoguera tras llegar a la conclusión de que su trabajo estaba hecho o que no valía la pena continuar más. Mientras pensábamos en la llegada de la noche, deseábamos fervientemente que el estado del animal cambiase en un sentido u otro.

Después de buscar un lugar adecuado para montar nuestra tienda, y tratar de reconciliarse con la idea de pasar la noche en ese distrito infestado de ladrones, el señor Rijnhart echó otra mirada al animal y descubrió que había dejado de respirar, por lo que ahora podíamos proseguir con nuestro viaje.

El lama nos había dado razones para creer que este distrito lleno de barrancos y grietas, escondites favoritos de los ladrones, era particularmente peligroso, así que nos alegramos de dejarlo atrás. A las tres de la tarde cruzamos el Ra La, un paso de montaña muy alto, desde el cual divisamos el Koko Nor, realmente azul y resplandeciente bajo el sol brillante.

Las montañas Ra La son ricas en hierro y todo indica la presencia de más metales preciosos. Esa noche acampamos con otra caravana de tibetanos, haciendo guardia durante la noche tanto por miedo a ellos como a los ataques de los bandoleros.

Estos *panakas* que habitan al sur del lago tienen más o menos la apariencia de ladrones y bandidos, y, una vez considerado esto, es divertido presenciar una de sus costumbres. Tan pronto como se detiene una caravana, dos o tres de los hombres hierven el té mientras el resto descarga los yaks. Cuando el té está hirviendo, todos son llamados alrededor del fuego. A continuación, uno de ellos echa un pequeño trozo de mantequilla en el té, toma el cucharón, lo moja y lo lanza con un poco de té hacia el cielo. Luego todos se quitan el sombrero y se unen al hombre que roció el té en una especie de oración, mientras que este último vuelve a mojar el té dos veces y lo vuelve a lanzar.

El té se ofrece a un dios, y la oración lo invita a venir a beberlo, pidiéndole que los proteja de la enfermedad, que les dé paz en el camino y que les permita encontrarse solo con personas buenas y honestas. Una vez que se termina el té, se vuelve a recitar la misma oración mientras un hombre pone el té restante y todas las hojas al lado de la fogata.

Temprano a la mañana siguiente, cruzamos las colinas de arena que bordean el lago, después de lo cual seguimos por la orilla, a más de una milla de distancia del agua. Aquí había hermosos pastos que ascendían gradualmente desde el agua y se elevaban entre tres y cinco millas hacia altas montañas cubiertas con la hierba más fina. No vimos tiendas de campaña hasta el mediodía y luego solo nos apartamos de nuestro camino.

Paramos en Tso Nitag (cuello del lago), donde nos visitaron unos tibetanos con los que hablamos mientras preparaban el té. A lo lejos vimos una gran caravana, reconocida como perteneciente a los khampas, una tribu salvaje de tibetanos que vivía en el interior del país, los mismos bárbaros que atacaron a los viajeros franceses Dutreuil de Rhins y Grenard y mataron al primero unos cuatro años antes.

Pero se mantuvieron lejos de nosotros, y continuaron su marcha. En las laderas de las montañas vimos manadas de antílopes, aquí y allá un lobo extraviado y varias águilas de cabeza blanca; también una especie de halcón grande. La orilla del lago estaba literalmente cubierta de patos, gansos, tadornas y avutardas. Nuestro sirviente le disparó a un ganso, pero no se podía comer, pues sabía a agua de mar.

El suelo estaba lleno de agujeros en algunas partes, donde vivían lagartijas, una especie de pajarito blanco y conejos de roca, todos en gran número. Durante la noche caían en el valle copiosas lluvias que el aire frío de las grandes alturas convertía en nieve, de modo que al amanecer vimos las montañas cubiertas con su reluciente manto blanco.

El 16 de agosto llegamos al campamento del *panaka*, a doscientos metros de la orilla del agua. Incluía seis tiendas situadas juntas, mientras que muchas otras eran visibles más abajo en la orilla.

Al acercarnos a las tiendas, nos rodeó una jauría de unos veinte de los perros más feroces que se puedan imaginar y con espantosos aullidos trataron de tirarnos de nuestros ponis, pero solo les impidió lograr su objetivo la llegada de algunas personas de la tienda que los sometieron a palos.

Después de desmontar, nos condujeron a una tienda de campaña y nos pidieron que nos sentáramos sobre unas alfombras junto a un tosco horno hecho de barro y piedras. Se puso un puñado de *churma* y harina de cebada en un cuenco, se vertió té y se añadió un gran trozo de mantequilla, todo se revolvió y se nos entregó con una cortés petición de que nos refrescáramos con la bebida mientras nuestra propia tienda era erigida.

Las tiendas están hechas de tela de lana fabricada por los propios habitantes de la región. En el interior hay cuatro, o a veces cinco, postes sobre los que corren las cuerdas que sostienen la tienda, mientras que afuera también hay postes para sujetar las mismas cuerdas. Las tiendas de campaña, que, vistas desde el exterior, se asemejan a enormes arañas, son invariablemente negras, por lo que a menudo se llama a sus habitantes «tibetanos negros».

En la parte central de la tienda se deja abierta una franja estrecha como salida para el humo que sube del horno temporal que se coloca debajo de ella y divide la tienda en dos partes. A la derecha de este horno está el lugar de distinción, donde se reciben invitados y por la noche duermen los hombres. El lado izquierdo lo ocupan las mujeres, los niños y, en este caso, algunos cabritos y cervatillos. La primera noche, mientras dormíamos en nuestra tienda, entró un perro enorme y se llevó nuestro candelero y la vela —una hecha en casa con grasa de cordero—, el sombrero del señor Rijnhart y toda la carne que pudo conseguir. El candelabro no lo encontramos hasta días después y la carne no la encontramos en absoluto, aunque el sombrero no estaba muy lejos, pero el incidente indujo a Rahim a colgar casi todo en el travesaño de la tienda durante el resto de nuestra estancia.

Los tibetanos del sur de Koko Nor son en general joviales, y las carcajadas y las canciones alegres son frecuentes en sus campamentos.

Sin embargo, entre ellos no se encuentran instrumentos musicales, excepto el tambor y los címbalos. Sus necesidades son pocas, y aparentemente están contentos, cada uno con su uno o dos vestidos, un mosquete, espada, pedernal y yesca, una palangana de madera, cuchillo y palillos —estos últimos, menos necesarios, pues los dedos les bastan—. Cada familia tiene una tienda, algunos caballos, vacas y ovejas cuyo número varía en función de los constantes robos practicados por ellos mismos o cuando son víctimas de otra tribu merodeadora.

Nuestro anfitrión, el *panaka*, poseía unos veinte caballos, doce vacas y ochocientas ovejas, y se le consideraba acomodado. En su forma primitiva de vivir, son bastante inteligentes y fabrican ellos mismos las cosas que necesitan, con pocas excepciones.

Los encontramos mucho más tacaños y sucios que los tibetanos con los que habíamos tratado hasta ahora. Las mujeres estaban tan sucias que el contacto cercano con ellas dentro de las tiendas me producía náuseas, como de costumbre, así que pasé el mayor tiempo posible afuera, donde se congregaban a mi alrededor y mostraban un profundo interés por el bebé blanco.

Ni la brisa fresca del lago, ni el límpido cielo azul de lo alto, ni siquiera la claridad cristalina del riachuelo cercano podían ahuyentar el olor de sus vestidos, ni hacernos inconscientes de la abandonada inmundicia de sus personas. Multitud de alimañas y la grasa acumulada durante años los han convertido a prueba contra cualquier nueva adhesión de suciedad.

Mientras los hombres van a los cerros, siempre fuertemente armados, para cuidar los rebaños y manadas, las mujeres se quedan en casa haciendo la manteca y el queso y recolectando *argol* para secarlo al sol y usarlo como combustible. Sin el menor escrúpulo, pasarían de la manipulación del *argol* a la mezcla de la manteca, al ordeño de las vacas o a la preparación del té, ¡sin lavarse las manos, sino simplemente limpiándolas en la hierba!

Una característica extraña de esta parte del país era la llamativa ausencia de banderas de oración, ruedas de oración o piedras de oración tan abundantes en todos los demás lugares habitados por tibetanos. Solo vimos una rueda de plegaria, y pertenecía a un sacerdote que había venido por contribuciones. Los sacerdotes mendicantes abundan incluso entre estos nómadas y sus solicitudes casi siempre son respondidas generosamente con obsequios de mantequilla, ovejas e incluso vacas, caballos o cualquier otra cosa que la causa pueda requerir. La liberalidad de esta gente para propósitos religiosos es proverbial, mientras que son muy tacaños en todo lo demás.

El ganado que se encuentra entre los tibetanos de Koko Nor es en su mayor parte de pelo largo y negro, de la misma raza que el yak *(Bos grunniens)*, que prospera mejor en altitudes elevadas.

Su origen está en las manadas salvajes y no son tan mansos como las vacas de nuestra patria. Gruñen en lugar de berrear y, por lo tanto, recuerdan a los cerdos en lugar de a las vacas. Pastan en las colinas y en los valles donde hay hierba. Los terneros siempre son conducidos en una dirección diferente a la de las madres; tanto las ovejas como el resto del ganado son guiados con la ayuda de una honda, hecha con un trozo de cuerda plana de unos cincuenta centímetros de largo a cada lado de la bolsa, todo tejido de lana.

Los nativos son expertos en el uso de estas hondas y los animales conocen su sonido, porque a menudo hemos visto a las muchachas hacer el movimiento de tirarles una piedra y, aunque no tenían nada que tirar, el chasquido de la honda era suficiente para hacer correr a los animales.

El ganado es conducido de vuelta por la noche y atado, algunos a ambos lados de largas cuerdas sujetas al suelo con estacas, y, cuando llega el momento del ordeño, los terneros deben ser amamantados por las vacas o no habrá leche para ellos.

Cuando leímos en el libro de M. Huc su relato del «ternero disecado» creímos que era solo una creación de la imaginación del autor. También habíamos afirmado nuestra intención de educar a las vacas tibetanas, que son tan primitivas como la gente, pero no sirvió de nada y sufrimos la mortificación de reconocer haber sido golpeados por nuestras propias vacas.

El ternerito de una de estas últimas enfermó y murió, aunque, para salvarlo, una indígena le quemó pirámides de flor de las nieves en el lomo y lo llevó tres veces al fuego para evitar que el demonio se quedara con él. La madre estaba desconsolada y se negaba a dar leche, así que recurrimos al engaño y rellenamos la piel del ternero con paja. Cuando llegó el momento de ordeñar, la mujer sacó al ternero de paja del cuarto y la vaca lamió con complacencia a su bebé de peluche mientras nos permitía ordeñarla.

La leche no se cuela, sino que se hierve. Parte de ella se usa para té y para hacer mantequilla; la otra parte se mezcla con un poco de cuajada que se guarda para este propósito el día anterior. Luego se vierte en vasijas y se deja reposar; por la mañana se transforma en cuajada, aunque no es tan dulce, y se convierte en el *sho* tan apreciado por los tibetanos.

La nata que se extrae de la leche escaldada se coloca en una mantequera de madera, no escrupulosamente limpia, y se bate con una manivela como se hace con las mantequeras antiguas. La mantequilla se exprime con las manos para eliminar así la leche, y se prensa en pequeños trozos planos y redondos, o en una piel, a veces con parte de la piel, o en el estómago de una oveja. La mantequilla acaba muy a menudo llena de pelos de animales y otros tipos de suciedad, o tintada de verde, pero es muy apreciada como artículo dietético. Entre algunas tribus he oído que, cuanto más vieja es la mantequilla, más gusta, pero, dondequiera que hemos estado, cuanto más fresca es, más alto es su precio.

El suero de mantequilla se cuaja y la cuajada resultante se seca, a veces al sol, convirtiéndose en *churma*, que se come con harina de cebada y té o con harina de cebada y mantequilla cuando no hay oportunidad de hervir el té, todo mezclado con los dedos y comido en pedazos.

La carne utilizada por los tibetanos es, por regla general, de cordero y, aunque los lamas consumen grandes cantidades de carne, evitan matarla si es posible. Los nativos son extremadamente hábiles para atrapar las ovejas que quieren de un rebaño de varios cientos por medio de un lazo, y los tibetanos que mejor conocíamos, a menos que deseáramos expresamente lo contrario, sacrificaban a los animales atando una cuerda apretada alrededor de la nariz, cortando así el suministro de aire. Inmediatamente después se cortaba la garganta, y todo se llevaba a cabo en medio del murmullo de la oración *Om mani padme hum*.

La piel se quita con cuidado y se cura de manera primitiva, convirtiéndose en el material con el que se hacen los vestidos, aunque a veces se envía a China. Casi todas las partes del animal se comen, las entrañas se dan la vuelta, se lavan de manera imperfecta y se rellenan con hígado, estómago, corazón y riñones picados, se sazonan con sal y se mezclan con *tsampa*, algo similar al *haggis* escocés cuando se prepara adecuadamente.

He visto cómo los tibetanos, al viajar, cortaban los corazones y los riñones, mezclaban un poco de sangre con ellos, lo ponían todo en una olla, lo hervían y se lo comían con gran deleite. A menudo ponen pedazos de carne directamente en el fuego, sin importar el tipo de combustible que usen, y los asan. Por regla general, la carne se hierve y se come en grandes cantidades, y consideran la más grasienta como la más selecta; por lo tanto, la cola se da a los invitados como señal de respeto u honor. Los huesos también son aprovechados. Estos se limpian y luego se rompen con una piedra o con un golpe seco de un cuchillo para extraer el tuétano, que también se come. La escápula, o hueso del hombro, se pone al fuego muy a menudo y se emplea en la adivinación, fijándose en las grietas hechas por el calor. A veces escriben algunas oraciones sobre los huesos que luego cuelgan utilizando cuerdas de las ruedas de oración de agua a lo largo de una carretera o cerca de una tienda de campaña.

El té es el artículo más importante en el arte culinario tibetano, y alguien que pueda prepararlo al gusto de los más exigentes es considerado inteligente. El té que se usa es el ladrillo de té, hecho de hojas gruesas y pequeñas ramitas de la planta del té en China, prensado en ladrillos atados con cestería y enviado a la frontera tibetana a lomos de culis y luego al interior del Tíbet a lomos de bueyes.

Hay tres grados principales, y el mejor grado va en grandes cantidades a Lhasa. La olla de latón en la que se prepara el té se limpia a fondo con *argol* seco si no hay nada más a mano. Una vez vertida la cantidad correcta de agua, se coloca sobre un buen fuego; luego se ponen las hojas en grandes cantidades en el agua, se añade un poco de sal y a veces bicarbonato, si hay, y se hierve todo bien.

Luego, el té se cuela en una mantequera que contiene mantequilla y *tsampa* y el conjunto se bate en una mezcla que se parece al chocolate, pero con un sabor muy diferente. Las hojas suelen usarse por segunda vez o se dan como alimento a los caballos.

Si se utiliza el ladrillo de té del tipo más duro, se pone un trozo en un mortero de madera y, con una maza de piedra, se pulveriza y luego se agrega al agua.

El té vertido en un recipiente sobre un trozo de mantequilla se bebe en grandes cantidades, componiendo el único desayuno que se toma antes de las diez en punto. Cada uno lleva consigo en la blusa de su túnica su propio cuenco de madera, aunque entre los de mejor clase los hay forrados de plata o de metal blanco. La mantequilla se hunde en la madera y, como a menudo está rancia, la palangana pronto adquiere un olor peculiar, nada atractivo, especialmente porque el único paño de cocina que poseen los nativos es su lengua, pues el cuenco se lame completamente después de usarlo.

Cuando se participa de la hospitalidad tibetana, beber té es a veces más aburrido que placentero. Te puedes sentir presionado a beber más, ya que te llenan el cuenco cada vez que lo sueltas. Es algo difícil de resistir y, sin embargo, si la mantequilla no está fresca, el té actúa casi como un emético.

No hay hospitalidad más genuina que la que se encuentra entre estas personas nómadas, y no aceptarla con la gracia con la que se ofrece levanta de inmediato una barrera entre uno y ellos. Con frecuencia hemos visto a los viajeros insistir en que perfectos extraños coman su mantequilla y *tsampa*, y casi invariablemente estos últimos lo hacían y, al terminar, dejaban tantas vituallas propias en el lugar como las que habían comido. ¡Qué deliciosas y placenteras son las relaciones de estos habitantes de tiendas de campaña que viven una vida tan sencilla y natural!

En algunas familias, el *tsampa* se muele fresco todas las mañanas. Media taza de té con abundante manteca se amontona con *tsampa* de una bolsa de cuero y, sin derramar una partícula de harina, los nativos hábilmente amasan todo en una masa y se la comen con la mano en pedazos, como nosotros comemos el pan.

Es notable que los nativos aprecien tanto el *tsampa* como artículo de dieta y, sin embargo, excepto en ciertos sitios, ninguna parte de la tierra es cultivada; la gente prefiere llevar una vida nómada y hacer a veces un mes de viaje por su *tsampa* que hacer trabajos agrícolas, incluso a pequeña escala.

La cebada se usa para hacer *chang*, una bebida alcohólica de la que los nativos beben grandes cantidades. Se hace dejando en remojo la cebada a fuego moderado durante unos días y luego triturándola y escurriéndola.

El vino chino se emplea libremente a lo largo de la frontera e incluso a largas distancias dentro del territorio tibetano. Tanto hombres como mujeres beben libremente, volviéndose joviales y, a menudo, si están lejos de casa, avaros y pendencieros, y compadecen a los pobres viajeros que caen desprotegidos en manos de los tibetanos borrachos.

Entre los tibetanos de Koko Nor, las mujeres tienen toda la autoridad en los asuntos domésticos. Queríamos cambiar un cuchillo por otro par de fuelles, y el hombre con quien negociamos dijo: «Primero debo ir a la tienda y preguntarle a mi esposa si puedo hacerlo».

Tan pronto como se levantó nuestra propia tienda, nos dirigimos a ella e inmediatamente recibimos la visita de nuestro *panaka* con un regalo de carne seca que gentilmente agradecimos. También nos visitaron muchos sacerdotes y otras personas con quienes conversamos sobre el cristianismo, y les entregamos a cada uno una copia de los Evangelios en su propio idioma. Nuestra tienda estaba montada en un lugar encantador, desde donde teníamos una espléndida vista del lago y sus alrededores.

Al sur y al oeste se extendían cadenas de montañas cubiertas de hierba fina cuyas cumbres se tornaban carmesí por el sol poniente. Al otro lado, como una joya gigantesca en el desierto, se extendía el lago, mientras que, más allá de sus orillas norte y este, apenas visibles en la distancia, otras cadenas montañosas mezclaban sus contornos azulados con el cielo. El lago no es grande, pues, según

Rockhill, tiene unos trescientos setenta kilómetros de circunferencia[10].

El mismo autor calcula la altitud en tres mil trescientos metros, mientras que el doctor Sven Hedin la sitúa en tres mil metros. El lago es, según nos informaron los nativos, alimentado por setenta y dos arroyos; de ellos, ya habíamos atravesado treinta y uno, ninguno de ellos era lo suficientemente grande como para merecer el apelativo de río. Estos abastecen de agua dulce a hombres y bestias, misión que el Koko Nor con toda su belleza no puede cumplir, ya que sus aguas son saladas.

En el lado donde estábamos acampados no había playa, la hierba continuaba hasta la orilla del agua.

En el lago hay tres islas distintas separadas por una distancia considerable: la occidental, una franja baja de tierra, está deshabitada y se denomina isla de los Pájaros; la del medio, llamada Sankuaishi, que se encuentra cerca de la orilla sur, es una masa de roca blanca —probablemente granito, que abunda en todas las cadenas montañosas del distrito— que se eleva perpendicularmente sobre el agua; la tercera, mencionada primero por Huc y más tarde por Rockhill y Przewalski, se llama isla de Arena. Proyectándose muy por encima de la superficie del agua, es a la vez una isla y una colina truncada.

Los nativos le atribuyen un origen legendario que es el siguiente: las aguas que han formado el lago Azul desembocaron en la cuenca que ahora llenan a través de un largo pasaje subterráneo que parte de Lhasa, la ciudad santa.

Un dios que sentía compasión por el país para que no se inundara por completo colocó la roca de la montaña de la isla de Arena en la boca del pasaje e hizo que cesara el flujo. Huc ha dado una versión más elaborada de esta leyenda en el segundo volumen de su obra. Es solo una de las muchas que han crecido alrededor del lago y sus islas.

---

[10] La medida de Przewalski es de 266 kilómetros.

Mientras el doctor Hedin cruzaba el territorio de Koko Nor, escuchó lo siguiente:

En los días grises y lejanos de antaño, un gran lama cavó un gran hoyo en el suelo. Luego tomó una raíz blanca y una raíz negra de alguna planta y,␣sosteniéndolas sobre el abismo, cortó la raíz negra en dos mitades, de la cual el agua brotó a raudales hasta llenar el lago. Si hubiera cortado la raíz blanca, el agujero se habría llenado de leche. Menos mal que cortó la raíz de la que brotaba el agua, porque de otro modo la gente que vivía en aquellos lugares no habría podido criar ovejas y no habría tenido nada que hacer. Después de eso, el lama subió a una alta montaña cercana, arrancó un enorme trozo de roca y lo arrojó en medio del lago, y así fue como se hizo la isla[11].

En la isla de Arena hay una pequeña lamasería que acoge a doce lamas ermitaños y dos encarnaciones de «budas vivientes», uno de los cuales pertenece a Gompa Soma. Estos reclusos pasan la mayor parte de su tiempo en la isla recitando oraciones y meditando; entran en contacto con el «mundo» solo en invierno, cuando cruzan el hielo hacia el continente para recolectar contribuciones de mantequilla, té, harina de cebada y otras provisiones necesarias para su subsistencia.

Se supone que no deben comer carne, pero tienen cabras en la isla para abastecerlos de leche. No se ve señal de barco a lo largo de la orilla, por lo que no se puede tener comunicación con el continente en los meses de verano.

Al día siguiente de nuestra llegada, expresamos nuestra disposición a operar el ojo de nuestro paciente, pero, como había llegado el momento de mudarnos a sus cuarteles de invierno, a pedido de los súbditos del *panaka* decidimos esperar dos días hasta que mudasen su campamento en las montañas contiguas. Este era el lugar que marcaba la primera de tres etapas hacia los campamentos de invierno.

---

[11] *Through Asia*, Sven Hedin, vol. II, pág. 1143.

Distribuimos Evangelios y hablamos con algunos sacerdotes; nos bañamos en el lago y observamos grandes cantidades de peces. Dos días después, nos pusimos en marcha, haciendo la ascensión de una alta montaña desde la cual, a lo lejos, el lago parecía de cristal.

La operación se realizó debidamente y, por lo que pudimos comprobar, fue todo un éxito. Al día siguiente dimos copias de los Evangelios a muchos tanguts, entre otros, a trece sacerdotes que regresaban a Huangyuan después de recolectar contribuciones y pasaban por nuestro campamento.

Dos días después, nos llegó el informe de que habían sido atacados y despojados de todo; es probable que nuestros libros también se los hubieran llevado. El informe del robo de los trece sacerdotes, así como la pérdida de sus caballos, infundió miedo en el corazón de dos lamas que querían regresar, así como en el corazón de nuestro sacerdote y contable, por lo que decidieron aguardar nuestro regreso y viajar seguros bajo la protección de nuestras armas de fuego.

En el segundo día de la octava luna nos preparamos para el viaje. De pie en la cima de la montaña, mientras el sol naciente se asomaba sobre las cordilleras del este y reflejaba su rostro resplandeciente en la superficie cristalina del lago, inhalamos una vez más las brisas estimulantes que lo surcaban y sentimos en nuestros corazones, al contemplar sus plácidas aguas, lo delicioso que sería permanecer por siempre en sus orillas.

Pero los peligros apremiaban y el deber nos llamó de regreso a Huangyuan. Debíamos alejarnos de esas hermosas costas y del oasis acuático, tan brillante y puro como los lagos que bañan las costas de Ontario, mi provincia natal.

Tú, azul mar interior, que elevas en silencio tus aguas inmaculadas a los cielos puros y reflejas en tus profundidades límpidas la pompa de las nubes ondulantes; tú, fuente de leyendas que brotan de tus misteriosas profundidades y atraes a tus orillas a los hijos del desierto de cara oscura para adorar al Gran Espíritu cuya voz se escucha en tu silencio; zafiro del desierto, protegido con seguridad en el abrazo de las colinas circundantes y que refleja los resplandores de las puestas de sol de las edades, Egeo en tu grandeza con tu rocosa Patmos, te despedimos, ¡pero de nuestras almas nunca se borrará el apocalipsis de tu belleza!

Tras repartir algunos Evangelios, decidimos distribuirlos entre los campamentos que pudiéramos encontrar a lo largo del camino, y no pasó mucho tiempo antes de que tuviéramos la oportunidad. Los sacerdotes y la gente recibían los libros con alegría. El señor Rijnhart calculó que, en el viaje, al menos dos mil tibetanos fueron alcanzados con algún conocimiento del Evangelio.

Hasta donde nos fue posible, tratamos de poner un libro en cada tienda y, dado que en cada una hay un lama que puede leer, es seguro concluir que diez personas escucharían algo de lectura de cada libro.

En general, nos animó mucho este trabajo itinerante, y concluimos que era una manera muy eficaz de preparar a estos toscos pero interesantes nómadas recibir la enseñanza cristiana.

XI. HACIA LA CAPITAL TIBETANA

Lhasa, el hogar del dalái lama – La necesidad de un trabajo pionero en el interior del Tíbet – Nuestros preparativos para el viaje

En el lejano interior del Tíbet, a unas cien millas al norte de la cordillera del Himalaya, protegida por montañas sagradas a su alrededor, se encuentra Lhasa, la capital; la única ciudad del mundo que es absolutamente inaccesible para los occidentales.

Poner un pie dentro de sus murallas ha sido la ambición de muchos viajeros del presente siglo; una expedición tras otra, incluso después de cruzar los formidables pasos que conducen a través de las barreras naturales que cierran el país por el sur y el oeste, se ha visto obligada a retirarse sin avistar la codiciada meta.

Por la escasa información sobre la ciudad estamos en deuda con Huc y Gabet, probablemente los últimos europeos en visitarla —eso fue en el año 1846—, y con el *pundit* indio Kishen Singh, que residió allí durante algún tiempo.

Los intentos de Przewalski, Bonvalot, Rockhill, Landor y otros de penetrar en la capital prohibida han sido en vano, tras ser cada uno de ellos obligado a dar marcha atrás por los funcionarios o al no poder proceder a causa de las dificultades que se han visto obligados a soportar.

Hoy, los ojos del viajero y del científico, así como los del misionero, están atentos al desarrollo de los acontecimientos que conducirán a la caída de las barreras que durante demasiado tiempo han mantenido a un pueblo en la oscuridad y que desafían la marcha de la civilización cristiana.

Durante nuestra estancia de tres años en Kumbum y Huangyuan, Lhasa se había convertido en un tema de conversación casi diario. Los cuatro *kushoks*, y especialmente Sharje Jaba, nos habían contado mucho sobre la ciudad y sus alrededores: sus grandes templos, sus venerados sacerdotes y el glorificado dalái lama.

Mina Fuye había hablado de la sagrada escuela budista y de los muchos lamas que acuden a ella desde todas partes del Tíbet para estudiar la profunda doctrina de Sakya Muni, así como de las multitudes de peregrinos que se sienten ampliamente recompensados, tras soportar meses de peligrosos viajes, al orar en el templo del dalái lama con sus cinco cúpulas doradas y recibir su bendición al tocar su cetro mágico.

Ciudad de misterio y sabiduría, ¿cómo no va a ser la suprema ambición de todo lama ir allí a estudiar o a rezar? Muchos de los peregrinos más humildes caminan toda la distancia y, a menudo, mendigan por el camino para confundir así a los ladrones.

Mina Fuye nos decía con frecuencia que le costaría una fortuna ir, ya que, al ser él mismo de tan alto rango, se esperaría que diera ofrendas muy generosas al dalái lama y a los templos en Lhasa, de lo contrario, no recibiría la consideración merecida.

La necesidad de mantener las apariencias, las demandas que el rango implica para los seres humanos, son las mismas en todas partes, ya sea en las tierras salvajes del Tíbet o en las ciudades cultas de Occidente. Mina Fuye se excusó muy convenientemente de emprender un viaje a Lhasa, porque declaró que, tras haber rendido homenaje al potentado en su vida anterior, ¡no tenía la intención de visitar Lhasa nuevamente hasta su próxima vida!

No hace mucho me llegó la noticia de que el antiguo abad había emprendido un viaje a Pekín y Mongolia oriental, viaje que le reportaría cuantiosos ingresos, ya que en esas regiones los lamas tibetanos son muy venerados y recibiría las más generosas ofrendas a cambio de sus servicios. A menudo he pensado que estaba más preocupado por acumular riqueza para sí mismo y aumentar su propia influencia que por contribuir a la hacienda del dalái lama.

Al igual que todos los demás misioneros y viajeros interesados en el Tíbet, habíamos pensado, leído y soñado mucho sobre Lhasa incluso antes de llegar a la frontera. De hecho, nuestra esperanza y fe nos llevaron a esperar el momento en que se pudiera predicar el Evangelio allí, así como en todos los campamentos nómadas de la meseta tibetana.

Sabíamos además que, si alguna vez se proclamaba el Evangelio en Lhasa, alguien tendría que ser el primero en emprender el viaje, en enfrentarse a las dificultades, en predicar el primer sermón y tal vez nunca regresar para contar la historia, ¿quién sabe? La obra pionera en los campos misioneros, desde los días de los apóstoles hasta el presente, ha implicado sus martirios y ha dado sus gloriosos resultados. Si la apertura de África significó el sacrificio de un Livingstone, si la cristianización de las Islas de los Mares del Sur significó la muerte cruel de John Williams, si los triunfos de la Cruz en Uganda se forjaron sobre el cuerpo del asesinado Hannington y si Birmania debía ser pisada por los pies sangrantes de Judson y su esposa antes de que se pudiera recoger la gran cosecha de quinientas iglesias, ¿sería posible que todo el Tíbet fuera cristianizado, que el testimonio de Cristo se diera en la fortaleza misma del budismo sin algún sufrimiento, alguna persecución, es más, sin lágrimas ni sangre?

Como ya he dicho, desde el principio sentimos que éramos especialmente llamados a hacer la obra de pioneros y, ahora que se nos había permitido viajar entre los tanguts de Koko Nor, predicando, enseñando, curando y distribuyendo las escrituras durante muchos días en la pradera, estábamos dispuestos a ser empujados a otros campos desconocidos y más distantes.

Ni un solo misionero estaba trabajando en el distrito de Lhasa y, sin embargo, estaba el mandato del Maestro: «Predica el Evangelio a toda criatura». Tras rezar para que Dios abriera nuestro camino hacia el interior, habíamos esperado en silencio los acontecimientos. Pedimos ser guiados por la Providencia a cada paso y que se nos proporcionaran los medios para el viaje.

Nuestras oraciones fueron contestadas y, aunque no sabíamos cuáles serían los resultados, nos regocijamos sobremanera de que fuéramos considerados dignos de atravesar por primera vez en el nombre de Cristo distritos donde su nombre nunca había sido escuchado. Si alguna vez llegáramos a Lhasa o no, no lo sabíamos: nuestro deseo era acercarnos lo más posible, instalarnos a trabajar durante un año en el lejano interior, ganarnos la confianza de la gente como lo habíamos hecho en la frontera y luego, finalmente, en el momento que Dios indicase, entrar en la capital.

Durante el camino tomaríamos nota de todos los puntos donde se pudieran establecer misiones, conversaríamos con las diferentes tribus y averiguaríamos su actitud al respecto. Además de esto, habíamos pedido una gran cantidad de Evangelios que distribuiríamos mientras viajábamos, y así nuestra obra pionera sería santificada por la Palabra de Dios.

Quiero dejar claro que la finalidad de nuestro viaje era puramente misionera. No fue una mera aventura o expedición impulsada por la curiosidad o el deseo de descubrir, sino un deseo de acercarnos a nuestros semejantes con el edificante mensaje de la Verdad y compartir con ellos las bendiciones que Dios había ordenado para toda la humanidad. Sabíamos que, incluso si nuestra misión aparentemente fracasara, al menos el camino habría sido trazado y que, a su debido tiempo, se enviarían otros trabajadores de Dios para continuar la tarea.

Desde un punto de vista humano, no había absolutamente nada atractivo en tal empresa. En la frontera, las mentes de chinos y tibetanos están llenas de temor por igual sobre las grandes dificultades del viaje a Lhasa, el cual discurre a través de distritos plagados de ladrones, sobre pasos de montaña muy altos y a través de grandes ríos, y hasta cierto punto habíamos compartido sus aprensiones. No obstante, después de las experiencias apasionantes de la rebelión mahometana, de entrar en contacto tan cercano con la gente a través de nuestra residencia en la casa del abad y también de nuestros viajes itinerantes entre los nómadas de Koko Nor, todo vestigio de miedo fue desapareciendo gradualmente.

Las frecuentes e íntimas conversaciones con mercaderes, lamas y otros, incluidas muchas mujeres, que habían ido y venido de Lhasa varias veces, disiparon el terror de los pasos, ríos, páramos áridos y vientos mortíferos de los que tanto habíamos oído hablar. Además, el interior del Tíbet no parecía tan lejano, tan imposible de alcanzar, como al principio nos habían hecho creer.

Sharje Jaba y muchos otros de la ciudad sagrada nos habían dicho que podíamos adentrarnos en el país tanto como quisiéramos, incluso a un día de viaje de la capital, y quedarnos todo el tiempo que gustásemos, siempre y cuando no tratáramos de dirigirnos a su ciudad venerada, ya que el contacto con los europeos contaminaría a su sumo sacerdote.

Sabíamos que un pasaporte de un general tártaro nos daría la buena voluntad de la gente más allá de los distritos donde nosotros mismos éramos tan conocidos. El señor Rijnhart solicitó uno, aunque otros viajeros que vienen de China evitan escrupulosamente hacerlo, pues el oficial entonces sabría que estos tendrían la intención de entrar en el Tíbet y no les permitiría continuar.

Sin embargo, nuestra ayuda a los soldados y otros heridos durante la rebelión fue tan apreciada que sentimos que, si alguien podía obtener un pasaporte de este hombre, nosotros estábamos en una buena posición para hacerlo.

De hecho, fue muy amable, pero dijo que, aunque le gustaría mucho ayudarnos, no tenía el poder de darnos un pasaporte, porque nuestros pasaportes chinos eran solo para las provincias de Sichuan y Gansú. Además, nos informó que el próximo pasaporte que solicitáramos en Shanghái o Pekín debería hacerse para Gansú, Qinghai o Koko Nor, y junto a este él podría darnos uno en tibetano que nos permitiría viajar con seguridad.

El señor Rijnhart luego le rogó que nos diera una carta diciendo a quienes la leyeran que estábamos en una misión pacífica y que la gente no tenía nada que temer de nosotros, a lo cual respondió que lo haría con mucho gusto, pero que no podía colocar su sello oficial, por lo que rechazamos la carta. Sabíamos que, si mostrásemos una carta a los tibetanos que pretendía ser de un *amban*, estos buscarían su sello oficial. Sin el sello, los tibetanos pensarían que un lama había escrito la carta y de inmediato concluirían que éramos deshonestos, por lo que haría más daño que bien.

No obstante, dijo que, aunque no podía darnos un pasaporte o una escolta, no impediría que nos fuéramos, y añadió que podíamos ir a cualquier lugar y quedarnos allí todo el tiempo que quisiéramos.

Cuando se supo entre los nativos que planeábamos hacer un viaje al interior, nuestros amigos, aunque trataron de disuadirnos, hicieron todo lo posible por ayudarnos a hacer nuestros preparativos. Sin esta ayuda, no habríamos sabido exactamente cómo organizarnos, porque, en un país como el Tíbet, los nativos saben cómo manejar animales de transporte, albardas, trabas, alimentos, etcétera, mejor que los extranjeros.

Durante esos momentos, Rahim fue de un valor inestimable para nosotros y animaba nuestros preparativos como ningún otro sirviente podría haberlo hecho, porque nuestro viaje lo llevaría en dirección a su hogar en Ladakh y estaba ansioso por ver a su madre y amigos, que con toda probabilidad lo daban por muerto.

Primero decidimos cuántos hombres llevaríamos con nosotros y luego calculamos cuánta comida necesitaríamos y cuántos animales tendríamos que comprar.

Ya sabíamos el peligro de tener muy poca comida, y Rahim tampoco nos permitió olvidarlo, habiendo escapado por poco de morir de hambre en el lejano interior despoblado.

No queríamos estar a merced de los caciques, pues podían optar por dictar que, si no accedíamos a sus deseos, no permitirían que la gente nos vendiera ningún alimento, una calamidad que ya había caído sobre otros viajeros de las tierras de estos excluyentes nómadas. Para evitar ser boicoteados de la manera mencionada, decidimos llevar comida suficiente para dos años, con la esperanza de estar más allá de la frontera durante ese tiempo.

Había dos razones por las que no organizamos una caravana grande. La primera era nuestra creencia de que una caravana pequeña despertaría menos sospechas y codicia; y la segunda era el hecho de que una caravana pequeña sería más fácil de gestionar, requiriendo menos sirvientes para cuidarla.

También tendríamos menos problemas para cuidar a estos y, además, no necesitaríamos cantidades tan grandes de suministros. Decidimos llevar solo dos hombres, además de Rahim, y, por lo tanto, necesitaríamos cinco animales de montar y doce animales de carga. Además de esto, enviamos algunos camellos por delante a Tsaidam, un asentamiento mongol a un mes de viaje de Huangyuan.

Cada año, una gran caravana de *kopas*, que han estado comerciando en la frontera y en Pekín, parte de Huangyuan hacia su hogar y, como los caminos sobre las montañas son intransitables en invierno, se fija el comienzo de la cuarta luna como fecha de partida.

La primavera de 1898 cayó a mediados de mayo, por lo que todos nuestros planes estaban hechos para partir al mismo tiempo que esta caravana, a muchos de los cuales conocíamos muy bien. Huangyuan se convertía en un lugar concurrido en medio de todos los preparativos para la partida de una caravana tan inmensa, pues se proporcionaban animales, alimentos y otras cosas necesarias para un viaje de casi tres meses.

Aunque los *kopas* parten del Tíbet con yaks, suelen vender estos animales en la frontera y compran mulas para el viaje de regreso, ya que estas últimas son muy caras en el interior. Tras darnos cuenta de que estaríamos algún tiempo en el Tsaidam, no juzgamos prudente llevar mulas, puesto que allí no pasan el invierno tan bien como los caballos. Además, no nos propusimos cargarnos de grano para alimentar a nuestros animales, y con las mulas el grano es indispensable. Hasta que no hubimos comprado el número requerido de caballos, nuestro patio presentaba a menudo un aspecto peculiar, y era ridículo ver algunos de los animales que nos traían para la venta aquellos que pensaban que los extranjeros no sabían mucho sobre la vida cotidiana y sus necesidades. Había caballos grandes y pequeños, gordos y flacos, enfermos y cojos, y algunos con hermosas sillas de montar debajo de las cuales tenían profundas llagas.

En las fronteras del Tíbet, todo regateo entre dos personas se hace a través de un intermediario, bajo cuya manga el vendedor mete la mano y, por la forma en la que agarra los diferentes dedos de la mano del primero, da a conocer su precio, después de lo cual se notifica al comprador de la misma manera silenciosa e invisible. Luego le indica al intermediario cuánto está dispuesto a pagar, y así se arregla el precio hacia delante y hacia atrás en las mangas. Sin embargo, a medida que el negocio se vuelve dinámico, el silencio se rompe y, con frecuencia, da paso a una confusión general. Había que proporcionar sillas de carga para nuestros caballos, y uno debe tener cuidado de no ser inducido a comprar sillas de montar de yak en lugar de sillas de mula o de caballo, porque son totalmente inadecuadas. Las monturas de carga son de madera y constan de dos piezas horizontales para los costados, unidas entre sí sobre el lomo del caballo por dos piezas redondas, una delante y otra detrás. Acolchado, correas y cuerdas completan el conjunto.

Los herreros estaban ocupados haciendo trabas de hierro, cadenas con esposas que se sujetan en las patas delanteras de uno o más caballos y se cierran con una llave que guarda el propietario. Estas se usan para evitar que los animales sean robados por la noche, y son un invento nativo, mientras que otros tejidos de lana y pelo de yak se usan para evitar que se alejen demasiado cuando pastan y para hacer que su captura sea más fácil.

Mientras se preparaban los caballos, las sillas, las cuerdas, etcétera, teníamos sastres y mujeres que nos hacían toda la ropa tibetana que pudiéramos necesitar, y, aunque los sastres chinos son bastante molestos cuando te cosen una prenda, no tienen comparación con los mongoles y tibetanos.

Nunca nos imaginamos las dificultades de confeccionar prendas, pues se requerían muchos tipos diferentes de trabajadores. El que cortaba no sabía coser y viceversa, así que un lama hacía nuestros buenos vestidos de tela, un *kopa* hacía el *pulu* y una mongola hacía los calzoncillos y los cuellos, cosiéndolos con seda.

El pequeño Charlie estaba bien provisto de ropa confeccionada al estilo inglés, teniendo, además de una pequeña *jaja* de piel, o chaqueta sin mangas, una capa de cuero y zapatos, y, para las ocasiones ceremoniales, un vestido tibetano y una faja.

Nadie disfrutó estos preparativos tanto como él, ya que Rahim lo llevaba en brazos durante las compras, las negociaciones y demás.

El 5 de abril tuvimos una interesante visita del *peishi* de Korluk, quien es, según nos informaron los mongoles, el príncipe más importante de Wu Tsaidam. Sus dominios se encuentran a cuatro días de viaje al norte de Barong, el lugar por donde pasan las caravanas a Lhasa. Era un hombre alto, bastante bien formado, con el verdadero tipo de rostro mongol, bien vestido, con un turbante de seda cruda de color rojo oscuro enrollado alrededor de la cabeza.

Llevaba con él unos cincuenta mongoles, incluidas muchas mujeres, entre las que se encontraba la *achi* del príncipe, pero, si era su esposa o no, no pudimos averiguarlo con claridad. Las mujeres eran altas, dos o tres de ellas jóvenes y muy bien parecidas, y todas iban vestidas con pieles de oveja nuevas y con ribetes de tela roja alrededor de la parte inferior y a los lados. Los brazos derechos colgaban libres de las túnicas, mostrando unas chaquetas interiores de color blanco con adornos de tela verde cosidos con hilos de seda brillante de muchos colores, mientras que las sartas de cuentas que iban de un pendiente al otro les caían hasta el pecho. Delante del vestido colgaba una desgastada botella de vino hecha en plata, con tapón de rosca y amuletos. Las manos estaban adornadas con anillos engastados en coral y piedras, las cabezas estaban coronadas por pequeños sombreros con un cordero blanco en el ala y una borla roja que remataba la copa en pico, el cual daba un aire coqueto y gracioso a las muchachas.

Todos disfrutaron mucho de su visita. Las carcajadas de Charlie, la máquina de coser y algunas muñequitas se sumaron al deleite de todos. El jefe estaba tan ansioso por tener un par de *kutsis* cosidos en la máquina que mandó a un hombre a la calle a traer la tela, pero a su regreso nadie podía cortarlos, así que le dimos un par del señor Rijnhart a cambio de la tela y nos obsequió con un trozo de *pulu* — un trozo suele tener diez veces la distancia desde las puntas de los dedos de un brazo extendido hasta las del otro— y un terrón de azúcar proveniente de la India vía Lhasa.

Este jefe nos alquiló dos camellos que llevarían las cargas hasta el Tsaidam, donde serían custodiadas por el *jassak* de Barong. Cada camello podía transportar ciento veinte kilogramos y los dos costaron diez *taels*, que en ese momento valían siete dólares.

Ese día trabajamos hasta la medianoche, cosiendo sacos para el grano y empaquetando dos cajas que contenían, entre otras cosas, más de cuatrocientos Evangelios en tibetano y trescientas copias de textos de la señorita Grimké[12].

Temprano en la mañana, los mongoles vinieron a por las cargas. Como de costumbre, hubo quejas frecuentes por el peso, con el pretexto de devolver el dinero porque la balanza de los mongoles era más ligera que la nuestra. Finalmente, se hizo arrodillar a los camellos con suavidad, se ataron sus cargas y salió la primera de nuestras mercancías hacia, para nosotros, lo desconocido.

Mientras apreciamos la tranquilidad que se apoderó de nuestro patio después de que terminara el bullicio de esa partida, nuestros corazones tuvieron un sentimiento extraño, pero agradecido, mientras hablábamos de la bondad que los jefes nativos siempre nos habían mostrado y del futuro con nuevos amigos y entorno, mientras que Ani, la buena anciana, nos felicitaba por el gran ahorro que estos camellos supondrían para nuestros caballos hasta el Tsaidam. Nada era demasiado para ella con tal de ayudarnos, y muchas veces las lágrimas empañaban sus ojos mientras me miraba a mí y al bebé, que siempre se reía de ella. Tal vez pensara en su propia soledad después de que nos fuéramos, o tal vez en la

---

[12] Sarah Moore Grimké (1792-1873), escritora y activista estadounidense por los derechos de las mujeres. (N. del T.)

posibilidad de que no volviéramos a Huangyuan, e incluso en la incertidumbre de la vida en el lejano interior.

Mi corazón a veces se desborda cuando reflexiono en el amor y la ternura de estas mujeres de rostro oscuro, y deseo que estuviera en mi poder hacer más por ellas, por sacarlas de la condición en la que viven y llevarlas a la libertad que trae el Evangelio a la mujer dondequiera que se conozca.

Sin embargo, tuvimos que apurarnos con más preparativos, y el 20 de mayo estábamos listos para abandonar nuestro hogar, donde habíamos sentido la mayor alegría, donde nuestro correo nos había llegado con regularidad, donde las flores brillantes y amadas nos habían ofrecido alegría y regocijo a nuestra labor de amor entre el pueblo. Ahora nos lanzábamos a nuevos lugares lejos de amigos y conocidos, así como de la posibilidad de recibir cartas y documentos de la patria.

Habíamos creído prudente dejar nuestra casa, sobre cuya propiedad hubo un pleito y cuyo resultado hacía inseguro para nosotros conservarla durante nuestra ausencia, así que alquilamos tres cuartos en otro patio, donde guardamos nuestra máquina de coser, algunos libros y otras cosas que no queríamos llevarnos. El dueño nos prometió, además, que a nuestro regreso nos quedaríamos con toda la casa.

Esto obligó a transportar las cosas que había que dejar atrás, al mismo tiempo que embalábamos los artículos que debían ser parte de la caravana, con el consiguiente aumento de nuestro trabajo.

Nuestra mayor dificultad fue conseguir dos hombres para que nos acompañaran en el viaje, y durante mucho tiempo pareció que nadie adecuado se ofrecería para el servicio, ya que todos tenían un sincero temor de los peligros en el interior, que había aumentado mucho por las historias contadas el año anterior por los miembros de la expedición del capitán Wellby.

Sin embargo, a través de verdaderos amigos conseguimos dos hombres que podían hablar tibetano, mongol y chino. El mayor, de nombre Rashi, era muy moreno, alto, pulcro en su atuendo, con una argolla en la oreja izquierda y gran arrogancia en su andar, pues sabía todo sobre todos y cada lugar y no tenía miedo de ir a donde el maestro extranjero quisiera que fuese.

El más joven, llamado Gazhuenzi, era pariente de un viejo amigo mongol nuestro, y era un muchacho de veintidós años, bajito, de cara gorda y risueño, siempre feliz, excepto cuando Rashi, de quien sentía temor, lo intimidaba. De los tres, era el que más nos gustaba, su disposición era brillante. Rahim, que era una especie de capataz, era experto en tratar con los tibetanos del interior; Rashi había tenido una esposa *si fan*, por lo que era perfecto en su trato con ellos; mientras que Gazhuenzi se sentía más a gusto con los mongoles, lo que probablemente se explicaba por su manera alegre y suave.

Les proporcionamos a todos indumentaria y ropa de cama, como de costumbre, dando a los familiares de los dos hombres que acabábamos de contratar una parte de su salario. Este sería de cuatro *taels* al mes con el acuerdo de que, si los enviábamos de vuelta, les daríamos a cada uno un caballo para montar, comida y una pistola siempre y cuando nos hubieran servido bien, todo lo cual fue debidamente puesto en un convenio firmado por *poaren*, «seguridad».

Nuestro suministro de alimentos era en su mayoría nativo y consistía en lo siguiente:

616 kg de *tsampa* (harina de cebada).
245 kg de harina de trigo.
75 kg de *kua mien* (fideos).
150 kg de arroz.
70 kg de cebada.
20 kg de mantequilla.
20 kg de ladrillos de té.
10 kg de azúcar.

Además de estos suministros del lugar, teníamos algunas provisiones destinadas principalmente a Charlie, como leche, sagú, tapioca, maicena, avena, etcétera, con algo de extracto de carne y sopas. El grano, la harina y el arroz se guardaban en costales blancos perforados, dentro de costales de lana nativa tosca, del tamaño justo para constituir media carga.

Los *kua mien*, provisiones y bienes para el trueque se ponían en cajas, estos últimos consistían en botones, agujas, seda, hilos de plata y oro, tela, *khatas*, pieles de nutria y botas.

Nuestros medicamentos, prendas de vestir, ropa de cama, instrumentos, libros y demás artículos diversos constituían el resto de los cargamentos. Además de las tiendas, de las cuales teníamos dos: una pequeña, blanca y muy cálida y otra grande, azul oscuro, con estacas de hierro para cada una. Así se componía nuestro equipo cuando se cargó el último fardo y estábamos a punto de cruzar las puertas de Huangyuan.

XII. ADIÓS A HUANGYUAN

Dejamos a nuestros fieles amigos – Nuestra caravana se pone en marcha – A través de la pradera hacia el desierto – Dos guías mongoles

Con la ayuda de nuestros dos hombres, los preparativos estaban casi finalizados al amanecer del 20 de mayo. Aún quedaba un caballo por comprar, y por eso, por supuesto, tuvimos que pagar el doble, ya que todos sabían que teníamos prisa. Después del desayuno, las ollas grandes —últimos restos de nuestra limpieza en Huangyuan— fueron sacadas de nuestra estufa de arcilla y llevadas al almacén que habíamos alquilado para los dos años siguientes.

El señor Rijnhart y el señor Uang, un comerciante chino de la puerta oriental, procedieron, como última precaución contra los ladrones, a sellar las puertas y ventanas. El señor y la señora Uang fueron profusos en sus demostraciones de amabilidad y solicitud por nuestro bienestar. Esta última, justo antes de nuestra partida, nos trajo un delicioso y refrescante plato de *mien* casero.

Otros amigos siguieron con regalos de varios tipos, principalmente alimentos para tomar en el camino. Ani y Doma, con los ojos húmedos de lágrimas, atentas hasta el último momento y sin querer ceder ante nadie en cuestión de ofrecer recuerdos, nos trajeron un juego de correas artísticamente tejidas para sujetar los palillos chinos a nuestras fajas. Uno por uno, los caballos fueron ensillados y conducidos a la calle, donde muchas manos dispuestas estaban esperando para ajustar las cargas.

A lo largo de la calle, los portales estaban llenos de mujeres y niños que habían salido a contemplar la insólita escena. No se podría haber manifestado mayor interés si hubiéramos sido altos funcionarios o grandes dignatarios budistas que partían en una importante misión o peregrinaban hacia algún santuario distante. Tan pronto como todos los animales estuvieron cargados, la caravana comenzó a moverse lentamente hacia la puerta occidental y, en unos momentos, diecisiete de nuestros caballos y nuestros tres hombres se perdieron de vista. El señor Rijnhart y yo nos quedamos atrás, pues sabíamos que podríamos alcanzarlos fácilmente, mientras que la querida y fiel Ani nos trajo una taza más de té caliente, de la que bebimos con todo el corazón.

Luego visitamos una vez más cada habitación de la casa a la que nos habíamos apegado tanto, como si tuviéramos una especie de presentimiento semiinconsciente de que pasaría mucho tiempo antes de que pudiéramos volver a entrar, y tal vez nunca más. Como el plazo por el cual pagamos el alquiler aún no había expirado, cerramos la puerta con una llave que nos había dado el propietario. Esto supuso un gran disgusto para su oponente en la demanda, que estaba listo para apresurarse en el momento en que nos fuéramos y reclamar la casa bajo el principio de que «la posesión es nueve décimas partes de la ley».

Tras despedirnos afectuosamente de nuestros amigos chinos, a muchos de los cuales habíamos aprendido a amar sinceramente, y seguidos por los tibetanos y mongoles, hombres, mujeres y niños más vivarachos, marchamos con tristeza hacia la gran puerta que todo el tiempo temíamos; al tomar conciencia más vívidamente, con cada paso que dábamos, de cuántos amigos devotos dejábamos atrás.

Un hombre transportaba al bebé y todos observaron lo blancas que se veían las pequeñas manos alrededor de su cuello oscuro. Doma se alejó corriendo y llorando, los últimos adioses se dijeron en la puerta de la ciudad y aceleramos para alcanzar nuestra caravana.

¡Qué dolor en el alma! No nos habíamos dado cuenta del vínculo que había entre nosotros y los nativos hasta el momento en que llegamos a separarnos, ¡y cómo brotaron las lágrimas entonces! El futuro estaba velado, de otro modo podríamos haber vacilado — habría sido humano por nuestra parte— y nos habríamos quedado indefinidamente en la querida y vieja Huangyuan. Nunca el campo de alrededor había parecido tan hermoso. Los huertos y los campos de cosecha estaban verdes, las colinas presentaban un tono diferente del mismo color refrescante y el río brillaba y resplandecía en la distancia.

Una neblina azul se cernía sobre las cimas de las montañas y nos invitaba a continuar, ofreciéndonos esperanzas de luminosidad en los nuevos campos de trabajo que alcanzaríamos en las regiones más lejanas, lo que, en cierta medida, compensaría las tristes despedidas del día. De repente, nuestros pensamientos fueron arrancados del futuro y traídos al presente cuando vimos a uno de nuestros caballos que, tras sacudir violentamente su carga, finalmente logró patearla y romper la silla.

Este caballo luego pasó a ser de Rashi, ya que nunca permitiría que le pusieran una carga sobre su lomo de nuevo, pero se volvía tan dócil como un niño cuando lo montaban.

La experiencia de ese día fue la de cualquier caravana el primer día de su marcha: hubo los problemas habituales con los caballos y el reajuste casi interminable del equipaje y las sillas de montar.

Bordeando el Xi Ho, pasamos el río Zataji, donde vivía el lama que había confeccionado algunas de nuestras ropas, y llegamos a las cinco y media de la tarde al pueblo de Bauen Juanzi, en el lado opuesto del río, al que se accedía por un puente en voladizo. Aquí armamos nuestras tiendas, que Gazhuenzi se esforzó por hacer lucir lo más hermosas posible, ya que su gente vivía en el pueblo y él deseaba ofrecer una buena apariencia. Disfrutamos de un banquete y otra serie de despedidas acompañadas de regalos de patatas, pasteles, pan y leche, con guisantes y paja para nuestros caballos. Esta era la última tierra cultivada, pues todo el territorio más allá se llamaba *zaoti* o tierra de pastos.

Como íbamos a pasar el domingo en Gompa Soba[13] con amigos, partimos a la mañana siguiente y en poco tiempo llegamos a la lamasería, la misma por la que pasamos sigilosamente en nuestro intento de visita al lago con Ishi Nyima en 1895. Puedo decir de paso que la lamasería está correctamente ubicada por el señor W. W. Rockhill en su libro *Land of the Lamas* y que el capitán Wellby está muy equivocado en su intento de corregirlo.

Aquí se encontraba el hogar de Tsanga Fuye, el «buda viviente» más importante de la lamasería que había sido fundamental para ayudarnos a entablar nuevas amistades al recomendarnos como médicos. El querido anciano vino a nuestra tienda a visitarnos acompañado de su joven lama acólito, trayendo un paquete de pasas sultanas y una *khata*. Nos advirtió sobre ladrones y pasos de montaña, y nos exhortó a que nos apresuráramos a regresar a Huangyuan antes de que él muriera para que pudiera volver a vernos en esta vida. También nos dio una hermosa vasija de *tsampa* y un caballo ya ensillado.

En agradecimiento a su cortesía, le dimos una almohada de plumas, de la cual pensó que era un invento maravilloso. Se quedó absorto durante un rato mientras la sacudía de arriba abajo y la almohada se hinchaba hasta sus topes, luego se sentaba sobre ella y comenzaba otra vez. Pei Fuye, un «buda viviente» del mismo rango, tenía a su tesorero viviendo en Gompa Soba, y este hombre, que había sido amigo nuestro durante mucho tiempo, nos trajo un gran terrón de pan de azúcar, un paquete de dátiles y una pequeña jarra cubierta de esmalte para Charlie.

El domingo por la tarde, un grupo de viajeros acampó junto a nosotros. Estaba formado por la esposa y el hijo pequeño de un *wangye* de los mongoles, otra mujer mongola con su hijita y tres

---

[13] Esta lamasería también se conoce como Gompa Soma. *Soma*, en algunos distritos *soba*, es la palabra para «nuevo» y *gompa* significa «lamasería».

hombres. Tenían diecinueve mulas y caballos y nos invitaron a viajar con ellos.

Los dos pequeños tenían unos doce años, y la ropa del niño tenía un predominio de color amarillo que indicaba su rango. Estaban comprometidos y los llevarían a Lhasa para venerar y ser bendecidos por el dalái lama antes de comenzar juntos su viaje por la vida. Era reconfortante verlos disfrutar jugando, aunque bastante lamentable verlos amarrados de los pies a los estribos cuando iban a vadear ríos, por temor a que los venciera un mareo y los hiciera caer. La madre del niño era inteligente, bien vestida y muy limpia, incluso se lavaba los dientes, aunque su dedo era su único cepillo.

Los *kopas* levantaban el campamento antes del amanecer, viajaban unas pocas horas y luego dejaban pastar a sus animales todo el día. Aunque no partíamos con ellos cada mañana, siempre los alcanzábamos y acampábamos junto a ellos todos los días. Las mujeres mongolas nos invitaban a mí y a Charlie a su tienda para descansar y tomar té, mientras que sus hombres nos ayudaban a descargar nuestros animales y armar nuestras tiendas.

Los nativos son expertos en seleccionar hermosos lugares para acampar. Al contemplar los campamentos de los *kopas* en la distancia, se distinguían las tiendas blancas de varios tamaños y formas con cientos de caballos y mulas pastando, la hierba exuberante y las colinas bajas y onduladas. La poética imagen de todo esto tocaba las cuerdas sensibles en nuestros corazones.

A última hora de la tarde, los hombres de las diversas tiendas salieron y llevaron sus mulas y caballos a recibir su porción de guisantes triturados. Qué mansas eran algunas de las mulas, subiendo a las puertas de la tienda y husmeando, y pidiendo comida de la manera más llana posible.

Poco a poco fueron atados y ensillados, listos para la mañana. Después los hombres se reunieron para beber su té y, cuando el crepúsculo cayó cerca de todos nosotros, sus voces se escucharon de cerca y de lejos recitando oraciones, acompañadas por el sonido de las campanas. Luego reinó la tranquilidad y todos durmieron bien.

La marcha promedio de los primeros días fue de doce millas, nuestro camino atravesaba un amplio valle, luego a lo largo del Xi Ho durante diez millas y cruzamos un afluente. Más tarde completamos treinta millas y acampamos en la esquina noroeste de un pequeño lago llamado Baga Nor, que realmente era una bahía separada del Koko Nor por arena a la deriva. En general, el terreno estaba cubierto de hierba gracias a las lluvias frecuentes, lo que proporcionaba buenos pastos a los nómadas.

Muchas tiendas mongolas estaban repartidas a ambos lados de la carretera en los lugares protegidos y dondequiera que abundaba el forraje verde. Algunos tibetanos también acamparon cerca de los arroyos que desembocan en el Koko Nor. Tras cruzar el río Balema Gol, acampamos de nuevo a orillas del Koko Nor. Al día siguiente cruzamos el Iki Olan, probablemente el mismo que Rockhill había llamado Ulen Muren, aunque los nativos no parecen conocer este último nombre en absoluto.

El domingo, con gran pesar nuestro, nos vimos obligados a separarnos de los *kopas*, al partir ellos a la madrugada habitual, y nosotros nos quedamos a descansar durante el día. Los nómadas de las tiendas de campaña de la vecindad se acercaron libremente a nosotros y aplicamos algunos cuidados médicos que nos permitieron conseguir una oveja gorda. También regalamos algunas escrituras religiosas escritas en tibetano.

Ningún misionero había estado antes en esta localidad. La siguiente etapa de nuestro viaje nos llevó a través de uno de los supuestos distritos de ladrones, y no nos sentimos muy cómodos al darnos cuenta de que estábamos siendo espiados por cuatro hombres. De repente desaparecieron por un cerro y al rato reaparecieron por otro cerro cerca del camino, fuertemente armados. Al ver a nuestros hombres listos con sus rifles para defender nuestras pertenencias, cabalgaron, hicieron algunas preguntas sencillas y siguieron adelante. Poco después nos encontramos con el jefe de los tibetanos de Wortug, que tenía una gran caravana y dijo que los cuatro hombres eran ladrones. Cruzamos el cauce del Buha

Gol, el río más importante de la comarca, aunque lo encontramos casi seco, y acampamos en uno de sus afluentes. Aquí vimos grandes manadas de *kiang* o mulas salvajes, llamadas por los chinos *yema er* o caballos salvajes.

No miden más de catorce palmos de altura y son de hermosos colores, marrón claro en el dorso que se desvanece gradualmente en blanco hacia el vientre. Tienen orejas y colas largas como una mula común, siempre se encuentran en manadas y familias y, al trotar o al galope, van en fila india.

Los animales eran sumamente audaces, se acercaban mucho a nuestras tiendas y se mezclaban con nuestros caballos. Son más ornamentales que útiles, ya que los tibetanos han tratado en vano de domesticarlos.

En este lugar donde la hierba era tan buena nos detuvimos para descansar y Rahim nos proporcionó una comida muy refrescante en forma de doce peces que había pescado con las manos en el arroyo.

Un tibetano vino a vernos después de dos días de viaje y nos ofreció una gran pieza de tela vaquera verde a cambio de medicinas. Había escuchado de otros tibetanos que algunos médicos maravillosos estaban de paso y no quería perder la oportunidad de consultarnos.

La siguiente parte del camino nos llevó a través de una parte del país con mala hierba y, sobre un paso de montaña, en la parte superior había un gran *obo*, un montón de piedras con banderas de oración ondeando desde la parte superior. En casi todos los pasos se encuentran estos *obos*. Con toda probabilidad, originalmente se concibieron simplemente como mojones para señalar el camino, ya que todavía se usan los de barro más pequeños para ese propósito; pero los *obos* de la montaña hace tiempo que adquirieron un significado religioso.

Cada vez que los nativos llegan al *obo* en la cima de un paso difícil, todos desmontan, cada uno arroja una piedra sobre el montón y, pasando a la derecha de este, todos se unen para ofrecer cantos de gratitud al dios de la montaña por ayudarlos a ascender sanos y salvos. Habíamos visto con frecuencia a nuestros hombres observar esta ceremonia un tanto romántica, y se quedaban muy perplejos de que no siguiéramos su ejemplo.

Durante ese día buscamos agua en vano y, al salir de un valle, nos regocijamos al contemplar un lago resplandeciente, pero resultó ser el Tala Dabesun Nor, un lago salado casi seco.

Al desviarnos de nuestra ruta directa al suroeste, encontramos buena hierba y agua fresca a unas ocho millas al norte del lago y nos enteramos de que la aparente sequía fue causada por los nativos, que habían drenado toda el agua con el propósito de irrigar. Este distrito sería rico si no fuera por una incursión de los tibetanos del sur, probablemente desde el otro lado del río Amarillo, que ahuyentaron a cincuenta mil cabezas de ganado vacuno y ovino de un solo golpe, reduciendo todo el asentamiento a la pobreza.

Conscientes de que nos acercábamos a un pantano y que nuestro rastro no era muy claro, contratamos a dos mongoles y, como es costumbre en este país, pagamos sus salarios por adelantado a un intermediario, un médico nativo que se presentó como garantía para la buena conducta y fidelidad de los hombres. Debían llevarnos a Barong.

Aprendimos que el Tala Dabesun Nor se llama así para distinguirlo de Serkin Dabesun Nor: el primero pertenece al distrito de Qinghai Wang, el segundo, al distrito de Korluk Beixi.

Los dos mongoles tenían un aspecto típico. Uno de ellos era un anciano delgado, de rasgos afilados, muy hablador y agradable. El otro era un lama que tenía una esposa tras habérsela robado a otro hombre cerca de Barong, por lo tanto, estaba ansioso por no pasar por su asentamiento nativo. Era joven, de cara redonda, con la cabeza rapada y reservado; recitaba oraciones con abalorios y quemaba omóplatos para ver qué le deparaba la fortuna. Siempre que veía gente, desaparecía para que no lo vieran por miedo a ser reconocido, o al menos eso suponíamos.

Nuestros mongoles insistieron al principio en ir por un camino dirección sur a Barong, asegurándonos que era más corto y que no había tanto peligro de perderse en el pantano, pero, como temíamos la repentina aparición de bandas de ladrones tibetanos desde el sur del río Amarillo, nos decidimos por el camino del norte. Este camino conducía hacia un paso llamado Shara Kuto y, al encontrarnos a unas diez millas de la cima, nos detuvimos donde había buena hierba y el agua fluía en un pequeño arroyo intermitentemente.

La gente allí era adinerada, las mujeres vestían sus pieles de oveja temprano en la mañana y, cuando el sol calentaba, se ponían sus túnicas tipo *pulu*. Sentí pena por una pobre mujer joven que tenía el engorroso tocado mongol y, al preguntarle cómo se le ocurrió ponérselo, respondió que era una mongola a quien un tibetano había conseguido como esposa. La moralidad de la gente aquí estaba un punto más bajo que en muchos otros lugares, especialmente las mujeres, que actuaban, incluso en nuestra presencia, de una manera indecorosa.

Al día siguiente nos sentimos muy animados al ver árboles de hoja perenne, los primeros árboles de cualquier tipo que habíamos visto desde el día que salimos de casa, y también nos regocijó acampar en un terreno llano en la orilla sur del Dulan Gol, a la vista del Dulan Shi en el lado opuesto del río. Al noreste se situaba el Zahan Nor, un pequeño lago oculto a la vista protegido por tres colinas.

Dulan Kao es un grupo muy pequeño de casas, compuesto principalmente por casas de lamas y la residencia del príncipe de Qinghai, todas construidas con ladrillos de barro rodeadas de paredes. El sendero en la orilla norte del río está cubierto de piedras, pero el señor Rijnhart y Rahim siguieron ese camino mientras nuestra caravana se quedó en el sur. Cruzamos más tarde y acampamos en la orilla norte, donde había buen pasto y muchos mosquitos sedientos de sangre. Dulan Kao, además de ser la capital de los dominios del *wangye*, también parecía estar dentro de los límites del distrito de los mosquitos, ya que los mongoles nos habían contado historias espeluznantes sobre esas plagas cuando pasamos por el pueblo, las cuales encontramos muy ciertas.

Estábamos ahora frente al famoso pantano, donde el viaje era imposible a menos que fuera por senderos angostos que a menudo no se encontraban sino con la ayuda de los guías. La parte noreste de la llanura estaba cultivada, regada por acequias; en el sur se situaba el pantano, que encontramos bastante seco a lo largo del camino. Solo tuvimos dificultad para cruzar un pequeño arroyo una vez, aunque nuestros mongoles nos aseguraron que, si no hubiera sido por el tiempo seco, lo habríamos encontrado intransitable.

Había dos lagos entre los cuales discurría nuestro camino en esta gran llanura. El más grande era Serkin Dabesun Nor, cuya mitad occidental era sal seca y salitre. Recibe su suministro de agua del río Katsa Gol, que fluye desde el Dulan Nor, y otra corriente del oeste. El Dulan Nor es alimentado por el Dulan Gol, que fluye más allá de Dulan Kao.

Después de atravesar el pantano, nos detuvimos una milla al norte de las montañas de Timurté y al sur de Dabesun Nor, donde encontramos un campamento recientemente ocupado por los *kopas*. Aquí solo encontramos agua salobre. Nuestra ruta continuaba en dirección sursuroeste, con cadenas montañosas a ambos lados, primero de dolerita, luego de pudinga, transformándose finalmente en colinas de arena, algunas de ellas muy altas.

Las colinas de arena marcaban el comienzo del desierto de Koko Peile, demasiado árido para sustentar población alguna, pero sobre el que vagaban manadas de *kiang* y antílopes. Cuando arribamos a la vista del lecho del Tsa Tsan Gol, que entonces estaba seco, la carga de uno de nuestros caballos se cayó y el animal, exultante por la inesperada libertad, se alejó corriendo en dirección a casa.

Mientras nos sentábamos al costado del camino esperando a que Rahim lo trajera de regreso, los guías nos dijeron que había agua a la vuelta de la esquina de la última colina, a la derecha, directamente lejos del camino. Cuando el poni fue atrapado y su carga reajustada, cruzamos el lecho del río donde el camino no era reconocible y llegamos a Talin Turgen, donde encontramos una cuenca de agua mala en la ladera de una colina, pero abundancia de hierba y mosquitos.

Mientras estábamos levantando el campamento a la mañana siguiente, seis ciervos salieron disparados de repente de la maleza cerca de nosotros, seguidos poco después por un oso. Todos íbamos montados, por lo que no se prestó atención a los ciervos, pero Rahim pidió permiso para dispararle al oso. Se le fue concedido y comenzó a perseguir a este, seguido de comentarios del anciano mongol del tipo: «De esto no resultará nada bueno. No se debe molestar a esos animales».

Vimos al muchacho desmontar y atar su caballo a unos arbustos a lo lejos. El oso regresó después a por su cachorro, con lo cual el mongol saltó de su caballo, preparó su arma para disparar y dijo: «Aquí viene, aquí viene, nos matará a todos», y luego nos contó la historia de ocho hombres que habían sido asesinados por un oso porque uno de ellos lo había atacado.

Justo cuando el señor Rijnhart comenzaba a rescatar a Rahim, los dos osos dieron media vuelta y se alejaron con pasos rápidos hacia las colinas. El caballo de Rahim se había escapado, el pobre muchacho vino hacia nosotros, con los ojos llenos de miedo, y nos contó cómo el «hombre salvaje» —los chinos y algunos mongoles llaman a los osos *yie ren*, hombres salvajes— se había puesto de pie y lo miró. Como Rahim había disparado todos sus cartuchos, tomó su espada en la mano y se alejó sigilosamente. Desde ese momento, nunca querría dispararle a un oso otra vez.

El anciano mongol llevaba una cicatriz a consecuencia de este episodio, pues, al desmontar rápidamente, su arma le había dado en la cabeza y le había hecho un corte profundo. Tomó un poco de yesca —flor de las nieves chamuscada, un vegetal esponjoso— y lo puso en la herida para detener el sangrado.

Nos alegramos de encontrar un lugar agradable para acampar a la derecha del camino a orillas del Sulim Gol, río en el que había la mejor agua que tuvimos durante días y en cuyas orillas nuestros caballos encontraron buen pasto verde. Aquí nuestro lama guía nos abandonó, llevándose consigo la olla y la comida que ambos esperaban usar en su viaje de regreso.

Ergetsu, el próximo campamento, era un oasis en el desierto. Había buena agua y pasto, pero la marcha del día siguiente fue a través de dunas de arena hasta que pasamos el Shara Gol, donde nuestro segundo guía nos abandonó. Felizmente, encontramos buena agua, pero de nuevo casi nos devoraron los mosquitos.

Un trozo de malla fina nos salvó a mí y a mi bebé de esta peste, mientras que el señor Rijnhart mantuvo todo el tiempo una hoguera humeante en la otra tienda. Durante el trayecto utilizábamos *khatas* cosidas a modo de velos como protección.

Después de pasar los manantiales de Tso Gol, nos perdimos y seguimos sin parar a través de un lecho de río muy ancho y seco en el fondo del cual recientemente había corrido agua, pero que ahora estaba cubierto solo por tierra roja. Hacia el anochecer, un pequeño grupo de mongoles, que había cultivado en las colinas y que estaban trasladando su campamento a Barong, se detuvo junto a nosotros. Nos dijeron que el lecho seco del río era el del Bayan Gol, en el cual Rockhill se había enfrentado con tantas dificultades a causa del lodo.

Seguimos la amable invitación de los mongoles y nos dirigimos hasta su campamento por un camino que conducía a través de unos matorrales en los que florecían en abundancia flores del género *Spiraea*, las cuales eran rosadas de color. Con qué alegría las arrancamos, pues no habíamos visto una flor desde que salimos de Huangyuan. Las mujeres mongolas se adornaron el cabello con ellas y parecían regocijarse con nosotros porque el desierto y toda su aridez habían quedado atrás y ahora estábamos de nuevo en medio del agua que fluía, el pasto verde y la comida fresca.

XIII. EN EL TSAIDAM

El Tsaidam y su gente – Poliandria y crueldad hacia los ancianos – El jassak de Barong – Celebración del cumpleaños del bebé – Perspectivas misioneras

Ahora habíamos llegado a Tsaidam, una gran llanura de unas seiscientas millas de este a oeste que se extiende al norte de las montañas Kunlun. Los chinos la llaman Wu Tsaidam —Wu significa «cinco»— porque está dividida en cinco estados. El pequeño distrito de Shang, al este de Barong, también suele incluirse en Tsaidam, aunque es una entidad política propia.

Esta zona fue entregada por los príncipes mongoles al dalái lama y está gobernada por un representante de Tashilhunpo que cambia cada cinco años. Los otros estados están gobernados bajo la autoridad de Xining por príncipes mongoles, cada uno de los cuales recibe anualmente una subvención del gobierno que puede ir desde cien *taels* y cuatro piezas de satén, hasta mil doscientos *taels* y ocho piezas de satén.

El satén se llama *mangduan*, siendo de un diseño especial adornado con dragones amarillos y usado exclusivamente por los jefes y para adornar templos. Vale de doce a veinte *taels* la pieza, según la calidad.

La población de los cinco estados se estima entre ocho mil y dieciséis mil habitantes, en su mayor parte mongoles occidentales, pero entre ellos se encuentran muchos lamas mongoles orientales a quienes aquí se les permite tener esposas, un privilegio que se les niega en el interior del Tíbet o Mongolia.

Los mongoles de Tsaidam, por lo que pudimos averiguar, practican la poliandria, y los matrimonios a menudo se arreglan por un periodo de tiempo limitado. No es raro que los comerciantes chinos, mongoles o tibetanos consigan esposas por un cierto periodo de tiempo, tal vez de seis meses, un año o dos años, y, cuando regresan a sus propios hogares, los niños se quedan con la llamada «esposa».

Por regla general, los chinos miran con desdén las leyes de matrimonio muy laxas que prevalecen entre estos nómadas, pero en Huangyuan una mujer china respetable me dijo que los chinos a menudo alquilaban o arrendaban a sus esposas a otros hombres por un tiempo que oscilaba entre un día y varios años.

Aunque esto se puede hacer en esa localidad, no tengo la menor idea de que sea algo habitual en China, y probablemente sea una costumbre nacida del contacto con los nómadas.

Hay otra cosa que sitúa a los habitantes de Tsaidam muy abajo en la escala de la civilización y la humanidad y que revela la necesidad de la influencia socialmente edificante del cristianismo: me refiero al trato que dan a los ancianos. En muchos casos, los ancianos, tan pronto como ya no pueden trabajar, son expulsados de la casa o de la tienda y obligados a pasar el resto de sus días en una cueva o en un estercolero, donde pronto sucumben a la intemperie o la falta de alimento.

La nuera es la responsable de tal trato en la mayoría de los casos. Casi inmediatamente después de entrar en el hogar, esta asume una autoridad tiránica sobre los padres de su esposo, haciéndolos sentir extremadamente incómodos, negándoles las necesidades básicas sin cesar hasta que, exasperado, su esposo es incitado a cometer el cruel acto.

Muchos de los lugareños que hablaban con nosotros sobre este asunto decían cuánto mejor era tener hijas que hijos, porque los padres que solo tenían hijas no correrían el mismo riesgo de ser desechados con impotencia por la instigación de una nuera. En fuerte contraste con el trato que los mongoles de Tsaidam dan a los ancianos está la piedad filial de los chinos, que ocasionalmente se lleva al exceso, permitiéndoles a los ancianos el papel de tiranos, a veces golpeando severamente a sus hijos e hijas adultos sin resentimiento o represalia por parte de estos últimos.

Los mongoles son extremadamente educados a su manera. Cuando dos extraños se encuentran, extienden ambas manos con las palmas hacia arriba y hacen una elegante reverencia pronunciando el saludo *amur sambina*.

Un regalo se reconoce simplemente llevándolo a la frente; no tienen palabras para expresar agradecimiento. Su religión es tan conspicua como su cortesía. Mientras atienden sus deberes diarios, ya sea sacar agua, cuidar los rebaños, recoger *argol*, batir mantequilla o lo que sea, nunca dejan de murmurar oraciones.

Además de esto, cada asentamiento apoya a una cantidad de lamas que se dedican a rezar por ellos y así ayudarlos en la acumulación de mérito.

Estos mongoles parecían bastante reacios a aceptar las copias de los Evangelios en tibetano que les ofrecimos, pero los *kopas*, que entonces comerciaban en el distrito por el que pasábamos, los tomaron con gran entusiasmo y aparente placer.

La mayoría de los mongoles aquí son nómadas, aunque se dedican a la agricultura y cosechan toda la cebada que necesitan. Independientemente de que se dediquen a la agricultura o sean nómadas, deben pagar un cierto diezmo de sus ingresos en impuestos a su jefe. Habitan en tiendas; las casas que componen las aldeas son de un orden muy inferior y se utilizan principalmente como almacenes.

El pueblo de Barong, el hogar del *jassak*, o jefe, se compone de unas pocas viviendas de adobe y está situado a unas ocho millas de las montañas Kunlun. La comida de los mongoles aquí es la misma que la de los tibetanos y hacen vino como estos últimos, y una especie de *kumis* o leche de yegua fermentada.

Son bondadosos, simples, lo suficientemente cobardes como para temer a los tibetanos y proverbialmente honestos, aunque por experiencia descubrimos que es mejor no confiar en ellos incondicionalmente.

El lugar donde acampamos era un terreno bastante bajo en el centro de un gran campamento de mongoles, muy cerca de algunas de sus tiendas. La hierba era excelente, al igual que el agua, y una cantidad considerable de maleza se extendía a nuestro alrededor. Cuando llovía, el sitio se convertía en un verdadero lodazal, siendo el suelo de una especie de formación de arcilla, y había que cavar varias zanjas para mantener el agua fuera de nuestras tiendas y del fuego. Nuestros camellos cargados de bienes, enviados desde Huangyuan por adelantado, habían llegado sanos y salvos y estaban en manos del *jassak* de Barong. Sin embargo, como necesitábamos descanso tanto para nosotros como para nuestros animales, nos quedamos en nuestro primer lugar de campamento durante unos días y empleamos nuestro tiempo en hacer trueques, charlar con los nativos y escribir cartas.

Nos dimos un festín con carne fresca, leche y mantequilla, pero debíamos tener cuidado de no comprar sin querer mantequilla hecha con leche de camello que los nativos ofrecían a la venta. El ganado era muy escaso en esta localidad, debido en parte a la peste que se había llevado por delante a miles de ellos y en parte a las incursiones de los goloks, los enemigos mortales de los mongoles y de quienes estos últimos tienen un miedo terrible.

Las jóvenes y las mujeres venían a verme con frecuencia a traerme mantequilla para trocar por seda e hilo de oro. Iban vestidas en su mayor parte con prendas largas de *pulu* con pequeñas chaquetas debajo. Su pelo estaba recogido en muchas trenzas sujetas con tela en la espalda o dividido en dos trenzas más grandes, una a cada lado, envuelto en una banda ancha de tela negra o terciopelo, bordado con hilo o cuentas, que caía por debajo del cinturón hasta casi el final de la bata.

Las mujeres casadas tenían esta última costumbre. Una profusión de abalorios de diferentes colores adornaba sus cuerpos, que, por cierto, estaban muy sucios, y tuvimos el máximo cuidado de evitar que la población de nuestras tiendas aumentara en grado alarmante.

Nuestros caballos ya estaban cansados de su larga marcha y, para ahorrarles más trabajo, decidimos alquilar camellos para transportar nuestras mercancías al campamento del *jassak*, a medio día de viaje. Se necesita mucha paciencia para tratar con los mongoles, que son agudos, calculadores y tan cambiantes que es difícil que cumplan un trato una vez que se ha hecho.

Dos de ellos inspeccionaron nuestras cargas y, tras recibir el número requerido de *khatas* como pago por adelantado por sus servicios, regresaron a la mañana siguiente con un número insuficiente de camellos, y uno de los que trajeron no podía llevar cargas pesadas. Tampoco trajeron ni cuerdas ni almohadillas para atar las cargas.

Siguió un momento tenso y finalmente el señor Rijnhart les dijo claramente que nuestros caballos no llevarían ni un átomo de nuestras cosas, que los camellos habían sido contratados para que nuestros animales pudieran descansar. Luego, nuestros hombres contaron nuestras cuerdas y observaron las cargas, y, en medio de muchas quejas de los mongoles, terminaron de empacar y partimos.

El aspecto del terreno era sombrío, casi como un desierto, y finalmente se asentó en una llanura muy nivelada sobre la cual, en la distancia, vimos cientos de tiendas. Los dos muchachos condujeron nuestros caballos felices sin ninguna carga, mientras que Rahim cabalgaba junto a nosotros. Todos nosotros y el bebé disfrutamos muchísimo del aire y el sol.

Elegimos un lugar bonito para acampar cerca de un arroyo de agua, en medio de un lirio azul, a unos cien metros de las tiendas del *jassak* de Barong, de cuya tienda salieron inmediatamente dos hombres para ayudarnos a montar la nuestra.

Tomando a Rahim y al bebé con nosotros, porque nunca consideramos prudente dejar al pequeño con los sirvientes cuando los dos estábamos fuera, fuimos a darle los regalos al *jassak* y averiguar qué había sido de las cargas que había dejado en su cuidado Bei Shi.

Por lo que Rockhill había contado en su libro *Land of the Lamas*, esperábamos un hombre educado y amable, especialmente porque nuestros regalos, que eran muy valiosos, se los hicimos a él y a su esposa tras ser aconsejados por los mongoles de Huangyuan de buscar la amistad de esta última. Al llegar a la puerta de la tienda, fuimos recibidos solo por subalternos y vimos sentado sobre unas alfombras a un hombre de unos treinta y siete años, vestido con una bata de tela azul oscuro y un sombrerito chino circular, con la cara muy gorda, sin tener una expresión atractiva.

No se había levantado para recibirnos, lo que suponía una falta de cortesía casi imperdonable, a la que no estábamos acostumbrados, pero que sabíamos que estaba calculada para darnos una opinión exaltada de su dignidad. Hicimos una reverencia y nos sentamos sobre alfombras que nos habían provisto mientras las mujeres nos servían el té en vasijas de porcelana en las que previamente se había puesto un trozo de manteca y algo de *tsampa*; también nos sirvieron un poco de pan frito en grasa y *hong zao*, una fruta china seca.

La tienda era grande y redonda, hecha de fieltro, con celosías a los lados y un agujero en el centro para dejar salir el humo del fuego que era emitido desde una chimenea redonda de barro, con la olla apoyada en un trípode de hierro. Las alfombras cubrían el suelo a los lados y las cajas estaban apiladas, dando un aire de opulencia que no se encuentra en las tiendas de campaña ordinarias. El cacique tenía una camita de madera de quince centímetros de alto que usaba para evitar el reumatismo, enfermedad que, según los médicos chinos, proviene de la tierra.

A cada lado de él se sentaba un lama, uno de ellos aparentemente absorto en la oración, pero en realidad escuchaba y veía todo lo que estaba pasando. La esposa del jefe y su hijita se sentaron en el lado opuesto de la tienda y, aunque esperábamos ver a la primera limpia y bien vestida, no lo estaba, ya que no se distinguía de otras mujeres mongolas en lo que respectaba a su atuendo.

Mujeres de varias edades llenaban la tienda, varios hombres estaban sentados cerca de la puerta, que también estaba llena de cabezas curiosas. No se encuentra tanta dignidad entre estos jefes nómadas como entre los mandarines chinos, porque el hombre más pobre puede entrar en la tienda del jefe y tomar té mientras se discute un trato o una transacción comercial. El jefe nos dijo que nuestros bienes habían llegado y que iría al pueblo por la mañana con el señor Rijnhart para recogerlos.

Cuando estábamos a punto de partir, se levantó y nos acompañó hasta la puerta, inclinándose y observándonos partir. Una anciana sostuvo un perro grande y feroz hasta que estuvimos fuera de peligro y caminamos lentamente hacia nuestra tienda, contentos de estar una vez más bajo el dulce sol al aire libre. Vino al día siguiente y nos trajo varios cientos de gramos de mantequilla amarilla fresca, medianamente limpia, un poco de *churma* y una oveja grande y gorda. No necesitábamos ningún favor o amabilidad por su parte, pero evidentemente había decidido que éramos gente a la que había que educar, o tal vez llegó a la conclusión de que, como esperábamos quedarnos algún tiempo, le convendría mostrarse agradable.

El clima durante la estancia aquí fue delicioso. Las llanuras cubiertas de hierba se extendían por todos lados y había innumerables tiendas con rebaños y manadas; hacia el sur podíamos vislumbrar los pasos de Nomoran y Burhan Bota en las montañas de Kunlun, más allá de las cuales estaba nuestra meta.

Cerca de nuestra tienda, un pájaro terrestre tenía su nido de cinco huevos escondido entre los lirios. ¡Cómo disfrutamos de su presencia!, ya que las aves, con excepción de los halcones y los cuervos, habían sido muy escasas.

Nuestros muchachos hacían turno para las diversas tareas. Uno se dedicaba a cocinar y hacía lo mejor que podía con las viandas, el segundo cuidaba de Charlie y el tercero actuaba como sirviente y cuidaba de los caballos por la mañana y por la tarde. El cacique nos abastecía de combustible para hacer pan y hacía que sus hombres trajeran leña de lejos, que en su mayor parte eran raíces excavadas en la arena.

La elaboración del pan era un acontecimiento de gran importancia. Teníamos una olla de latón de veinticinco centímetros de diámetro sobre la cual encajaba una tapa muy ajustada. Con ella cocinábamos nuestro pan, enterrándose en el fuego de estiércol seco de yak y teniendo cuidado de que no estuviera demasiado caliente.

En estas ollas se puede hacer pastel de frutas, y muchas otras clases de pasteles y bollos muy sabrosos, siempre que los ingredientes estén a mano, así como el combustible, que a veces nos resulta difícil conseguir. Guardamos dulces recuerdos sobre nuestra estancia de tres semanas en Tsaidam, porque allí nuestra pequeña familia pasó junta el último momento de tranquilidad bajo un clima soleado, sin una nube de preocupación o inquietud que empañara el disfrute completo.

El evento destacado fue la celebración, un 30 de junio, del cumpleaños del bebé. Como preparación para el día, se hizo un pastel de cumpleaños de harina, azúcar, mantequilla y pasas sultanas, y se invitó al cacique a que viniera a probar el «pastel extranjero». Por la mañana, los mongoles se sorprendieron al escuchar los cañonazos que se dispararon en honor de nuestro pequeño hijo, mientras que cada uno de nuestros sirvientes se sorprendió aún más cuando los llamaron y les entregaron un regalo.

Cómo disfrutó nuestro bebé esos días al hacer vibrar las tiendas de campaña de alegría con su risa musical, sus gritos y el golpeteo de nuestra palangana rusa de latón que usaba como tambor. Luego, de puro cansancio, se durmió y dejó el campamento invadido por una quietud endulzada por el hecho de que él todavía estaba allí.

El jefe venía a nuestra tienda con asiduidad y comerciábamos con él. Teníamos un poco de arroz que deseábamos cambiar por ovejas y él estaba ansioso por comprarlo, así que, por supuesto, nadie más se atrevió a hacer una oferta, porque él siempre gozaba de la preeminencia en asuntos de comercio y con frecuencia obtenía su parte de los beneficios de un buen negocio hecho por miembros de su tribu.

Lo encontramos despreciablemente mezquino, pues quería emplear básculas pequeñas y engañarnos con el precio mientras rogaba que añadiésemos un poco más, que es la solicitud típica de un comprador chino cuando algo se pesa o se mide en una transacción. No nos habríamos sorprendido tanto con el carácter de este hombre si hubiésemos leído previamente el relato de W. W. Rockhill sobre su segundo viaje, en el que él y su viejo amigo, el *jassak*, tuvieron una experiencia similar a la nuestra.

El pobre Dowe, guía de Rockhill en 1889, sufrió a causa de su muy preciado revólver, pues había estado exiliado en Shang, donde sus rebaños habían sido confiscados por el jefe y él mismo había caído en desgracia. Mientras se dirigía a Huangyuan, tuvo una discusión con un joven sirviente durante la cual amenazó con dispararle y sacó el revólver y disparó, aunque algunos de los mongoles dijeron que no fue intencionadamente.

Sin embargo, mató al hombre y la familia del difunto exigió el pago de una indemnización y el *jassak* condenó así a Dowe a la pobreza, aunque sin duda él mismo se benefició de la desgracia de su mayordomo. Cuando estuvimos por allí, Dowe estaba casi ciego y vivía en Shang, pero se las había arreglado para juntar algunas ovejas y yaks.

Un viejo comerciante de Huangyuan que estuvo en Tsaidam durante el verano se había convertido en un visitante frecuente de nuestra tienda. Había acompañado al funcionario chino que había sido enviado a investigar el homicidio de Dutreuil de Rhins, el viajero francés que había sido asesinado por los khampas en 1894. Su principal interés acerca de nosotros era en relación con el comercio de lana y regresaría a Huangyuan en agosto.

Le dimos nuestras cartas, dirigidas a nuestros amigos en casa, y dijo que las enviaría con alguien de confianza que iría antes que él, o que él mismo las llevaría al señor Uang, el comerciante de la puerta oriental, que con frecuencia llevaba o enviaba nuestras cartas a Xining. Estas cartas con buenas noticias no llegarían a Canadá hasta después de otras cartas mías que anunciaban la gran calamidad que nos sobrevino más adelante en nuestro viaje.

Mientras estuvimos en Tsaidam, nos proporcionamos veinticinco kilos de mantequilla y once ovejas para usar en el camino hacia el sur, con la esperanza de no volver a ver gente durante un mes. Este trueque nos hizo agradecer que no dependiéramos de estos mongoles para obtener nuestro *tsampa*, ya que el precio exigido era muy alto y tomaba mucho tiempo llegar a un acuerdo con ellos, pues cambiaban de parecer con frecuencia. También son grandes cobardes, y lograron infundir en las mentes de nuestros dos hombres temores del viaje más allá —que les causaba dilatarse al cruzar pasos y ríos—, especialmente acerca de ladrones que seguramente nos atacarían.

Después de cerciorarnos de que un grupo de mongoles orientales estaba atravesando el Tsaidam en su camino a Lhasa y Tashilhunpo, propusimos partir dos días después de ellos, porque sabíamos que existía la posibilidad de perder el rastro en los lugares donde el camino no estaba bien definido. Un joven lama acampado en una pequeña tienda blanca junto a la del *jassak* se dirigía a Lhasa con los mongoles, y a través de él supimos cuándo partiría la caravana e hicimos nuestros preparativos en consecuencia.

Una de nuestras razones para permanecer tanto tiempo en el Tsaidam fue la de familiarizarnos con las posibilidades del trabajo misionero entre los nómadas. Después de examinar el terreno, llegamos a la siguiente conclusión: una misión podría llevarse a cabo con éxito en el Tsaidam durante el verano, ya que los trabajadores regresan a Huangyuan en invierno.

Para inspirar confianza, sería prudente que los que se dedicasen a la obra misionera hicieran un poco de comercio, de lo contrario, los nativos supondrían que se ganaban la vida por arte de magia. No hay duda de que, con los hombres idóneos, se podría hacer también un buen trabajo en la distribución de los Evangelios, y el hecho de que tantos viajeros de Lhasa pasaran por el distrito daría a la misión un amplio alcance.

XIV. DISTRITOS DESPOBLADOS

Cruzando las montañas Kunlun – «El caldero de Buda» – Pantanos y colinas de arena – Yaks muertos esparcidos por el camino – Vado de Shuga Gol – Nuestros guías nos abandonan – Tormenta de nieve en el Hoh Xil – Nos encontramos con una caravana – El comienzo de las penas

La cadena montañosa de Kunlun se extiende a través del Tíbet de oeste a este, a unos treinta y seis grados de latitud, y prácticamente forma el límite norte del territorio tibetano inexplorado que se encuentra al oeste de los noventa y tres grados de longitud. La cordillera es también el límite sur del Tsaidam, y los nativos además la ven como la línea de demarcación entre un viaje cómodo y otro peligroso de Huangyuan a Nagchuka. Una vez que el viajero llega al sur del Kunlun, según dicen, seguramente encontrará peligros formidables en forma de pasos, ríos y bandidos.

Rockhill afirma que esta cadena montañosa al sur del Tsaidam no tiene nombre, y Przewalski la bautizó como Burhan Bota (Caldero de Buda), lo cual es un error, porque ese es el nombre no de la cordillera, sino de uno de los pasos que la atraviesa.

Como cualquier otra caravana en su camino hacia el interior del Tíbet, habíamos descansado mucho tiempo en el Tsaidam y reunido fuerzas para el ascenso y el cruce de Burhan Bota y otros pasos elevados en el camino, lo que, debido a la escasez de pastos y la gran altitud, grava al máximo la capacidad de viaje tanto del hombre como de la bestia. Aprendimos del lama mencionado anteriormente que los viajeros a menudo se congregan en el mismo borde de las llanuras del Tsaidam porque hay hierba que ayuda a los animales alimentarse bien, porque, inmediatamente al pie del paso, donde siempre se hace otra parada antes de intentar el ascenso, la hierba es muy mala.

A la mañana siguiente, después de que la tienda de nuestro lama desapareciera de su posición junto a la del *jassak*, dejamos la proximidad de este último y nos dirigimos al último lugar de parada al norte de las montañas.

Siempre he creído que las ovejas eran animales dóciles que siguen tranquila y dócilmente a su pastor, pero, cuando recuerdo ese día en el Tsaidam con sus pantanos traicioneros intercalados con llanuras cubiertas de hierba, estas ideas se desvanecen por completo de mis pensamientos. Las ovejas saltaban y corrían ese día en todas direcciones, excepto en la que se quería ir: primero para unirse a los rebaños del *jassak* y, cuando se separaban de estos, se iban directamente enfrente de otro rebaño, con una oveja particularmente ambiciosa siempre a la cabeza.

Los pobres Rashi y Gazhuenzi se pasaron toda la noche buscándolas. Colocamos los postes de nuestra tienda como un trípode sobre el cual colocar nuestra jofaina de bronce y encendimos en ella un gran fuego que sirviera de faro, porque temíamos que se perdieran en el pantano.

No lejos de nosotros había una tienda en la que vivía una pareja de ancianos, y de ellos recibimos leche fresca que llevamos en botellas a la mañana siguiente en nuestro viaje. ¡Desolada esterilidad aquella de ese páramo pantanoso! ¡Solo colinas de arena, grava y matorral! Ni una señal de vida en ningún lugar, ni una gota de agua corriente, solo se veía aquí y allá un pequeño hueco en el lecho de lo que había sido aparentemente una acequia, escondido a la sombra de un arbusto. Encontramos un poco de agua, pero no la suficiente para refrescarnos a nosotros y a los caballos.

Se hizo casi oscuro y el señor Rijnhart se adelantó para encontrar un lugar donde acampar entre matorrales de la orilla de un gran arroyo que fluía hacia Dsun, en un profundo barranco justo al pie de la montaña que se elevaba frente a nosotros. Parecía cruel atar a los caballos, pero no había ni una brizna de hierba y, cuando tal es el caso, los animales se alejan millas en busca de comida a menos que se tomen medidas, así que les dimos un poco de cebada y todos se prepararon para el ascenso al Burhan Bota el día siguiente.

Partimos poco después del amanecer. Nuestro ascenso comenzó al principio por un cauce seco, donde no se veía ni una mota de verde. Sin embargo, esparcidos aquí y allá yacían yaks muertos, muchos de ellos reducidos a esqueletos y otros fallecidos más recientemente.

De estos últimos contamos cuarenta y dos, y la imagen nos hizo detenernos a reflexionar sobre el nombre del paso y preguntarnos si la explicación de su nombre, «Caldero de Buda», no se encuentra en el hecho de que reclama tantos sacrificios de estos pobres animales. ¿O fue el nombre sugerido por los vapores que se ciernen sobre él, que los nativos llaman venenosos por el efecto deprimente que producen en los viajeros? Huc describió las molestias y dolores sufridos en la subida de este paso, que la mitad de su caravana cruzó de un tramo mientras la otra mitad se quedó a medio camino con la intención de cruzar al día siguiente.

Acampamos a cierta distancia de la cumbre, donde había indicios de que los *kopas* se habían detenido y donde había comida, agua y pasto bastante bueno. Nuestro campamento estaba en un hermoso hueco en las colinas que, con sus variadas formas y matices, se elevaban hasta las nubes frente a nosotros. Tan grande era la elevación a la que habíamos llegado que el terreno que acabábamos de atravesar parecía, al mirar hacia atrás, pertenecer a otro mundo muy por debajo de nosotros.

Aunque los nativos nos aseguraron que siempre llovía cada vez que alguien cruzaba este paso, probablemente por la gran altura y las nubes que se cernían sobre la cumbre, hacía buen tiempo, pero nadie lo disfrutó demasiado, ya que todos, excepto Rahim, tenían dolor de cabeza.

Gazhuenzi estaba muy enfermo, y el pequeño Charlie estaba perfectamente dispuesto a acostarse conmigo y guardar silencio, porque descubrimos que nos sentíamos mucho mejor cuando estábamos quietos y postrados. En la parte superior del paso había un gran *obo* y nuestros compañeros nativos colocaron una piedra sobre el montón, cantando en voz alta y alegre su agradecimiento a los espíritus por ayudarnos a subir con éxito la cima, una tarea nada fácil. Las caravanas que salen del interior pagan mucho en aquella localidad por los yaks y caballos perdidos en la travesía de este paso. El duro trabajo y las grandes extensiones de tierra sin forraje que llegan al final de un largo viaje hacen sucumbir a un gran número de ellos.

Qué delicia fue acampar en la hierba frondosa después de descender por caminos ásperos, donde los matorrales nos proveyeron de abundante leña. Tal fue nuestro siguiente lugar de campamento a la orilla de un hermoso arroyo del que al día siguiente seguimos su curso para desviarnos de él por el camino de las caravanas que nos llevó a otro arroyo, mostrándonos que ascendíamos de nuevo. De hecho, se podría decir que el viaje de todo ese mes fue una serie de altibajos en más de un sentido: el camino ascendía o descendía continuamente, la hierba y la leña eran abundantes un día y al siguiente absolutamente escasas.

Como nos encontrábamos en un terreno deshabitado y no teníamos expectativas de ver seres humanos durante un mes o más, la aparición de cuatro hombres y algunos camellos fue un espectáculo bienvenido y ocasión de marcada cortesía por ambas partes. El señor Rijnhart les entregó un poco de pan y Rahim intercambió tabaco con ellos. Formaban parte de una gran caravana que se dirigía de Lhasa a Huangyuan, pero los bueyes iban varios días detrás de ellos, pues se movían muy despacio.

La simple imagen de ellos nos dio una sensación de compañía que era agradable después de estar aislados en las montañas, y avanzamos con la esperanza de encontrarnos en cualquier momento con otro pequeño grupo que avanzara hacia el Tsaidam.

Bien recuerdo la belleza del lugar de acampada al día siguiente. Se situaba a la orilla de un caudaloso arroyo que aparentemente brotaba de manantiales en unas montañas muy altas donde se divisaba una cumbre solitaria que se elevaba en su magnificencia sobre todos los picos circundantes como si fuera un centinela en guardia.

Nuestras tiendas estaban colocadas entre lechos de delicadas prímulas rosadas que cubrían la alfombra de hierba. Pero no todo iba a ser sol, porque esa noche la lluvia cayó a cántaros y causó que el viaje fuera imposible a la mañana siguiente. Ese día los hombres se vieron en la necesidad de caminar unas diez millas por leña. Consideramos prudente trasladar nuestro campamento a las colinas, ya que si, como todo indicaba, la lluvia continuaba, podríamos haber estado en peligro por el arroyo de la montaña, que ahora era lodoso y crecía rápidamente, aunque finalmente esto resultó ser un temor infundado.

Habíamos visto estos arroyos silenciosos cambiar repentinamente en torrentes embravecidos, llevándose todo por delante en su curso desbocado, de ahí nuestra determinación a trasladarnos a terrenos más altos y evitar alfombras floridas en el futuro, sobre todo si estaban en las orillas de un arroyo propenso a desbordarse de repente.

Las mulas salvajes, los antílopes, los osos y los yaks salvajes abundaban en estas regiones, pero, debido al clima húmedo, era difícil conseguir combustible y, a veces, los cuernos de yak cortados en astillas finas, junto con las raíces de las malas hierbas, era todo lo que podíamos encontrar. Estos combustibles eran apenas suficiente para más que calentar agua para el té, aunque siempre teníamos suficiente leña seca que llevábamos en una carga para preparar la comida del bebé.

Ahora nuestro camino discurría en dirección oeste-suroeste y seguía en su mayor parte arroyos que parecían formar aberturas en las montañas. Luego subimos a un paso en el que había un pequeño *obo*. Después de seguir un riachuelo, cruzarlo y recruzarlo varias veces, vadeamos el Shuga Gol, el cual, al estar muy crecido con las lluvias recientes y tener un fondo de arena y grava que se hundía con el peso, era casi imposible de vadear. Vimos con considerable ansiedad cómo algunos de nuestros caballos cargados eran casi arrastrados por la corriente espumante, y a veces se hundían en hoyos.

La tediosa marcha por terreno cenagoso y arcilla roja a lo largo del río en busca de un campamento con buena hierba y agua de manantial debió desanimar a nuestros dos muchachos, Rashi y Gazhuenzi, pues notamos que no eran tan amables y alegres como antes. Una mañana, cuando nos levantamos, descubrimos que habían salido del campamento durante la noche, llevándose consigo sus propias pertenencias, una olla y comida suficiente para el viaje de regreso.

El descubrimiento causó cierta sorpresa, y el señor Rijnhart, con Rahim, montaron nuestros mejores caballos para buscar y, si era posible, traer de vuelta a los vagabundos, dejándonos a Charlie y a mí con Topsy para esperar su regreso.

Nuestro campamento estaba en lo alto de un rincón protegido en las colinas a la orilla del río, con hierba verde brillante y hermoso musgo a lo largo de pequeños manantiales burbujeantes. Las montañas se elevaban en la distancia, las cumbres cubiertas de nieve de las más altas miraban hacia abajo con tranquila superioridad y daban la impresión de que eran conscientes de su propia altura. No hay soledad como la de las montañas, tal vez porque su majestuosidad impresiona tanto y hace que uno sienta que la naturaleza está demasiado lejos de ser amigable.

Ese día que pasé sola en las colinas, sin árboles, pájaros o flores cerca, me hizo darme cuenta de la dulzura proporcionada por la compañía de un niño pequeño y un perro, quienes parecían sentir la soledad y se esforzaban por ser alegres y sociables, mientras que, de vez en cuando, un escalofrío atravesaba mi corazón al pensar: «¿Y si algún accidente les impide su regreso?». ¿Era un presentimiento del futuro, un susurro de lo que sucedería? El pensamiento no fue albergado, pero una pequeña prenda que estaba siendo tejida para un bebé creció muy rápidamente bajo mis dedos ese día, y grande fue mi regocijo cuando al final de la tarde los hastiados caballos trajeron a sus jinetes a casa, a pesar de que llegaron sin los dos muchachos.

Confiamos en que estos últimos llegaran al Tsaidam a salvo, porque tenían mucha comida y el camino era bueno, pero llovió al día siguiente y los ríos debieron haber estado muy altos, lo que hizo que vadearlos fuera peligroso.

La deserción de estos hombres nos dejó en un dilema, pero reacomodamos nuestras cargas para que dos caballos pudieran manejarlas fácilmente, también los alimentamos con algo de comida extra y continuamos nuestro viaje después de un descanso de cuatro días. Las tormentas parecían ser la norma, porque nevaba y granizaba a eso de las doce todos los días. A pesar de todo, nos abrimos paso más allá de un lago llamado Uyan Khar, a través de una llanura donde el sendero era apenas visible y donde las arenas movedizas eran numerosas. Alcanzamos un campamento junto a manantiales con abundantes cebollas silvestres, las cuales daba gusto de ver.

En esta misma región, Rahim había tenido una experiencia espantosa cuando salió del Tíbet en 1896. Él y dos compañeros fueron los únicos sobrevivientes de los seis que siguieron los pasos del capitán Wellby, mientas avanzaban a dos días de marcha detrás de este último, hasta que descubrieron señales de una gran caravana con yaks que había cruzado el río Chumar justo antes que ellos.

No tenían comida, excepto por una flor azul de la familia de las lamiáceas y cebollas silvestres, y aquí, en nuestro campamento, vieron un yak domesticado, probablemente uno que se había fatigado demasiado y fue abandonado por la caravana mencionada anteriormente. Según nos contó, mataron a este yak, pero estaban tan debilitados por el hambre que simplemente se sentaron y comieron el hígado crudo, sin esperar a cocinarlo. El ojo oscuro del oriental brilló de alegría al recordar que en este mismo lugar las huellas de una caravana indicaban que nos acercábamos de nuevo a los lugares frecuentados por los seres humanos.

Las cebollas silvestres crecen en grandes cantidades en estos distritos y son particularmente bienvenidas por los viajeros, ya que crecen en puntos a lo largo de los caminos de las caravanas, donde no hay carne para comer y son la única verdura disponible para la dieta. Invariablemente, acampábamos cuando era posible en lo que anteriormente habían sido campamentos de *kopas*, sobre fogatas extinguidas y junto a los pequeños *obos* alrededor de las colinas. Estos servían como puntos de referencia para señalar el camino, como lo hicieron los árboles quemados en tiempos de los colonizadores en nuestro propio país.

El cadáver de un hombre al costado del camino relataba su propia historia patética. Seguramente había enfermado y no pudo seguir el ritmo de su caravana, se habría quedado atrás con un suministro de ropa y comida y habría muerto solo cuando se le agotó el alimento. Allí, rodeado por sus vestiduras esparcidas y rasgadas, yacía su cuerpo, la carne parcialmente devorada por las fieras y las águilas. Rahim se estremeció ante esta macabra vista y nuestra llegada al río Chumar, pues le recordaba a su propia huida de un destino similar, en el mismo río donde había visto por primera vez las huellas de los *kopas* que lo ayudaron, y revivió la memoria de lo amable que había sido el *kismet*[14] con él.

Habiendo acampado de nuevo cerca de unos *obos* hechos de grandes piedras de oración situados al este de una cadena baja de colinas, y después de haber cruzado algunas dunas de arena, vadeamos el Chumar, una de las cabeceras del Yangtsé, y, aunque en el vado la profundidad era menor que en otras partes, tuvimos mucha dificultad para cruzarlo, porque había varias ramas separadas por pequeños bancos de arena con matas de hierba.

En el primer ramal, nuestros caballos se hundieron en las arenas movedizas y, si Rahim no hubiera sido un experto en tales habilidades, habríamos perdido varias cargas. El último ramal era muy profundo, donde tuvieron que nadar todos los caballos. Luego

---

[14] Palabra que significa «destino» o «suerte» en árabe. (N. del T.)

pasamos a través de un pantano cenagoso que casi agotó a nuestros animales. Parecía que a cada paso cederían los cimientos vacilantes y nos hundiríamos en algún lugar de las profundidades de la tierra. Los caballos y camellos muertos esparcidos por el camino daban evidencia de las extremas dificultades de transporte a través de este traicionero pedazo de tierra.

A la entrada de la sierra de Hoh Xil, al sureste del valle, llegamos a un lugar donde evidentemente las caravanas habían permanecido durante varios días y donde un perro que se había roto el lomo vigilaba unos caballos muertos, resentido por la llegada de Topsy. El ascenso por el Hoh Xil es al principio gradual, pero cerca de la cima se vuelve muy empinado.

Nos alcanzó una violenta tormenta de nieve y temimos desorientarnos, pero dos *obos* nos indicaron la llegada a la cumbre y una cuidadosa bajada nos llevó a un lindo campamento. La transición del área de una tormenta de nieve alrededor de la cima de un paso, con sus senderos irregulares y pedregosos, sus picos sombríos y *obos*, hacia la luz del sol, con la hierba verde y los arroyos de cristal brillante debajo, transmite una sensación sumamente placentera y hace que el pulso palpite de alegría con una sensación de satisfacción.

El viaje de los siguientes días nos llevó a diferentes brazos del Ulan Muren y a uno de los brazos del Mur Ussu, otra parte alta del Yangtsé, llamado así por los mongoles y Dre Chu por los tibetanos. A continuación, muestro fragmentos del diario del señor Rijnhart que darán una idea adecuada sobre la localidad:

10 de agosto. Hoy es un día hermoso y caluroso. Comenzamos a las ocho en punto, viajo a través de colinas de arena cubiertas escasamente de hierba, pasamos a lo largo del lado este de un lago, luego giramos hacia el suroeste y entre dos lagos. En la orilla norte del sur hay muchos obos grandes. Hacemos una parada después de viajar tres horas y media en el extremo occidental de un lago, al norte del Mur Ussu, donde directamente al sur de nosotros hay un pico nevado, la montaña Dorst y la montaña Joma al sureste, otro pico nevado. A Charlie le están saliendo los dientes.

11 de agosto. Charlie está un poco mejor. Comenzó con buen tiempo en el extremo noreste del lago. Aproximadamente una hora después llegamos a un gran brazo del Mur Ussu; en uno de los arroyos más grandes, los caballos nadan; se mojan muchas cosas, pero cruzamos con alivio. En el camino hay una terrible tormenta de granizo; pasamos dos pequeños lagos, uno al este y otro al oeste de nuestro camino. Avistamos el brazo más grande de Mur Ussu, un afluente del Yangtsé; acampamos en la orilla derecha.

El ramal principal del Mur Ussu es muy grande, fluye tranquilamente en un lecho profundo y nos dio una sensación de ser incapaces de vadearlo, a no ser que se extendiera a un ancho mayor más adelante. Seguíamos buscando mientras bordeábamos sus orillas cuando en la distancia divisamos varios yaks y Rahim anunció que estaban ensillados. La vista de Rahim era mucho más aguda que la nuestra, pues apenas pudimos verificar sus palabras por medio de nuestro catalejo. Estábamos todos en estado de alerta cuando de repente vimos algunas tiendas blancas y, al acercarnos, descubrimos que había catorce de ellas y alrededor había como mil quinientos yaks y muchos caballos.

Nuestro camino pasaba por el centro del campamento y, sin ningún temor, proseguimos y fuimos recibidos muy amablemente por los viajeros, la mayoría de los cuales nos conocían. Llevaban solo un mes de regreso desde Nagchuka y se dirigían a Huangyuan, así que enviamos cartas a nuestros amigos mediante ellos. Por el modo en que sus yaks chorreaban de agua, que todavía estaban tendidos al sol para secarse, llegamos a la conclusión de que el río frente a nosotros, y que acababan de cruzar, era muy profundo, y, aunque querían que acampáramos junto a ellos, salimos a vadear las aguas, que probablemente nos mojarían tanto que tendríamos que parar en la otra orilla y secarnos.

Eran cinco ramales y, mientras los *kopas* vigilaban nuestro paso, cruzamos primero uno y luego otro. Los caballos nadaban a ratos. El único que disfrutó del vado fue Charlie, que gritaba de alegría cuando animábamos a los caballos para despertar su coraje y el nuestro.

La sensación de acampar al otro lado del río, enfrente de nuestros amigos, era peculiar. Las tiendas de la orilla opuesta parecían un pueblo, pero por la mañana había desaparecido todo vestigio de sus viviendas y nos encontramos solos de nuevo. Esa noche sufrimos la peor tormenta que habíamos experimentado en el camino, pues pareció que en cualquier momento la tienda y todo el equipo saldrían volando, pero estabilizamos los postes y, tras esperar un tiempo, todo el peligro aparente había pasado. Más tarde, algunos de los *kopas* debieron visitar nuestro campamento, porque, a la mañana siguiente, para nuestra consternación, cinco de nuestros mejores animales habían desaparecido. Indudablemente, habían sido robados, ya que los rastreamos hasta el cruce de un río con las huellas de otro caballo y un perro.

Este hecho marcó el comienzo de las penas, pues a Charlie le habían empezado a salir los dientes, lo que nos causaba no poca ansiedad, pero recorrimos etapas muy cortas y pareció mejorar, aunque tenía una glándula en el cuello inflamada. En la orilla de un gran río, Rahim disparó y mató a una mula salvaje, parte de cuya carne nos complació usar como alimento, ya que no habíamos probado carne durante muchos días.

En la región más desierta por la que habíamos pasado, nos encontrábamos sin guías, habíamos perdido cinco de nuestros caballos y vimos la mano de la aflicción caer sobre nuestro pequeño hijo.

XV. OSCURIDAD

Acercándonos a las montañas Dangla – La muerte de nuestro pequeño hijo – La tumba solitaria bajo la roca

Después de seguir el camino occidental desde el Tsaidam, habíamos ascendido muchos pasos y, aunque algunos de ellos estaban a más de cuatro mil ochocientos metros sobre el nivel del mar, en ninguno encontramos nieve vieja o helada, por lo tanto, la línea de nieve en esa región no puede ser inferior a una altitud de cinco mil trescientos metros.

Los animales salvajes abundaban en muchas localidades, y a veces los yaks eran visibles desde muy cerca. Un buen día sorprendimos a varios de estos, que, al vernos, cargaron a través de un gran arroyo agitando sus enormes colas en alto y, al entrar de cabeza en el agua, levantaron una rociada que se elevó formando nubes, presentando una vista magnífica. Vimos mulas salvajes en gran número, especialmente después de cruzar el río Mur Ussu, mientras que los osos y los antílopes eran imágenes cotidianas.

El 21 de agosto, después de haber ascendido durante varios días, nos encontramos viajando directamente hacia el sur mientras seguimos un hermoso arroyo hasta su nacimiento, probablemente uno de los altos de Mur Ussu. Frente a nosotros se encontraban las montañas Dangla, cubiertas de nieve y bañadas por el sol, imponentes en su majestuosidad y, para nosotros, diez veces más interesantes porque inmediatamente más allá de ellas se encontraba el distrito de Lhasa, el mismo lugar donde se desconocían las buenas nuevas del Evangelio y en el que el dalái lama ejerce el poder supremo, temporal y espiritual, sobre el pueblo. Además, como esperábamos obtener permiso para residir en ese distrito mientras no intentáramos entrar en la capital, parecía que nuestros viajes casi habían terminado por el momento.

Esta esperanza, sumada al hecho de que los ocho dientes de nuestro querido hijo, que habían estado luchando por salir, ahora brillaban blancos sobre las encías, nos levantó el ánimo y todos cantamos de alegría mientras recogíamos ramos de flores de leguminosas de color rosa brillante a medida que avanzábamos.

La mañana del día más oscuro de nuestra historia amaneció luminosa, alegre y llena de promesas, sin presagio de la nube que estaba a punto de caer sobre nosotros. Disfrutamos mucho de nuestro desayuno, Charlie comió con más ganas de lo que lo había hecho en varios días y reanudamos nuestro viaje llenos de esperanza. Hablábamos del futuro mientras cabalgábamos, de nuestros planes, trabajo, desconocidos éxitos y fracasos, y de la posibilidad de ir a la frontera india cuando terminara nuestra estancia en el interior del Tíbet. Luego volveríamos a América y Holanda antes de regresar a Huangyuan, o al interior del Tíbet nuevamente.

Nuestra imaginación nos llevó a soñar la evolución de nuestro hijito; en un santiamén le añadimos años a su estatura y el infante había crecido hasta convertirse en un niño juguetón lleno de vida y vigor, sediento de conocimiento y digno de la mejor instrucción que pudiéramos darle.

Decidimos con deliberación darle a su educación nuestra supervisión personal y los libros que le procuraríamos: los mejores y más científicos en inglés, francés y alemán. «Debe tener una infancia feliz —dijo su padre—. Tendrá todos los juguetes, trenes, caballitos y demás cosas que tienen los muchachos en la patria, para que cuando sea grande no sienta que, por ser hijo de misionero, se ha perdido los gozos que iluminan la vida de otros chicos». ¡Cómo resonaban los tonos de su voz de bebé mientras avanzábamos! Todavía puedo escucharlo gritar vigorosamente a los caballos imitando a su padre y Rahim.

De repente, una manada de yaks en la orilla del río cerca de nosotros tentó a Rahim para intentar dispararles, pero los animales, al oler el peligro, corrieron hacia las colinas a nuestra derecha. Más tarde, al otro lado del río vimos otros yaks, aparentemente algunos estaban aislados y se dirigían hacia nosotros, pero, al examinarlos más de cerca, descubrimos que eran yaks mansos conducidos por cuatro hombres montados a caballo acompañados por un gran perro blanco. Los hombres evidentemente pertenecían a la localidad, y esperábamos que vinieran a intercambiar con nosotros cortesías ordinarias, pero para nuestra sorpresa, cuando nos vieron, rápidamente se cruzaron en nuestro camino y, evadiéndonos cuidadosamente, desaparecieron en las colinas. Esta extraña conducta de su parte despertó en nuestras mentes sospechas en cuanto a sus intenciones. Elegimos cuidadosamente un lugar para acampar escondido por pequeñas colinas; el río fluía al frente y el pasto era bueno.

Aunque la voz del bebé se había escuchado unos momentos antes, el señor Rijnhart dijo que se había quedado dormido, así que, como de costumbre, Rahim desmontó y lo tomó de los brazos de su padre para que no lo molestaran hasta que la tienda estuviera montada y la comida preparada. También había desmontado y tendido en el suelo el edredón y la almohada que llevaba en la silla. Rahim acostó muy tiernamente a nuestro encantador niño y, mientras yo me arrodillaba lista para cubrirlo cómodamente, su apariencia atrajo mi atención. Fui a moverlo y encontré que estaba inconsciente. Un gran miedo me estremeció y le grité al señor Rijnhart que me sentía preocupada por el bebé, y le pedí que me consiguiera rápidamente la jeringuilla hipodérmica.

Rahim me preguntó qué le pasaba y, tras mi respuesta, una mirada de dolor cruzó su rostro mientras se apresuraba a ayudar a mi esposo a conseguir la jeringuilla. Entretanto, le aflojé la ropa al bebé, le froté las muñecas, le hice la respiración artificial, aunque estaba casi segura de que nada serviría, pero oré a Aquel que tiene toda la vida en sus manos para que nos permitiera conservar a nuestro amado hijo. ¿No sabía Él cuánto lo amábamos? El bebé era la alegría misma de nuestra vida, la única cosa humana que endulzaba la existencia y el trabajo en medio de la desolación y el aislamiento en el Tíbet. ¿Sería posible que el hijo de nuestro corazón nos fuera arrebatado en ese lúgubre país montañoso, por la mano fría y helada de la Muerte? ¿De qué valieron nuestros esfuerzos por resucitarlo? ¿De qué sirvieron nuestros cuestionamientos?

El golpe ya había caído, y nos dimos cuenta de que teníamos entre los brazos el cofre que había contenido a nuestra preciosa joya; la joya misma había sido tomada por un marco más brillante en un mundo aún más; la pequeña flor que florecía en el desolado y árido Dangla había sido arrancada y trasplantada en las montañas exquisitas para regodearse y florecer para siempre bajo la luz del sol del amor de Dios. Pero no había consuelo posible. ¡Qué vacío en nuestros corazones! ¡Qué vacía y desolada nuestra tienda, que mientras tanto había sido levantada y tristemente habitada!

El pobre Rahim, que había amado tanto al niño, rompió en fuertes lamentos, gimiendo como solo los orientales pueden hacerlo, pero con verdadero dolor, porque su vida se había entrelazado tanto con la del niño que sintió que se le quebraban las fibras del corazón. ¿Y el padre, ahora privado de su único hijo, que apenas unos momentos antes había estrechado cálido contra su pecho sin saber cuán débil se estaba haciendo el latido de su pequeño corazón?

Tratamos de pensar en ello de manera eufemística, elevamos nuestros corazones en oración, tratamos de ser sumisos, pero todo era tan real... La realidad nos miraba fijamente a la cara; estaba escrito en las rocas; reverberó a través del silencio de la montaña: el pequeño Charlie estaba muerto.

Mientras estaba sentada en la tienda abrazando la bella figura de mi querido pequeño, el señor Rijnhart me recordó con ternura que los tibetanos no entierran a sus muertos, sino que simplemente arrojan el cuerpo sin ropa a la ladera de la colina para que sea devorado por las bestias del campo y las aves del cielo.

Si los hombres que habíamos visto recientemente y cuyas acciones eran tan sospechosas venían a robarnos, temíamos que se deshicieran del cuerpo de nuestro pequeño como era su costumbre, lo cual sería para nosotros una prueba aún mayor que la anterior pérdida de nuestros bienes, y así, a regañadientes y con ternura, sugirió, para evitar tal calamidad, que nuestro precioso hijito tuviera una sepultura cristiana ese mismo día. Arrodillados juntos, oramos para que Dios, que nos amaba y cuyos hijos éramos, nos hiciera fuertes y valientes.

Vaciamos la caja de medicamentos de su contenido y la forramos con toallas para fabricar un ataúd que yo misma preparé. Entretanto, el señor Rijnhart y Rahim fueron a cavar la tumba. Con manos que al rozar palpitaban con ternura, vestí al bebé con una franela japonesa blanca y lo acosté de lado en el ataúd, donde se veía tan puro y tranquilo como si estuviera en un dulce y reparador sueño. En su mano se colocó un pequeño ramo de asteres silvestres y amapolas azules que Rahim recogió de la ladera de la montaña, y, a medida que transcurría la tarde, parecía volverse más hermoso y precioso, pero se acercaba la noche y los peligros amenazaban, y debía llegar el último acto de dolor.

Muchas de sus pequeñas pertenencias fueron depositadas en el ataúd, acompañadas de nuestros nombres escritos en un lienzo y en cartulinas. Luego llegó la agonía de la última mirada. Nuestro único hijo, ¡que había traído tanta alegría a nuestro hogar y que había contribuido tanto con sus muecas graciosas a despertar la amistad de los nativos! El pensamiento de dejar su cuerpo en un lugar tan frío y desolado parecía más de lo que podíamos soportar. Cuando los tres nos paramos sobre la tumba, bajamos la cajita. El señor Rijnhart condujo el servicio de entierro en la lengua nativa para que Rahim pudiera entender, y la tierra fría del Tíbet, la gran tierra prohibida, se cerró sobre el cuerpo del primer niño cristiano encomendado a su seno: el pequeño Charles Carson Rijnhart, de un año, un mes y veintidós días de edad.

El señor Rijnhart y Rahim hicieron rodar una gran roca sobre la tumba para evitar que los animales salvajes la excavaran y borraron lo mejor posible todos los rastros de un entierro reciente.

Había otra razón para este hecho. Los nativos a menudo entierran mercancías cuando sus animales de transporte no pueden continuar con su viaje. Los ladrones, conscientes de esta costumbre, buscan botín dondequiera que encuentren la superficie del suelo alterada. Si descubrieran nuestra pequeña tumba, sabíamos que la perturbarían y, en su desilusión, la profanarían con desenfrenada indiferencia.

Cuando terminó el funeral, regresamos a la tienda de campaña, pero ¿podríamos comer?, ¿podríamos tomar té?, ¿podríamos cerrar los oídos al frenético lamento de Rahim? Solo podíamos decir: «Señor, estamos afligidos por el dolor, no podemos entender por qué debiera ser así, pero ayúdanos a decir "Hágase tu voluntad"».

Menos de un mes después nos dimos cuenta de que Dios nos había tratado con mucha amabilidad al tomar a nuestro pequeño cuando estábamos en una situación cómoda, con suficiente comida para él, una tienda para dormir y caballos para montar, pues más tarde nos encontraríamos con apenas suficiente comida básica para subsistir durante unos días, mientras viajábamos a pie y el señor Rijnhart cargaba sobre su espalda una pesada carga.

Cuando llegó la noche, el cielo estaba inusualmente oscuro. ¿Qué más apropiado que una tormenta nocturna después del tumulto interno de ese día? El trueno retumbó, el relámpago brilló, mientras que de las nubes negras caía a torrentes la lluvia que, a medida que los vientos se enfriaban, se congeló en nieve. No pudimos dormir. Solo podíamos pensar en nuestro precioso hijo y estar agradecidos de que el cuerpo del que se había ido la chispa vital no tenía poder para sentir el frío de la montaña. La cama del pequeño siempre había estado hecha de mantas y pieles, y se habían tomado todas las precauciones para excluir cualquier corriente de aire de su rincón, y ahora, ¿qué necesidad teníamos de tener cuidado? No era necesario, porque no se acostó con nosotros, ahora estaba en otro mundo, libre de toda preocupación y pesar futuros. Querido hijo, ahora, como entonces, espero que sigas bien.

Cómo lo extrañé al levantarme la mañana siguiente, porque no había ningún niño pequeño para vestir, nadie para saborear alegremente su comida o ver la cuchara ir hacia delante y hacia atrás con cada bocado. Cuando llegó el momento de partir, nos despedimos con tristeza de la pequeña tumba y su fuerte roca protectora. Parecía imposible abandonar el lugar, pues sabíamos que cada paso nos alejaba más del sitio que guardaba nuestro tesoro más preciado, con la convicción de que probablemente nunca más regresaríamos allí.

Antes de partir, convenimos que, con la ayuda de Dios, buscaríamos con esmero para encontrar otro misionero dispuesto a trabajar en el Tíbet, en nombre de nuestro pequeño. El señor Rijnhart, en lugar de montar primero y hacer que le entregaran al bebé como era su costumbre, me colocó con ternura en la silla y los tres, sollozando, nos alejamos. Siguiendo el arroyo, vimos algunos osos con sus cachorros cavar en busca de raíces y nuevamente nos sentimos agradecidos por la fuerte roca sobre la pequeña tumba.

¿Qué mejor que cerrar este capítulo con una cita del diario del señor Rijnhart, fechada el 23 de agosto, día de nuestra partida de este, para nosotros, lugar más sagrado del Tíbet? Dice así:

Hoy comenzamos con el corazón roto al dejar atrás el cuerpo de nuestro amado en regiones de nieve eterna, donde la madre del río Yangtsé fluye tranquilamente. Su tumba está en la orilla occidental de uno de los ramales del sur del Mur Ussu, al pie de las montañas Dangla, a poco más de dos horas al norte de los manantiales de agua mineral de Dangla y a unas diez horas de viaje desde el campamento kopa más cercano en el distrito de Lhasa dirección a Nagchuka.

XVI. MÁS ALLÁ DEL DANGLA

Abordados por espías oficiales – Nuestra fuga – Los nativos compran copias de las Escrituras – Nuestra escolta a la tienda del pombo

Se necesita un periodo de varios días para subir lentamente hasta la cima del Dangla por su cara norte, y, después del primer descenso repentino y empinado en el sur, el camino desciende gradualmente durante días y es comparativamente fácil de recorrer tanto para las personas como para los animales.

Aunque hacía calor cuando el sol brillaba intensamente, en la noche del 25 de agosto había casi tres centímetros de escarcha y la leña estaba mojada. Algunos de nosotros tuvimos que acostarnos sin cenar y no pudimos desayunar, pero en el camino Topsy atrapó una liebre grande, y en media hora nos acercamos al primer campamento tibetano, en la orilla opuesta del Dang Chu, cuyo curso descendente habíamos seguido.

Después de cuatro horas, lo vadeamos y acampamos en la orilla oeste. Poco antes de cruzar, se acercaron dos hombres fuertemente armados que cabalgaron muy cerca detrás de nosotros, luego regresaron a la orilla opuesta y, como no nos dirigieron la palabra, supusimos que habían estado espiando nuestros movimientos.

En la altitud considerablemente más baja donde nos encontrábamos ahora había abundancia de combustible y, como el día era cálido, nos detuvimos y aprovechamos la grata oportunidad de hacer pan y disfrutar de una deliciosa comida de arroz y liebre. Como Topsy había proporcionado esta última, no fue olvidada.

Aunque habíamos sido vistos por la gente de los grandes campamentos que nos rodeaban, nadie se acercó a nosotros y tampoco estábamos ansiosos por comunicarnos, así que nos mantuvimos alejados de sus tiendas. Por la noche, uno de nuestros caballos murió inoportunamente, y a la mañana siguiente Rahim y el señor Rijnhart se vieron obligados a caminar y montar alternativamente.

Después de haber estado en el camino unas tres horas, nos encontramos en una hermosa pendiente con ocho tibetanos montados que estaban armados con pistolas y espadas y se veían muy diferentes a cualquier otro tibetano que hubiéramos conocido. Todos estaban muy sucios, vestían túnicas de piel de cordero, ceñidas tan alto que, cuando iban montados a caballo, dejaban las rodillas desnudas. Algunos de ellos tenían el cabello recogido en una coleta adornada con anillos de marfil o plata engastados con coral, todos atados alrededor de sus cabezas; mientras que otros tenían sus tupidos mechones colgando sobre sus rostros, dándoles la apariencia de hombres salvajes.

Todos usaban rapé de un modo más bien sucio, pues se les quedaba pegado sobre las fosas nasales y el labio superior. Mientras cabalgábamos, se dieron la vuelta y cabalgaron con nosotros, haciéndonos preguntas como: «¿Tenéis alguna mercancía?», «¿A dónde vais?». Pronto se les unieron otros dos del valle que estaban bien vestidos, pero no más limpios que sus camaradas. Después de haber estudiado la situación, dos de ellos cabalgaron hacia delante y en poco tiempo se perdieron de vista, evidentemente habían ido a informar de nuestra llegada a su jefe. Nosotros estábamos seguros de que se trataba de un pequeño grupo de agregados del gobierno en Nagchuka, que velaban por que ningún extranjero entrara en sus dominios. El señor Rijnhart, Rahim y yo, nos ocupamos a partir de ese momento de conversar solo en un idioma que los tibetanos no entendían y, después de discutir la situación, decidimos avanzar tanto como pudimos ese día.

Así que ni siquiera nos detuvimos para almorzar, seguimos adelante hasta que acabamos agotados, especialmente Rahim, quien se negó a cabalgar en presencia de otros mientras su amo caminaba. Al acercarnos a un río, uno de los hombres vino a decirnos que, cuando acampáramos cerca de sus orillas, nos quedásemos hasta que sus dos compañeros regresaran de Nagchuka con permiso para que siguiéramos adelante. El señor Rijnhart le respondió que íbamos a ver al oficial, siguiendo así una convicción establecida por mucha experiencia: es mejor ir a la jefatura que tratar con jefes menores, que, al no tener autoridad independiente, están obligados a ser obedientes a sus superiores.

Tras vadear el Shak Chu, acampamos a unos cien metros del lugar donde los tibetanos habían levantado ahora su harapienta tienda marrón. Todos eran muy amistosos, ya que venían y se sentaban libremente alrededor del fuego de nuestra tienda, charlando con Rahim y, a través de él, con el señor Rijnhart, quien no deseaba, dadas las circunstancias, familiarizarse con ellos, absteniéndose de salir o invitarlos a entrar en la tienda.

Le dijeron a Rahim que ningún extranjero había pasado nunca por ese lugar, y que no tenían la intención de permitirnos hacerlo. Sus planes no estaban a la altura de nuestras intenciones, porque, en la oscuridad de la noche, mientras ellos dormían profundamente, nos levantamos en silencio, empacamos nuestras cargas, desarmamos nuestra tienda y, al estar listos para partir, montamos nuestros ponis y nos alejamos. La luna daba suficiente luz para sortear los escollos, con los que se intercalaban esos pequeños manojos de hierba que tanto dificultan cabalgar entre ellos sin hundirse en el fango.

Silenciosamente, nuestra pequeña caravana ascendió por un sendero pedregoso, el Khamlung La. En el momento en que el rubor del amanecer cubrió el paisaje, comenzamos el descenso por el otro lado y tuvimos que avanzar por un camino muy pedregoso, con grandes rocas, que hacía difícil pasar con seguridad a nuestros caballos cargados. Poco después llegamos a una hermosa llanura salpicada de tiendas de campaña y que se fundía con colinas bajas, todo cubierto de hierba verde. También divisamos un arroyo cristalino y burbujeante que fluía a través de la llanura con su lecho de pequeñas piedras. Un hombre bien vestido, portando un *pulu* con adornos suficientes para indicar opulencia, cabalgó de manera muy amigable hacia nosotros. Nos informó que el arroyo era el Sapo Chu y que el distrito se llamaba Sapo. La población de Sapo se estimaba en ciento cincuenta tiendas, y el jefe, que vivía al oeste de nuestro campamento, rendía tributo al embajador chino en Lhasa.

Señaló sus tiendas, de las cuales había cinco, y nos invitó a quedarnos cerca de él para que pudiéramos comerciar, así que nos detuvimos a quinientos metros de su campamento.

Cuando nos detuvimos por primera vez, el suelo estaba muy mojado por la escarcha que brillaba sobre cada brizna de hierba, así que pospusimos armar nuestra tienda hasta que estuviera seca y, mientras esperábamos, nuestros guardias de la noche anterior fueron vistos galopando rápidamente hacia nosotros. Tras llegar, desmontaron y, tirándose en el suelo junto a nosotros, se rieron de buena gana, diciéndonos que habíamos hecho bien en haber escapado de ellos de esa manera.

Un rosario de sonrisas también cubrió el rostro de Rahim, ya que él y nosotros mismos teníamos dudas sobre la forma en que recibirían nuestra partida, dado el modo en que la hicimos, pero los tibetanos disfrutan tanto burlando a sus vecinos que, aunque eran ellos los que sufrían esta vez, mostraron su característico humor en señal de aprobación.

Pasamos dos días en esta localidad, donde tuvimos un agradable trato con los habitantes e hicimos considerable trueque, porque teníamos necesidad de carne, mantequilla fresca y leche. Habíamos traído para la venta, por primera vez, unas patas de cordero para los tibetanos. En el Koko Nor solo se puede comprar la oveja entera, nunca una parte de ella. Los artículos más útiles para el trueque aquí eran las *khatas* de Wuchai y los paños rojos, estos últimos se usaban para hacer cuellos de camisa, para guarnecer botas y para adornar los tocados de las mujeres. Cambiamos unas botas de Huangyuan por las que se utilizan en esta localidad y Rahim compró un molinillo de oración hecho de plata engastada con coral y piedras.

Pensamos que la gente estaba muy sucia, ya que presentaba la apariencia de no lavarse nunca la cara. Trajeron sus excelentes caballos al río cerca de nosotros y, después de haberlos conducido a un lugar profundo, donde solo sus cabezas quedaban fuera del agua, los limpiaron a fondo y nos dejaron preguntándonos por qué no consideraban que el agua era tan buena para los seres humanos como para los caballos.

La vestimenta de las mujeres tibetanas en todas partes del Tíbet se hace siguiendo el mismo patrón, de modo que se nota poca variación, excepto en el tocado, incluso en los distritos más apartados. En algunas localidades, sin embargo, se usan delantales y en otras chaquetitas sin mangas. No obstante, las mujeres de aquí atrajeron nuestra atención de inmediato por una forma peculiar de tocado.

Muchas veces habíamos leído acerca de mujeres que se untaban la cara con un repulsivo cosmético de pasta negra y pegajosa para ocultar su belleza y no seducir a los lamas de sus devociones, pero las mujeres de aquí, en lugar de pintarse, se arreglaban el cabello de modo que este caía sobre el rostro, ocultando sus caras de la vista. El pelo estaba entrelazado en finas trenzas desde la mitad de la frente hasta ambos lados de la cara. Las trenzas estaban unidas entre sí y formaban unas mallas que daban la apariencia de un velo tosco hecho de dos piezas.

Cuando por coquetería u otra razón querían cubrir el rostro, tiraban hacia abajo del velo de cabello, primero de un lado y luego del otro, abrochando las dos secciones opuestas al mentón por medio de un botón. Así formaban una máscara muy original por donde sus brillantes ojos podían verlo todo, pero estos no podían ser vistos. Era bastante divertido ver a una mujer o niña joven y guapa con su vestido *pulu* y adornos bajar rápidamente el velo de trenzas sobre la cara cuando se acercaba un lama o un extraño. A veces, la acción era un gesto de gracia, acompañado de una sonrisa que se reflejaba en su rostro y en sus ojos. Una mujer jovial y bonachona de unos treinta y cinco años vino a ofrecernos en venta un baldecito de madera lleno de leche fresca. Pedía por él unas tres veces más de lo que esperaba recibir, mientras que nosotros ofrecimos mucho menos en la misma proporción que esperábamos dar, después de lo cual, como también era costumbre, lo dejó y se sentó cerca del fuego para disfrutar de la conversación general. Después de aproximadamente una hora, levantó el balde, insinuando así que íbamos a completar el trato, pero al levantar la tapa descubrió que el preciado líquido se había derramado por completo. Todos se rieron de ella y dijeron que se lo merecía porque había pedido demasiado por la leche; de hecho, ella misma se unió de buena gana a la risa general.

Las mujeres venían libremente a nuestra tienda y se sentaban alrededor de nuestra fogata. Como la mayoría de sus propias tiendas estaban al otro lado del arroyo, cuando volvían a casa, se sentaban junto a la orilla, se quitaban las botas de tela y, recogiéndose las faldas, tropezaban sobre las piedras, riendo y charlando alegremente todo el tiempo. Los hombres que se acercaron a nosotros estaban, al igual que todos los nómadas, ansiosos por negociar, pero estos estaban por encima del promedio de inteligencia.

Cierto número de ellos sabía leer y, para nuestra sorpresa, manifestaron un ardiente deseo de obtener copias de las Sagradas Escrituras en caracteres tibetanos. En ninguna otra parte del Tíbet nos habían ofrecido nunca dinero por los libros, pero aquí venía gente de todas partes ansiosa por conseguirlos y ofrecían a cambio plata o cualquier otra cosa que pudiéramos pedir. Muchos de los textos de la señora Grimké se distribuyeron aquí, y recuerdo nuestra estancia entre esas personas amistosas con gran placer al recordarme la promesa de que «Mi palabra... no volverá a mí vacía». La Palabra de Dios ha sido esparcida por primera vez entre ellos, y no sabemos qué resultados se obtendrán a largo plazo.

La gente de Sapo tiene una mayor admiración y reverencia por el panchen lama, la gran encarnación en Tashilhunpo, que por el dalái lama. Desde este distrito, los peregrinos van con frecuencia a adorar al panchen lama, por lo que hay una carretera que atraviesa directamente el país. La gente sugirió que siguiéramos esa ruta y nos indicaron que un lama estaba a punto de partir hacia Shigatse en poco tiempo y que podíamos ir con él.

Sin embargo, les habíamos dicho a nuestros guías que íbamos a ver al jefe en Nagchuka y que desviarnos hacia otro lugar levantaría sospechas, tal vez metiéndonos en problemas; además, este otro camino presentaba probablemente los mismos obstáculos que el camino que en un principio habíamos pensado seguir. Mientras comerciamos aquí, utilizamos por primera vez la moneda tibetana llamada *chong ka*, una moneda redonda de plata fundida dividida por líneas en ocho partes que se cortan cuando se necesitan piezas pequeñas. Ocho de estas monedas valen un *tael* chino. También se usaban rupias en esa localidad, y casi todos los hombres tenían una bonita bolsa de cuero, a menudo adornada con corales, para llevar monedas.

Mientras viajábamos al día siguiente acompañados por tres soldados, hubo una tormenta furiosa y el señor Rijnhart y Rahim caminaron toda la distancia. Nos encontramos con varias personas a caballo que invariablemente nos detenían y nos preguntaban si deseábamos comprar caballos u ovejas. Nos acordamos de los hombres que visitaron a Huc y Gabet y querían comprarles sillas de montar, pero que en realidad eran espías. Vimos a un hombre a caballo que llevaba un paraguas rojo brillante, mostrando cómo la civilización china, en algunas de sus variadas formas, se ha abierto camino en rincones remotos del gran imperio.

Desde nuestro camino, mientras avanzábamos con paso cansado, vislumbramos el hermoso lago Chomora, a veces oculto a la vista por las colinas, pero, en su receso silencioso, sugería calma y descanso en sus orillas lejos del esfuerzo que era viajar, pues desde el fallecimiento de nuestro bebé había perdido sus encantos. El viaje se hizo tedioso y la vida ya no tenía para nosotros los tonos rosados que la dulce infancia refleja en ella.

Hermosos riachuelos murmuraban cerca del camino que bordeaba las colinas y finalmente acampamos cerca de las tiendas, cuyos habitantes alegremente le dieron a Rahim algo de combustible a cambio de una *khata* mientras cerca de nosotros, sin tiendas, acampaban nuestros guardias, ahora solo dos en número.

A la mañana siguiente, cuando habíamos viajado unas tres horas, después de cruzar un paso de poca altitud, de repente nos encontramos con casi cuarenta hombres que habían levantado una tienda y evidentemente esperaban nuestra llegada. Tras asociar la tienda con el retiro de su carga, nuestro caballo más vivaz se dirigió directamente hacia ella y fue literalmente a los brazos de los hombres. Rahim actuó con rapidez para hacerlo retroceder, pero, al ver que era imposible, el señor Rijnhart también se abalanzó sobre el caballo. Los tibetanos se reunieron a su alrededor y uno de ellos, bien vestido con un *pulu* y que tenía en la mano una rueda de plegaria, lo invitó profusamente a entrar en la tienda para tomar el té, y los demás también secundaron la invitación. Al sentir que esto era una treta para que nos detuviéramos, mi esposo ofreció una excusa y respondió que teníamos que cuidar a nuestros caballos con cargas y que en poco tiempo acamparíamos de todos modos.

Entonces nos dijeron que su *pombo*, o jefe, vendría a vernos, y nosotros respondimos que en efecto iríamos a verlo. Solo el gran tacto y la delicadeza utilizados en ese momento impidieron el choque. El señor Rijnhart los puso de buen humor haciendo girar una de las ruedas de oración de los hombres en la dirección correcta, mostrando así el conocimiento de sus costumbres.

Así, en medio de la más agradable cortesía por ambas partes, seguimos nuestro camino, dejándolos amablemente dispuestos, aunque ahora nos sentíamos consternados porque habíamos pasado por un gran puesto de soldados diseñado para evitar que siguiéramos avanzando hacia Nagchuka. Un hombre pronto nos adelantó al galope y supusimos que se dirigía a notificar a su *pombo* que el *peling* o inglés —el único nombre por el que se conoce a todos los extranjeros en esa parte del Tíbet— había logrado pasar más allá del puesto de guardia. Los soldados probablemente habían recibido órdenes de no usar ningún tipo de violencia hacia nosotros.

Después de haber recorrido cierta distancia, nos alcanzaron varios de los hombres que cabalgaban a nuestro lado y conversaron amena y agradablemente. Una violenta granizada azotó nuestras caras y nos obligó a detener nuestra marcha. Los caballos le dieron la espalda a la tormenta, lo que nos permitió cubrirnos con sus cuerpos. Nuestros compañeros desmontaron y también se agazaparon al abrigo de sus caballos y se cubrieron la cara con sus amplias túnicas, improvisando así un abrigo.

Cruzando una llanura en la que teníamos a nuestra izquierda el lago Chomora, vimos muchos camellos y yaks, y las familiares tiendas negras de los nómadas se apiñaban alrededor de los rincones protegidos de las colinas. Sabíamos que nos acercábamos a Nagchuka, importante distrito de la provincia del Tíbet interior, gobernado directamente desde Lhasa, hecho que explicaba la vigilancia que se había ejercido sobre nosotros desde nuestra llegada.

Una cegadora tormenta de nieve hacia la tarde obligó a seleccionar un campamento justo antes de llegar a las casas de la aldea de Nagchuka y armamos la tienda en medio de un gran campamento sobre una pequeña parcela de césped rodeada de montículos de hierba. Algunos de los hombres que habíamos visto antes en la tienda de avanzada se acercaron alrededor de la hoguera y nos informaron de que debíamos quedarnos allí porque a la mañana siguiente vendrían a vernos sus dos *pombos*.

El señor Rijnhart respondió que nos levantaríamos y desayunaríamos, empacaríamos nuestras cargas y, si en ese momento el *pombo* no hubiera llegado, nos dirigiríamos lentamente hacia él, que no importaba mucho el lugar donde lo encontráramos, pues teníamos muchas ganas de conocerlo.

XVII. NAGCHUKA

Gobierno de Nagchuka – Bajo vigilancia oficial – Relaciones con el pombo chempo – Se nos ordena regresar a China – Nuestra decisión

El pueblo de Nagchuka, junto al cual acampamos, está situado al sur del lago Chomora en el distrito de Lhasa y contiene unas sesenta casas construidas con barro y ladrillo, pero la mayoría de su gente vive en tiendas negras, pues prefieren una vida nómada.

El monasterio de Shiabden linda con el pueblo, pero no pudimos conocer el número de sus sacerdotes. Nagchuka está gobernado por un lama que es el representante del dalái lama y se cambia cada tres años. Asociado con él también hay un funcionario laico que se supone que es chino. Este último tiene prácticamente poco poder propio, los asuntos importantes se resuelven de acuerdo con la voluntad del gran dignatario de Lhasa.

Aunque los *kopas* bien vestidos que se habían esforzado por impedir que prosiguiéramos nuestro viaje se habían esforzado al máximo para convencernos de su autoridad, sabíamos que hasta el momento no habíamos conocido a nadie que realmente tuviera poder para detenernos. El *pombo chempo* de Nagchuka era un hombre de un rango demasiado alto para viajar desde su hogar y encontrarse con dos personas desconocidas, especialmente si su caravana era tan pequeña y discreta como la nuestra.

El duro viaje del día anterior nos había preparado para una noche de descanso tranquilo, y el sol derramaba su calor sobre nuestra tienda y sobre las matas de hierba de las que colgaban diamantes de la nieve y la escarcha. Al despertarse, Rahim recordó que esperábamos ver el *pombo* ese día, o muy pronto por lo menos. Un grito emocionado de «¡sahib!» en la puerta de nuestra tienda nos despertó, y el muchacho nos informó que un gran número de tibetanos estaban montando una tienda cerca.

Al asomarnos por la puerta, vimos montada primero una hermosa carpa blanca, y luego otra, en medio de la mayor conmoción. Mientras hervíamos nuestro té, tres de nuestros compañeros de viaje, o los llamados guardias, vinieron a informarnos que su oficial había cabalgado y estaba en una tienda vecina, y nos invitó a «*kali, kali*», es decir, visitar a su jefe «lentamente».

A eso de las diez, montado en un noble caballo castaño ricamente enjaezado de color rojo y oro, y acompañado por un gran séquito, el *pombo chempo* de Nagchuka cabalgó desde una tienda negra hasta la suya oficial, donde poco después fuimos invitados para conocerlo. Mientras tanto, habíamos discutido la conveniencia de que yo estuviera presente en la entrevista y finalmente decidimos que iríamos los dos, junto con Rahim. En consecuencia, nos vestimos con nuestras mejores ropas y, montando nuestros ponis, cabalgamos hacia las hermosas tiendas.

Nos condujeron a la más grande de las dos, una blanca bordada con azul oscuro y blanco con toldos de gran capacidad, la mejor tienda que había visto en mi vida. A nuestra llegada cerca de la entrada, varios *kopas* vestidos pulcramente de *pulu* rojo oscuro, con botas rojas, se adelantaron a nuestro encuentro. Unos mozos de cuadra se hicieron cargo de nuestros ponis y nos hicieron pasar a la tienda para encontrar los muebles del interior en consonancia con el exterior: hermosas alfombras y esteras se alineaban a los lados de la puerta, mientras que el otro extremo estaba completamente cubierto con alfombras turcas muy elaboradas; sobre un estrado de varios centímetros de altura compuesto de esteras rellenas de lana, estaba sentado el *pombo chempo*, y a su lado izquierdo el segundo jefe, que supuestamente debía ser chino, pero en este caso no lo era.

El primero era un joven y apuesto lama de unos treinta y cinco años con rasgos finos, pequeño bigote negro y cabeza rapada. Iba vestido con ricas sedas chinas brocadas. El otro era un anciano de pelo canoso recogido en una coleta con un gran pendiente de oro colgando de la oreja izquierda. También vestía ricas sedas y llevaba un sombrero circular.

Nos invitaron a tomar asiento, frente a los cuales había mesitas talladas, y un joven *kopa* bien parecido e inteligente extendió su mano para pedirnos que sacáramos nuestros tazones. Como señal de honor, el té se vertió en nuestras escudillas de la misma tetera de la que el *pombo* recibió el suyo. Le presentamos una *khata* de raso con dibujos de tres budas, que aceptó un poco sorprendido por nuestro conocimiento de las costumbres tibetanas.

Nos dijo que nunca había llegado un *peling* allí, que no podía permitirnos adentrarnos más en el Tíbet y que debíamos regresar por la misma ruta por la que habíamos venido. El señor Rijnhart le dijo que no era inglés, que era holandés, que no era un viajero de paso por el país, sino que había vivido entre los tibetanos durante años y agregó que no regresaríamos a China como él deseaba.

El jefe nos miró perplejo, pero respondió que no tenía poder para impedir por la fuerza que siguiéramos adelante, pero que, si nos permitía continuar, sería decapitado. De esta manera, los funcionarios orientales se esfuerzan por obligar a los extranjeros a la sumisión, dando por sentado que nadie desea ser la causa de que un hombre pierda la vida. Ante esto, el señor Rijnhart se rio y dijo que estaba familiarizado con sus costumbres y que en sus libros sagrados un hombre tiene prohibido destruir la vida, incluso la de un piojo, y comentó que su dalái lama se comportaba en concordancia con esa enseñanza, ¡pues no destruiría así una vida de tan alto grado! El joven jefe se volvió hacia sus compañeros y dijo lo extraño que era ver a un extranjero tan diferente a cualquier *peling* que hubieran visto antes; conocíamos sus costumbres, hablábamos su idioma, vestíamos sus ropas y hasta habíamos leído su literatura sagrada.

Añadió que, si seguíamos adelante, él enviaría un mensaje por adelantado a otro jefe de mayor rango que él con la autoridad para detenernos. Le dijimos que no teníamos ningún deseo de visitar

Lhasa. Estábamos dispuestos a que nos vendaran los ojos cuando estuviéramos cerca de la ciudad sagrada, como nos habían informado en Huangyuan funcionarios de Lhasa. Además, agregamos que podríamos ir a un día de viaje de la capital y permanecer todo el tiempo que deseáramos, siempre que no intentáramos entrar ni posar la vista en el templo dorado de cinco cúpulas del dalái lama.

Nuestra reunión duró mucho tiempo, el té se renovó en nuestras palanganas según lo exigía la cortesía y, cuando nos levantamos para retirarnos, no se había decidido nada definitivo, excepto que nos negamos rotundamente a volver sobre nuestros pasos, y el señor Rijnhart agregó que preferiría ser decapitado a regresar por la ruta por la que habíamos venido.

Casi inmediatamente después de regresar a nuestra propia tienda, algunos de los *kopas* nos trajeron una *khata*, una bolsa de arroz, una de harina, dos grandes bloques de buen té y una bolsa de piel que contenía dos kilogramos de mantequilla con un mensaje de su *pombo*, el cual nos informaba que los dones eran de su mano y que, tan pronto como los rebaños fueran arreados, una oveja grande y gorda también nos sería dada. Pedimos a los mensajeros que agradecieran a su jefe y les dimos como regalo, por el momento, una copia de los Evangelios bellamente encuadernada, acompañada de una *khata*. Que el libro fuera aceptado y apreciado fue para nosotros motivo de satisfacción.

A menudo, mis pensamientos vuelven al *pombo* de Nagchuka con la copia de los Evangelios en su tienda y me pregunto si ya le ha llegado su mensaje, y reflexiono sobre la influencia que aún puede ejercer entre la gente del *pombo*. Esa noche, cuando estaba oscureciendo, un grupo de soldados se colocó frente a nuestra tienda, a unos treinta metros de nosotros, y poco después otro grupo ocupó su lugar a la misma distancia en el lado opuesto.

Evidentemente, estaban tomando todas las precauciones para que no volviéramos a escapar durante la noche, algo que no teníamos la menor intención de intentar, y nos sentimos agradecidos de que no necesitábamos poner las trabas de hierro en nuestros caballos, porque no nos los robarían esa noche, ya que nosotros y todo lo que poseíamos estaba siendo cuidadosamente custodiado por los soldados del oficial.

Nuestra tienda se armó en un lugar nivelado que era más bajo que los montículos circundantes y ciertamente se inundaría si se presentara una tormenta. Además, como no había agua corriente cerca de nosotros, a la mañana siguiente, vigilados por hombres desde las tiendas del *pombo*, empacamos nuestras cargas, desarmamos nuestras tiendas y nos dirigimos a la orilla de un hermoso arroyo de curso circular, en cuyo borde decidimos instalarnos entre las muchas tiendas que ya estaban allí.

Cómo se excitaron los hombres cuando vieron que nos preparábamos para movernos, pero, tan pronto como les quedó clara nuestra intención, no interfirieron. Fue una hermosa mañana. Mientras se hacían todos los preparativos y se movían algunos de los bienes, me senté en una loma para disfrutar del cálido sol. Delante de nosotros se extendían verdes colinas salpicadas de innumerables tiendas negras, y detrás había grupos dispersos de sirvientes del gobierno de Lhasa.

Al llegar a nuestro nuevo campamento, armamos nuestras tiendas y extendimos nuestras alfombras para estar lo más cómodos posible, esperando quedarnos un rato y recibir compañía. Algunos de los hombres del *pombo* se acercaron para informarnos que su jefe estaba contento de que hubiéramos trasladado nuestra tienda a un buen emplazamiento, ya que el lugar donde habíamos estado anteriormente era bajo y desagradable. Nos recordaron que no nos moveríamos de nuevo hasta que partiéramos hacia China. Esto, dijeron, era el deseo expreso y la orden del jefe.

Evidentemente, los moradores de las tiendas de aquella vecindad también habían recibido sus instrucciones de no tener comunicación alguna con nosotros, porque, contrariamente a nuestra experiencia en otros sitios, ni un solo hombre o mujer de ninguna de las tiendas negras vino a comerciar o charlar con nosotros, solo nos visitaron los agregados del gobierno, y nos dimos cuenta de que estábamos completamente marginados.

Sentimos que, si nos quedábamos allí o continuábamos nuestro viaje hacia el sur, recibiríamos un trato similar y, como el objeto de nuestra ida había sido entrar en contacto con la gente, estudiar sus necesidades y no simplemente viajar, temíamos que nuestra tarea fuera frustrada por las órdenes de los caciques.

Si lo hubiéramos considerado mejor, podríamos haber seguido adelante, porque teníamos comida en abundancia, pero la tensión de estar siempre custodiados por soldados y de encontrarnos con oficiales menores que se esforzaban por hacernos retroceder dificultaría las cosas de cualquier manera. Como nuestro deseo de mezclarnos libremente con la gente era inalcanzable, decidimos pasar el invierno en Nagchuka si conseguíamos permiso o ceder al deseo del *pombo* de regresar a China y pasar el invierno en algún lugar del camino. Tras decidir esto último, la siguiente vez que visitamos al *pombo* nos inclinamos a ceder, pero no lo encontramos tan cortés como en nuestra visita anterior, aunque tal vez se debió a nuestra imaginación.

Nuestro té se sirvió ahora de una tetera diferente de la que se sirvió el suyo. Entonces el señor Rijnhart recordó la costumbre de los lamas, rezar por la muerte de una persona con la ayuda del veneno del acónito, y en consecuencia bebió poco. Todos nuestros esfuerzos para obtener permiso y permanecer durante el invierno en esa localidad fueron en vano. Sin embargo, el jefe accedió a que siguiéramos el *cha lam* (camino del té) hacia Kangding, aunque, cuando sugerimos que nos dieran caballos frescos para reemplazar a los cansados, nos dijo que los yaks eran mejores para tomar ese camino. Salimos de nuevo en dirección a nuestra propia tienda sin haber llegado a ningún arreglo definitivo. El jefe incluso se negó a permitir que Rahim, que era tibetano, fuera hacia Ladakh, su casa, e insistió en que debíamos regresar los tres juntos. Al regresar a nuestra tienda, tuvimos una reunión y decidimos que no volveríamos a ir a ver al *pombo*, sino que nos quedaríamos indefinidamente hasta que él viniera a nosotros y negociar hasta satisfacer nuestros deseos y no los suyos. Mientras tanto, disfrutaríamos de un descanso reparador junto con nuestros caballos.

El *gaoyé*, o secretario del *pombo*, y un chino tibetano se acercaron al día siguiente para preguntarnos en qué condiciones viajaríamos hacia Kangding. Respondimos que tendrían que proporcionarnos tres guías que conocieran el camino, que nos cambiaran los caballos cansados por otros frescos y que nos dieran dos más, ya que íbamos a emprender un viaje de varios meses que nuestros propios ponis no aguantarían a menos que les diéramos un largo descanso.

El resultado de nuestra entrevista fue que al día siguiente se cambiaron cuatro de nuestros caballos y recibimos dos más, después de lo cual se nos invitó nuevamente a la tienda del jefe. Durante la conversación nos informó que sabía que existían varios países de *peling*, y usando sus dedos nos dio muestras del alcance de su conocimiento de la geografía del mundo exterior, compuesto, dijo, por los siguientes países: Inglaterra, Londres, París, Francia, Italia y *Tianzhujiao*, ¡este último es el nombre chino de la religión católica romana! Esto venía de un lama que se suponía que era uno de los más altos funcionarios del país, otra muestra del conocimiento profundo y superior con el que los teósofos occidentales creen que los lamas están dotados.

¡Cuán ignorante debe ser la masa de la población que nunca ha tenido los privilegios educativos de sus exaltados maestros, y cuán necesitada de la educación y el conocimiento que van de la mano con el Evangelio de Cristo! Mientras proporcionábamos al secretario datos para su informe a Lhasa, nuestro nombre, país, etcétera, varios hombres entraron en la tienda, cada uno portaba una bolsa de arroz, una de harina, una bolsa muy grande de *tsampa*, un bloque de té y varios kilos de mantequilla, que dejaron delante de nosotros. Entonces el jefe nos dijo que estos eran para nuestro uso en el viaje, y agregó que nos traerían dos ovejas gordas por la noche.

Le dimos las gracias, pero, como teníamos toda la comida que podíamos necesitar, aceptamos solo las ovejas y la mantequilla, así que añadió otro trozo de esta última. Poco después, nos levantamos para irnos, dándonos cuenta de que habíamos pasado un rato muy agradable con estos jefes, quienes realmente habían sido tan amables con nosotros como su superior en Lhasa les permitía ser, solo obligados a ser aparentemente desagradables al negarnos el permiso para permanecer allí o continuar hacia el sur.

Le habíamos dicho al *pombo* que partiríamos al día siguiente si nuestros guías estaban listos, así que esa noche nos reunimos con Rahim, porque, según el acuerdo, él iría a Ladakh si nos veíamos obligados a regresar a China. Le dimos un kilo de plata, pesada en Huangyuan, así como una carabina, cartuchos, un caballo con silla y toda la comida que quisiera.

Su plan era viajar con nosotros el primer día, luego desviarse hacia Sapo y de allí dirigirse a Tashilhunpo, porque el jefe se negó rotundamente a permitirle permanecer en Nagchuka o ir de allí a su casa después de que nos hubiéramos ido. Le permitía, en cambio, continuar con nosotros medio mes de viaje hasta Tashi Gompa y luego regresar a Nagchuka con los guías y proceder a Ladakh si lo deseaba. Como Rahim consideraba que un mes adicional de viaje era tan innecesario como indeseable, prefirió ceñirse a su propio plan.

XVIII. EN EL CAMINO DE LAS CARAVANAS

Hacia Nagchuka con nuevos guías – Adiós a nuestro último amigo – Rahim se va a Ladakh – Vadeando el torrente del Shak Chu – Lectura de los Evangelios – Un día de recuerdos

Hay tres grandes carreteras que van de Nagchuka a China, la primera es la *Chang Lam*, o camino largo, a través del Tsaidam hasta Huangyuan, que antiguamente era recorrida por los tributos enviados al emperador en Pekín. Ese fue el camino que seguimos. En tiempos pasados había otro camino a través del Tsaidam hacia Huangyuan llamado el camino oriental, que fue el que Huc y Gabet siguieron en su expedición. La segunda carretera importante va a Jyékundo y a través de las provincias de Horba y Dege hasta Kangding, donde se la conoce con el nombre de *Pei Lu*, o carretera del norte. La tercera carretera es la que atraviesa Chamdo y Batang hasta Kangding, llamada la ruta del té, aunque a menudo las caravanas que se dirigen a China desde Lhasa no pasan por Nagchuka, sino que van directamente a Chamdo.

Este es el camino que suele tomar la caravana del tributo de Lhasa y también de Nepal. Hay otros dos caminos a Jyékundo, y otro que va al sur de Chamdo, pero se une con el tercero de los caminos mencionados en Ichu.

Debido a su ruta más directa, esperábamos ir hacia Kangding por este tercer camino, pero el *pombo* prefería que prosiguiéramos nuestro viaje por Jyékundo y sentimos que no importaba mucho qué camino seguir, ya que nuestro plan era pasar el invierno en algún lugar del camino. Tras insistir en que se nos proporcionaran tres guías confiables, y habiendo sido estos prometidos, no nos preparamos para partir hasta que finalmente aparecieran.

A eso de las once de la mañana del 6 de septiembre, llegaron montados en tres pequeños y graciosos ponis, cada uno de los cuales llevaba otro poni sobre el que iba una silla de carga con comida y ollas. También tenían dos ovejas que, junto con las nuestras, nos proporcionarían carne fresca durante algún tiempo.

En presencia de una gran multitud de espectadores curiosos, Nyerpa, el mayordomo del *pombo*, les dijo a los tres guías lo que se esperaba de ellos. Nos llevarían a la lamasería de Tashi Gompa —o, como ellos la llamaban, *Tashi la bu Gompa*— donde debían, si era posible, obtener permiso del *kampo* para que nos quedáramos todo el invierno, y después ellos mismos deberían regresar a sus hogares.

Si no conseguían el permiso deseado, irían a Jyékundo con nosotros y, al llegar allí, les daríamos comida para el viaje de regreso y una suma de dinero si nos servían bien. Cuando todo estuvo entendido y acordado, Nyerpa nos presentó a nuestros hombres y nos dijo que el mayor de los tres era un *mamba*, o sea, un líder. Por lo tanto, era responsable de los otros dos. Inmediatamente, todos comenzaron a ayudarnos a preparar la partida, por lo que no tuvimos oportunidad más que de echar un rápido vistazo a nuestros guías, pero notamos que estaban alertas y rápidos en sus movimientos. El jefe salió a despedirse y observó nuestra partida en medio de una cegadora tormenta de nieve hasta que estuvimos fuera de su alcance.

Nuestra caravana ahora consistía en nosotros montados en ponis frescos, nuestros tres guías, nuestros siete animales cargados y dos ovejas, mientras Rahim cabalgaba para evitar que nadie sospechara que su intención no era la de acompañarnos hacia China. Seguimos primero la ruta del este durante cuatro horas y media, luego hacia el norte a través del Tzar Chu, un pequeño arroyo que fluye hacia el sur, y, tras seguir su curso, pasamos por el monasterio de Shiabden Gompa. Acampamos a cierta distancia al este del lago Chomora, en una llanura tranquila sobre la que había tiendas de campaña. Nuestros hombres se dirigieron a estas en busca de combustible.

Los tres guías estaban vestidos con piel de oveja y tenían batas de *pulu* adicionales para protegerse de la lluvia y el granizo durante las tormentas. El *mamba* tenía unos cuarenta años; era un hombre delgado, bajo, nervudo, de rostro arrugado y expresión apagada; su cabello colgaba sobre sus hombros y sobre su pecho pendía un estuche de latón lleno de medicinas; también portaba una campana en su espalda. Llevaba un sombrero de ala ancha con copa en pico, hecho de un armazón ligero cubierto con tela y atado bajo la barbilla con tiras estrechas de algodón rojo. Era un hombre de notable energía, tan vivaz como un niño pequeño, y murmuraba oraciones casi incesantemente mientras giraba su rueda de plegaria al cabalgar. Observaba la tierra en busca de piedras peculiares para fabricar medicinas, pidiéndonos que le diéramos sugerencias en puntos de la ciencia médica en los que no estaba versado.

Los otros guías eran más jóvenes, juzgamos que tendrían unos veinte años. Uno de ellos era pobre, pero muy dispuesto a ayudar y sumamente amable en todos los sentidos, incluso cuando trabajaba duro parecía tan agradable que lo llamábamos el «niño bueno». El segundo estaba mejor vestido, pero era poco dispuesto a hacer nada si lo podía evitar, con lo que le dimos el mote de «niño holgazán». A medida que el pasar de los días nos hacía más conscientes de sus cualidades, incluso este apelativo, pensamos, era demasiado bueno para él, pues, además de holgazán, era el más sucio de los sucios en sus acciones y en su comida, ya que ponía el relleno de salchicha en las tripas cuando estas habían sido simplemente extraídas, pero no lavadas.

Todos los guías iban armados con pistolas y espadas. El silencio reinó en nuestros corazones esa noche, pues era el último día en que disfrutaríamos de la compañía de Rahim. Sin embargo, superamos nuestra tristeza y discutimos nuestro viaje juntos. Rahim inculcó a nuestros tres guías lo ventajoso que sería para ellos si hicieran todo lo posible por ayudarnos durante el camino, y volvió a contar su deseo de llegar a su hogar lejano sin vagabundeos innecesarios, de ahí su determinación de atravesar el país y llegar a Shigatse.

A la mañana siguiente, nos levantamos temprano y, después de tomar el té, nos preparamos lo mejor que pudimos para otro momento de dolor. Las palabras parecían insuficientes para expresar nuestros sentimientos. Solo podíamos agarrar la mano del último amigo que teníamos en el interior de la gran tierra solitaria, escuchar su adiós y, con los ojos empañados por las lágrimas, verlo alejarse de nosotros, cortés hasta el final. Hizo reverencias mientras conducía su caballo cargado con ropa de cama, vestimenta, comida, una olla y un fuelle tibetano en dirección hacia el lago Chomora, alrededor del cual tenía la intención de viajar y luego continuar a Sapo. Allí esperaba permanecer hasta que encontrara compañía con la que viajar a Shigatse.

Rahim estaba preocupado de que lo pudieran asesinar por dinero, pero por lo demás estaba alegre y esperanzado, aunque solo. ¿Y podría estar más solo que nosotros cuando nos dimos cuenta de que otro vínculo que nos unía al dulce pasado en Huangyuan iba a romperse? Nuestros dos guías chinos hacía mucho tiempo que nos habían abandonado y ahora íbamos a ser separados de nuestro fiel Rahim, quien, desde el día en que llegó a nuestra casa del norte, nunca había dejado de congraciarse con nuestros corazones.

Un muchacho cuya naturaleza había sido suavizada por el amor de nuestro querido hijo Charlie, un muchacho que nos había acompañado en medio de innumerables peligros a través del desierto del Tsaidam, a través de pantanos y ríos traicioneros, y a través de pasos laboriosos. Había compartido nuestro dolor alrededor de la pequeña tumba solitaria al norte de las montañas Dangla y había mezclado sus amargas lágrimas con las nuestras. El último amigo que teníamos. Era difícil verlo partir.

Fiel Rahim, con tu rostro oscuro y honesto y tus ojos resplandecientes, entre todos los seguidores del Profeta, ¡tú fuiste para nosotros la joya más preciada! Dios quiera que la Verdad madure en tu corazón para que aún seas contado entre los discípulos de Cristo. Lo último que vimos de él fue cuando desapareció alrededor de un pequeño montículo agitando la mano.

¿Logró finalmente cruzar el Tíbet y llegar a su hogar en la lejana Ladakh? Nunca lo supe, pero he creído con cariño que sí, y me he imaginado su gozoso encuentro con sus amigos que hacía mucho tiempo que lo habían dado por muerto.

Rápidamente, nos dispusimos a partir en dirección opuesta, sin nada humano que nos consolara; solo nos quedaba nuestra perra Topsy y tres caballos de toda la caravana que había partido inicialmente de Huangyuan. Nos adentramos en un territorio desconocido con guías extraños, sentíamos que nuestra vida estaba en las manos del Padre, cuya obra habíamos venido a hacer, y deseábamos que Él dispusiera de nosotros según su voluntad.

Nos encontramos con inmensas caravanas de yaks con cargamentos de té provenientes de Jyékundo. Había por lo menos mil quinientos o dos mil yaks en cada caravana, con sus mercaderes bien vestidos y montados, y conductores, algunos de los cuales eran mujeres y niñas.

Pasamos por un campamento de comerciantes en su camino a Lhasa, al pie de Karma Kumbum, una gran montaña. Las colinas de alrededor estaban cubiertas de yaks ensillados, todos negros, unos dos mil, mientras que en la bonita llanura había un pueblo de grandes tiendas blancas, o, más propiamente, de toldos que se extendían sobre el té. Nos abrimos paso a través del campamento mientras los nativos, con sus pintorescos atuendos de *pulu* y variados tocados, mantenían a raya a los perros grandes o sacaban a nuestros caballos de entre los suyos. Algo más tarde subimos por un paso empinado y pedregoso sobre las montañas antes mencionadas.

La tormenta habitual con relámpagos impresionantes y granizo nos alcanzó ese día, y, mientras estuvimos de pie durante la parte más severa, nuestro «niño bueno», su caballo y oveja rodaron juntos por el suelo y las horquillas de mi cabello me lastimaron la cabeza. No creímos que el niño fuera capaz de levantarse tras suponer que lo había matado un rayo, pero, en un santiamén, él y los animales retomaron su posición usual y, al preguntarle qué había pasado, dijo que su caballo se había asustado y se había caído.

Al acampar esa noche, uno de nuestros guías, de camino a algunas tiendas de campaña para cargar combustible, vio ocho ladrones fuertemente armados y los nómadas de la tienda lo advirtieron contra ellos, así que pusimos trabas a nuestros caballos esa noche, pero no nos molestaron.

El 9 de septiembre presentó algunos de los recuerdos más vívidos del viaje de dos semanas con esos guías y, debido a su estupidez al vadear ríos, estuvo íntimamente asociado con el desastre del ladrón que sucedería unos días después. Era un hermoso día, un sol brillante y cálido asomaba sobre las colinas hacia el valle por el que viajábamos, con gotas plateadas que cubrían la hierba. Tras seguir nuestro camino, llegamos al río Shak Chu en su confluencia con el Dang Chu; el primero era pequeño, pero el segundo fluía tranquilo y profundo, indicando un vado difícil.

Los guías miraron al lado opuesto y, a juzgar por los pequeños senderos que había, concluyeron que a veces los dos arroyos se vadeaban por separado. Sin embargo, hacerlo ahora era impracticable, así que seguimos el Dang Chu, que hervía y echaba espuma en un estrecho desfiladero, aparentemente enojado por estar confinado de ese modo por las rocas, hasta que nuestro camino a lo largo de su borde se hizo difícil y, finalmente, infranqueable para los caballos a causa de las rocas que se interponían en nuestro camino. Normalmente, en este punto habría habido un pasaje entre las rocas y el río, pero este último, al estar muy crecido, había extendido sus aguas hasta las rocas.

El *mamba* dijo que debíamos dar la vuelta y cruzar los dos ríos a toda costa, pero el señor Rijnhart, que no estaba de acuerdo con esta propuesta, se arrastró entre las rocas para ver qué había más allá y volvió para decir que estábamos en el camino correcto. Observó que el río era inusualmente alto y que, dado que los caballos no podían escalar las rocas, tendrían que ser conducidos al agua y obligados a nadar para alcanzar el nivel del suelo al otro lado.

Al sentir que era algo arriesgado confiar en nuestros animales de carga en el torrente hirviente, el señor Rijnhart hizo un experimento con su propio caballo. Ató una cuerda larga al caballo, retuvo un extremo y volvió a gatear sobre las rocas mientras el caballo se abría paso a través de las aguas rugientes, preparado para tirar del animal de vuelta a la orilla en caso de que fuera arrastrado por la corriente. El experimento fue exitoso, ambos alcanzaron el otro lado de las rocas con seguridad.

El señor Rijnhart regresó para anunciar el resultado y pronto todos pasaron por el difícil lugar, aunque el río aún no había sido cruzado, pero pronto llegamos a un lugar donde esto era necesario y donde aparentemente las caravanas estaban acostumbradas a vadear.

El *mamba* y los dos guías dijeron que era imposible cruzar un río grande donde las aguas estaban confinadas en un espacio tan pequeño, pero que no había forma de regresar ni de avanzar. Se quedó quieto sobre el lomo del caballo para recitar su rosario y adivinar si cruzaríamos con seguridad o no. Entretanto, arreamos nuestros ponis mientras su caballo, que tenía evidentemente la misma opinión que su jinete, apenas entró al agua y luego se detuvo. Mi caballo siguió el ejemplo que el del *mamba*, se alejó solo unos pasos de la orilla y luego se negó a moverse más, hasta que el señor Rijnhart, habiendo llegado a la orilla opuesta con nuestros animales cargados, regresó a por mí.

Arrastramos nuestras dos ovejas detrás de nosotros mientras el *mamba* arrastraba la suya y así espoleamos a los caballos, que, al lanzarse a la corriente, tuvieron que nadar con fuerza para no ser arrastrados. Este fue uno de los ríos más difíciles que vadeamos en todo el viaje, y nos alegramos al cruzarlo todos a salvo.

Mientras tomábamos el té e intentábamos secar nuestra ropa, nos asombró y disgustó ver a dos de nuestros caballos cargados al otro lado del río pastando tranquilamente. En un momento de despiste, las perversas criaturas habían vuelto a cruzar el río y casualmente levantamos la vista a tiempo para darnos cuenta de que otros dos estaban a punto de seguir su ejemplo. El señor Rijnhart tuvo que vadear el torrente hirviente nuevamente para traerlos de regreso. Con sucesos así, pronto comenzamos a asociar los ríos con los desastres y contemplamos con poco placer cruzarlos, viendo que nuestros guías, como ellos mismos confesaron, no estaban acostumbrados a ellos, pues eran originarios de un lugar en el cual no había arroyos de ningún tipo y nunca habían vadeado ríos donde los caballos tenían que nadar.

Tras reanudar el viaje, cruzamos una montaña alta llamada Shalop Chercho y acampamos en la bajada que ofrecía el panorama de una cordillera nevada, el Sokdee. El día 11 subimos otra montaña, pero continuamos subiendo y cruzamos una más alta aún, llamada Wang Ma La, con picos nevados a ambos lados, encontrándonos durante el ascenso con una fuerte tormenta de nieve que no nos permitía ver nada y en la que tuvimos la mayor dificultad para no perdernos de vista los unos a los otros.

Poco después cruzamos el Pon Chu, un río digno de mención en nuestros mapas —observo que no está marcado en el de la Royal Geographical Society—, y acampamos cerca de una caravana a la que le habían sido robados ocho caballos durante la noche. Aquí no pudimos encontrar combustible para hervir el té ni por la tarde ni por la mañana.

El día 12 llegamos a un gran afluente del Sok Chu, que cruzamos, y luego seguimos el río principal que estaba a nuestra derecha, encontrándonos con partes de una caravana de yaks al llegar al vado regular. Como una gran parte de la caravana procedió de inmediato a vadear este río aparentemente grande, nos sentamos para observarlos. El primer yak permaneció en la orilla del río hasta que todo el grupo bajó corriendo la pendiente hacia la orilla, amontonándose y haciendo chocar sus cargas.

Los hombres gritaron y arrojaron piedras, algunos perros grandes se lanzaron al agua y el primer yak se zambulló torpemente en el arroyo, seguido de los demás. Cuando hubieron pasado la parte más profunda del río, se detuvieron, dejando que el agua fresca les lavara los costados calientes por la marcha del día; sin importarles si su preciosa carga de té se mojaba o, lo que es aún más importante, si dejaban atrás a sus compañeros que luchaban contra las aguas profundas y se esforzaban por llegar a un lugar cómodo para estar de pie, donde también podrían disfrutar de la fresca corriente y evitar las piedras de los conductores.

Qué agradecidos estábamos de no tener ninguno de estos animales estúpidos y perversos en nuestra caravana. Justo cuando debían ser rápidos, se quedaban quietos perezosamente y, cuando la precaución era conveniente, empujaban y se amontonaban sobre grandes peñascos y a través de sitios estrechos donde cada uno trataba de ocupar el mismo lugar donde otro iba dirigido, todos corriendo promiscuamente con sus cargas, con el riesgo de destruir los bienes más frágiles.

El vado se fue liberando gradualmente, el último yak llevó a los conductores que habían estado gritando y tirando piedras pacientemente. Ahora nosotros estábamos listos para cruzar, después de habernos quitado las botas y los calcetines para mantenerlos secos. Con los pies en alto en la silla de montar, cruzamos con seguridad y justo a tiempo, porque empezó a nevar y apenas podíamos distinguir el camino.

Al continuar, más adelante, las caravanas con las que nos encontrábamos a intervalos dejaban el rastro muy claro y, tras ver tiendas negras a nuestra izquierda, acampamos cerca de ellas, a poca distancia del Sok Chu, y logramos conseguir leche, *sho* y combustible.

Yo me había sentido casi incapacitada para viajar durante varios días, así que, aunque nuestros guías se habían negado enfáticamente a descansar, nos detuvimos en ese hermoso lugar. La nieve era profunda a la mañana siguiente y pudimos ver a las mujeres y los niños salir a cuidar los rebaños y las manadas. Portaban vestidos largos y calzaban botas con las suelas casi gastadas, y temblaban de frío. Si se les pudiera enseñar a preparar la lana y a tejer prendas cómodas para el invierno, cuánto más fácil les sería la vida, pues deben sufrir mucho en los meses de invierno en alturas donde hay tanta nieve y tanto frío. Tras pensarlo con detenimiento, creo que este hecho es responsable en gran medida de que muchos niños de las familias pequeñas sucumban, al no poder soportar la severidad del clima.

Nuestro próximo lugar para acampar fue a orillas del río Teng Nga, próximos, aunque no a la vista, del monasterio de Teng Nga Gompa. Cerca de este último había varios lamas alojándose en tiendas, no muy lejos de donde estábamos acampados. La gente allí fue muy amable con nosotros, nos trajeron leche y otros comestibles. También nos advirtieron del riesgo de encontrar ladrones en nuestro viaje de los próximos días. Aceptaron con presteza algunos Evangelios que les dimos y dieron lectura de ellos con el *mamba* y el señor Rijnhart.

Una monja con la cabeza rapada y un atuendo sencillo, sin muchos de los adornos que las mujeres tibetanas suelen llevar, tomó una copia de los Evangelios, pero no podía leer ni una palabra. Nuestro *mamba* curó allí a un hombre y nuestros guías dejaron una de sus ovejas para que tuvieran carne suficiente en su viaje de regreso. Los bandoleros debían ser muy numerosos en esa zona, porque al día siguiente supimos que cincuenta de ellos habían matado a varios hombres y ahuyentado sus yaks con cargas; además, los comerciantes de té con los que nos encontramos y cerca de quienes acampamos sumaban más de cincuenta en una caravana, una compañía tan grande que indicaba los peligros de ser asaltados por el camino.

Después de seguir el Tao Chu a través de una inmensa llanura, acampamos el 15 de septiembre en una tienda de campaña desierta, los restos de las cordilleras de piedra y arcilla nos indicaban que los pueblos nómadas preferían la hierba verde cerca del pequeño arroyo para sus ovejas y ganado. Se habían marchado lejos en las colinas a causa de los ladrones, o bien porque se acercaba el invierno y buscaban lugares más protegidos para sus hogares.

¡Qué bienvenida fue la oportunidad de descansar en ese auspicioso día 15 de septiembre!, pues era el cuarto aniversario de nuestro matrimonio. No teníamos salones cómodos a los que invitar a nuestros amigos; por no tener, no teníamos ni amigos a quien invitar. Sin embargo, el día significaba tanto para nosotros que debíamos celebrarlo aun en medio del silencio, la desolación y los peligros que nos rodeaban. Por un tiempo, nos olvidamos de los ladrones y preparamos un festín: un arroz con leche con pasas sultanas, azúcar y mantequilla que compartimos con nuestros guías. ¡Cuántos recuerdos del pasado vinieron a tropel!, de nuestros amigos en América, de Kumbum y Huangyuan, de Charlie y de todas las alegrías y tristezas que experimentamos desde que salimos, juntos de la mano, para cumplir la misión a la que habíamos sido llamados. Cuán tiernamente habló mi esposo de los misteriosos tratos de la Providencia y de su fe en ese amor inmutable en el que había aprendido a confiar, pero del que no tenía indicio. No podré olvidar sus palabras de consuelo y seguridad para mí, palabras que el poeta ha puesto en música:

¡Mi esposa, mi vida! Oh, caminaremos por este mundo,

unidos en todo ejercicio de noble fin,

y así a través de esas puertas oscuras que cruzan la naturaleza

que ningún hombre conoce.

Poco me di cuenta de lo pronto que iba a pasar por esas puertas oscuras, dejándome sola en la lúgubre naturaleza salvaje. Incluso ese feliz día se vio empañado por un accidente que le sucedió al señor Rijnhart, quien pisó sobre la hebilla oxidada de una silla de montar y como resultado sufrió un dolor intenso que aumentó mucho cuando llegó el momento en que tuvo que viajar a pie.

El tiempo era perfecto y disfrutamos hablando de nuestras perspectivas cuando llegásemos a Tashi Gompa, donde el *mamba* dijo que era casi seguro que nos permitirían pasar el invierno. Al día siguiente, cruzamos otra gran llanura, en el extremo oriental de la cual vadeamos el Dam Chu, un hermoso río, muy claro, donde podíamos contemplar claramente cada guijarro en el fondo de la corriente.

Antes de retomar el viaje, lobos en grandes manadas aullaron alrededor de nuestra tienda, y nos encontramos con algunos en el camino. Topsy persiguió a un oso a solo cien metros de nosotros mientras una gran manada de yaks salvajes se dispersaba a nuestro alrededor.

El 18 de septiembre hubo nieve, granizo y lluvia mientras atravesábamos una montaña llamada Gerchen Tsangmo La, y acampamos cerca de un gran arroyo del que el *mamba* no sabía el nombre. Ninguno de nuestros guías había estado tan lejos en el camino antes, pero habían recibido instrucciones sobre cómo encontrar la lamasería que buscábamos y, como el *ja lam* que seguíamos era un sendero largo, teníamos poco miedo de perdernos por el camino.

Nuestros tres guías nos habían servido fielmente y nuestros días juntos habían sido provechosos tanto para ellos como para el señor Rijnhart, sobre todo para este último en cuanto a mejorar el idioma local.

Todos los días, cuando llegaba la noche, el *mamba* tomaba su campana, su pequeño tambor y un libro y, sentado en el rincón más alejado de la tienda que había usado Rahim, recitaba oraciones durante dos horas o más. El «niño holgazán» no había mejorado con el trato, pero era soportable, los otros dos compensaban con creces sus modales desagradables, que a veces incluso llegaban al mal humor.

La manera inesperada en la que perdimos a estos guías se contará en el próximo capítulo.

XIX. ATACADOS POR LADRONES DE MONTAÑA

Cruzamos el Nag Chu – Visitantes sospechosos – Lluvia de balas y rocas – Pérdida de nuestros animales – Desaparecen nuestros guías – La terrible noche junto al río

Los habitantes de las últimas tiendas de campaña y caravanas con las que nos encontramos les habían dicho a nuestros guías que nos acercábamos a un gran río, el Nag Chu, y les habían dado las instrucciones que debíamos seguir para llegar a la lamasería Tashi Gompa. Según nos informaron, el monasterio estaba en la orilla de dicho río, de donde los lamas obtenían agua para preparar su té.

Tras haber viajado sobre una montaña rocosa tras otra y atravesado dos arroyos que fluyen hacia el sur, acampamos el 19 de septiembre a la vista de una gran cadena de montañas al este de nosotros.

Qué imponentes eran estas últimas, perpendiculares y desnudas, escabrosas y severas, dándonos la impresión de que por su borde corría un gran río. Esta era también la opinión del *mamba*, quien comentó que probablemente en su base estaba el poderoso Nag Chu. A la mañana siguiente llegamos a un pequeño arroyo que, según los guías, era un afluente del Nag Chu.

Seguimos el arroyo durante una larga distancia en la ladera de escarpadas montañas cuyos picos eran rocas estériles perdidas en las nubes. Pasamos por un gran torrente de agua que se extendía y fluía colina abajo, dejando manchas de color marrón oscuro en la roca y las piedras dondequiera que pasaba, y que finalmente desembocaba en el Nag Chu.

Vadeamos este último con muy poca dificultad, a pesar de que grandes masas de roca medio ocultas por el agua casi causaron la pérdida de algunos de nuestros caballos. Nos detuvimos en la orilla del río principal, apretamos las cinchas, calculamos el mejor lugar para vadear y luego nos lanzamos al agua gritando vigorosamente para animar a los caballos y a nosotros mismos.

El río, aunque muy ancho, no tenía más de ocho metros de profundidad y la corriente no era ni impetuosa ni fuerte como en algunos otros ríos que habíamos cruzado recientemente, por lo que nos felicitamos por nuestra buena fortuna de haber dejado atrás el último río grande a vadear antes de alcanzar la lamasería. Como el camino de las caravanas no bordeaba el río, nos desviamos de él por el lado derecho y seguimos un camino ecuestre a lo largo de la orilla, después de recibir la información de que, en medio día de viaje río abajo desde el vado, los yaks podrían llegar fácilmente a la lamasería que buscábamos.

Nuestra marcha aquel día había sido fatigosa para todos, así que buscamos un lugar adecuado para acampar donde hubiera buenos forrajes. Media hora después de vadear, encontramos uno, una pradera llana, con colinas detrás de nosotros cubiertas de hierba y leña y frente a nosotros el Nag Chu.

Después de armar nuestras tiendas en el noreste del río, deambulamos disfrutando de la hermosa vista que se nos presentaba. El valle del que acabábamos de salir era angosto; las colinas y montañas a ambos lados se alineaban contra el horizonte en masas resplandecientes, escarpadas, fantásticas y de contornos múltiples y variados matices, el verde brillante de los pastizales en las laderas aumentaba gradualmente y se desvanecía en el delicado color púrpura y gris de las rocas en las cumbres. El río sugería paz y poder en su plácido curso. Frente a nosotros, los montículos cercanos a su borde parecían, con sus vestiduras laterales de verdor profundo, estrecharse en crestas rocosas doradas por el sol, alzándose en las alturas como si fueran monarcas coronados de azur y oro.

Detrás de nosotros, nuevamente, había otras colinas vestidas con una belleza en cada detalle, desde las enormes rocas con sus líquenes pegados hasta los bonitos arbustos bajos cubiertos de pequeñas hojas y flores amarillas como rosas en miniatura. Los caminitos que se entrecruzaban y corrían en todas direcciones indicaban nuestra proximidad a una lamasería o campamento y, en previsión de llegar pronto, nos sentíamos felices.

Hacia el anochecer, dos hombres sobre caballos blancos salieron del valle que nosotros acabábamos de abandonar y, en lugar de vadear el río, bordearon la orilla y se situaron en un lugar frente a nosotros, donde detuvieron sus caballos para conversar con nuestros hombres. El chico perezoso fue a la orilla del río y habló con ellos, tiempo durante el cual el señor Rijnhart los observó tranquilamente a través del catalejo. Iban fuertemente armados con fusiles, lanzas y espadas; no tenían alforjas, por lo tanto, no eran viajeros, y uno de ellos tenía la cara pintada de rojo y amarillo.

Mientras hablaban, se entregaron al rapé y miraron muy de cerca a nuestros ponis para que nos sintiéramos cómodos. Tras satisfacer su curiosidad, desaparecieron sobre las colinas en diagonal hacia el río corriente abajo.

Inmediatamente, vinieron los guías a advertirnos de la probable intención de esos hombres de robarnos esa noche, y ellos mismos se prepararon para salir al encuentro del enemigo, desarmando su tienda con la intención de dormir afuera para poder vigilar a sus seis caballos. Les pusimos las trabas de hierro a los nuestros, atamos a Topsy detrás de ellos y el señor Rijnhart durmió en la puerta de la tienda con los dos revólveres listos para asustar a cualquiera que se acercara durante la noche. Fue la última vez que usamos una tienda de campaña.

Pasó la noche, pero no se oyó ningún ruido, y, por la mañana, sintiendo que tal vez nos habíamos alarmado indebidamente, concentramos nuestros pensamientos y esperanzas en la lamasería, ya que el mismo sonido de Tashi Gompa se había convertido ahora en música para nuestros oídos.

No pudimos encontrar un camino adecuado, solo un camino ecuestre que ahora bordeaba la orilla del río y luego conducía a lugares casi inaccesibles y rodeaba las laderas de colinas empinadas. La equitación era insegura y, a menudo, teníamos que descansar nuestros caballos. Uno de ellos se cayó y hubo que quitarle toda la carga antes de que intentara levantarse, y, aun así, permaneció en la misma postura como había caído hasta que lo obligamos a sostenerse con sus piernas.

Hacia el mediodía continuamos por un camino que bajaba paralelo al río hasta un lugar cubierto de hierba donde aparentemente había un sendero de yaks, pero más allá del cual las rocas parecían adentrarse en el río.

Para no tener que volver sobre nuestros pasos si lo encontrábamos bloqueado, enviamos al muchacho perezoso adelante y, como no volvía, concluimos que el camino era transitable, así que condujimos a nuestros animales a través de la hierba, sobre un pequeño montículo, para luego encontrar al niño sentado jugando con guijarros junto al río, cerca de un lugar donde el agua bullía contra un acantilado que se elevaba escarpado, recto e infranqueable desde sus profundidades acuosas.

El señor Rijnhart sugirió vadear el río y volver a cruzar más adelante, pero el *mamba* dijo que nuestros caballos, especialmente el que se había caído, cansados tras un día agotador, no podrían superar la crecida y que lo mejor sería regresar, descansar allí en ese lugar cubierto de hierba mientras tomábamos té y luego subir a las colinas y atravesar así el lugar difícil.

Conociendo la sabiduría de su consejo, accedimos y, al llegar al sitio acordado, descargamos nuestros caballos; luego los hombres consiguieron tres piedras para apoyar la olla, recogieron combustible y empezaron a preparar nuestro almuerzo. El río corría frente a nosotros, mientras que detrás, a una distancia de veinte metros del primero, se elevaban acantilados y rocas, al pie de los cuales había rastros de antiguos campamentos, como cenizas en el suelo y humo en las piedras.

Nos reclinamos a la sombra del acantilado hasta que estuvo listo el té y el señor Rijnhart dijo de pronto que le parecía oír a los hombres silbar de la manera característica que usan para arrear a los yaks. Todos prestamos atención, pero no escuchamos nada, hasta que, sin previo aviso, un disparo resonó en el aire y una bala cayó al agua.

A la orden del *mamba*, los dos muchachos se levantaron de un salto y corrieron a llevar los caballos al refugio del acantilado, donde se podría evitar que salieran en estampida por la vereda que conducía a los ladrones. El «niño bueno» recibió un disparo en la parte superior del brazo derecho casi al momento, lo que nos apremió a buscar refugio en el lado del acantilado. Las balas seguían cayendo como una lluvia. Inmensas rocas fueron arrojadas desde las alturas, que, si nos hubieran alcanzado, nos habrían aplastado hasta dejarnos irreconocibles. Gritos penetrantes y horribles —como solo los ladrones tibetanos saben pronunciar— acompañaban tanto a los disparos como al lanzamiento de las rocas.

El señor Rijnhart, decidido a averiguar de dónde venían las balas y quién las estaba disparando, salió de debajo del acantilado hacia la orilla del río y miró hacia arriba solo para ser recibido por una bala que, cuando se inclinó repentinamente, alcanzó el suelo detrás de él. Regresó rápidamente al refugio, pero en su prisa corrió hacia el rincón donde estaban agazapados los guías. De este modo lo perdí de vista, ya que un ángulo saliente separaba mi rincón del de ellos.

Allí estaba yo sola, sin saber en ese momento si mi esposo había sido asesinado o herido, o si se había refugiado en algún lugar debajo del acantilado. Siempre hubo un acuerdo implícito entre nosotros de que yo permanecería donde él me dejara en caso de peligro, y yo confiaba en su cuidado incluso cuando él estuviera ausente, así que, apretándome lo más cerca posible de las rocas, esperé mientras susurraba una oración por la protección de nuestras vidas, porque pensé que mi esposo y los guías habían ido a negociar con los ladrones.

Después de lo que pareció una eternidad, los disparos casi cesaron, luego siguió una andanada final de disparos rápidos y algunos gritos ensordecedores. Al desvanecerse los gritos en la distancia, creímos que por el momento el peligro había pasado. Entonces el señor Rijnhart se acercó y se arrojó exhausto al suelo, diciendo: «Bueno, hemos perdido todos nuestros caballos, excepto tres». ¡Vaya suspiro de intenso alivio exhalé! Estaba tan agradecida de verlo salir ileso después de temer que lo mataran.

— ¿Has hecho las paces con ellos? —pregunté.

—Solo los pude ver cuando fui a mirar hacia arriba y distinguí a tres hombres detrás de una roca con sus armas listas para apuntar; después hubo un fogonazo de pólvora, con lo que involuntariamente me agaché, y luego me fui al refugio. Atendí el brazo del pobre niño, está desgarrado y ha sangrado mucho — respondió.

Luego me tomó de la mano y, con cuidado, manteniéndonos cerca de las rocas, nos deslizamos hasta donde estaban los guías y vimos que tres de los caballos que aparentemente se salvaron habían recibido disparos. Uno ya estaba muerto, mientras que otro había sido atravesado por un tiro en la columna vertebral y no podía levantarse.

Algunos de nuestros caballos se habían negado rotundamente a dejarse asustar por las balas y los cantos rodados que los astutos ladrones lanzaron para separarnos de nuestros caballos y evitar que los salváramos. Desgraciadamente, los últimos tiros habían despachado a tres de estos cuatro, de modo que no pudimos seguir ni rastrear a los ladrones. Los guías, que entendían la táctica, habían logrado salvar a tres de sus caballos, exponiéndose así al fuego, pero nosotros, ignorantes de la forma de robar de los indígenas, imaginamos que bajarían de lo alto y no tratamos de salvar a los nuestros. No obstante, es manifiesto que nos habrían acribillado si hubiésemos interferido.

Ahora éramos un pequeño grupo afligido y asustado, agazapados bajo la protección que nos brindaban las rocas amigas. El niño herido acariciaba tiernamente su brazo, en el que la sangre había dejado marcas poco más oscuras que la piel y cuyo rostro tenía, además de la expresión del dolor, la de la lamentable sorpresa de haber sido el único herido.

Conseguimos arrastrar la tetera hasta el refugio, donde saciamos nuestra sed y atendimos al «niño bueno», que estaba débil por la pérdida de sangre. El *mamba* dijo: «Buda sabe que los hombres regresarán por nuestro equipaje, nos matarán a todos y nos arrojarán al río». El señor Rijnhart caminó un poco para hacer retroceder al viejo caballo gris que se estaba desviando en la dirección en que se habían ido sus compañeros y rápidamente los tres guías se prepararon para partir.

El chico perezoso se echó al hombro su propio fusil y el de su camarada herido. Ayudaron a este último a sentarse en una albarda, ya que les habían robado todas las monturas menos una. Se demoraron solo un momento para responder a mi pregunta de: «¿Adónde vais?». Su respuesta fue: «Al monasterio, a reclutar hombres que vengan con nosotros para encontrar a los ladrones», y entonces se dirigieron hacia el río.

Tras indicarles que era mejor que se quedaran hasta que regresara su líder, llamé al señor Rijnhart, pero, cuando este regresó, los muchachos se encontraban en la mitad del río y no tenía caballo para seguirlos.

Silenciosamente, arrastramos nuestras posesiones al refugio de los acantilados, atamos a nuestro caballo gris cerca de ellos y nos sentamos a tomar el té. El sentimiento que dominaba nuestras mentes era el de agradecimiento por haber salvado nuestras vidas, por haber salido ilesos y por mantener la comida y la ropa de cama.

Un caballo muerto ya era presa de los buitres, mientras que el hermoso caballo negro yacía no muy lejos, paralizado por una herida en la columna vertebral. Llevaba encima mi silla de montar, la única silla nativa que había encontrado cómoda y adecuada para los viajes largos. El caballo castaño, herido en un punto vital y dolorido, se acercó al caballo gris en busca de consuelo, se acostó cerca de él, relinchó un adiós, agachó la cabeza y murió.

Estábamos ahora solos con nuestro caballo gris, el más pobre de la caravana, el que se había caído esa misma mañana y que había sido la causa de que nos detuviéramos en esa pradera. De repente nos percatamos de la pérdida de Topsy y, al comparar nuestro conocimiento de sus movimientos, descubrimos que la habíamos visto por última vez corriendo hacia la carretera cuando se produjeron los disparos. Siempre había estado acostumbrada a perseguir un animal cuando Rahim iba de caza y temíamos que se hubiera ido con nuestros caballos, pero esperábamos que descubriera su error y regresara.

Eran como las dos de la tarde y, después de una larga conversación, decidimos quedarnos en ese lugar hasta el día siguiente para ver si nuestros guías decían la verdad o no, aunque teníamos una sospecha muy fuerte de que mentían y posiblemente estaban aliados con los ladrones y nos habían llevado deliberadamente a una emboscada.

Una cosa era cierta, o bien habían sido unos traidores, o bien no conocían el camino e inconscientemente nos habían conducido por ese camino ecuestre. En cualquier caso, el *pombo* de Nagchuka sería responsable del suceso, ya que, mientras recorrimos el camino de las caravanas no habíamos sufrido ningún daño, y Tashi Gompa está, por lo que sé, en ese camino, pero los guías nos habían desviado a propósito o sin saberlo.

Por esta incertidumbre de la intención de los guías, convinimos en esperar su regreso hasta el día siguiente cerca del mediodía, y luego, si no venían, prepararnos para caminar a pie hasta llegar a la lamasería.

Pero entonces vino la pregunta: ¿dónde estaba la lamasería? ¿Estábamos en el camino correcto o no? ¿A qué distancia estábamos de esta? A medida que avanzaba la tarde, mantuvimos, por medio del catalejo, una vigilancia con la intención de prever la aproximación seres humanos, ya fueran enemigos o no. Al llegar la tarde, no habíamos visto a nadie, pero aún teníamos un sentimiento muy fuerte de que nos vigilaban todo el tiempo, pues todavía resonaban en nuestros oídos los sonidos de los últimos disparos.

Bien sabían los ladrones que llevábamos siete cargas de equipaje para las cuales no teníamos medios de transporte, como también los guías, y no teníamos duda de que nuestros movimientos estaban siendo espiados desde los cerros o peñascos que nos rodeaban, por lo tanto, teníamos algunos temores de que pudieran apoderarse de los objetos de valor.

Nuestras cargas no eran de tanto valor para nosotros como para arriesgar nuestras vidas defendiéndolas, y el lugar tenía tales asociaciones que nos producían sentimientos extraños, así que decidimos abandonar los acantilados por la noche, mientras la oscuridad ocultase nuestros movimientos. Silenciosamente, sin hablar más que un susurro, llevamos nuestra ropa de cama a la orilla del río, donde había un margen de piedras de dos metros de ancho entre el agua y un terraplén de sesenta centímetros de altura.

Tras extender nuestras mantas y colchas, y cubriéndonos bien, descansamos donde el agua casi nos lavaba los pies. La lluvia cayó suavemente la mayor parte de la noche, pero estábamos protegidos por nuestras sábanas de goma.

Siempre habíamos llevado dinero con nosotros en forma de lingotes de plata chinos[15] en varios pesos y, si hubiéramos sido descubiertos esa noche, nuestra intención era lanzarnos al agua y, al llegar a la otra orilla, dirigirnos a las tiendas a pedir ayuda.

La noche fue muy larga y oscura, no se percibía ningún objeto y no se escuchaba más sonido que el murmullo del agua sobre las piedras, y el grito de algún animal o pájaro desconocido para nosotros, que parecía venir de lo alto de los acantilados, resonó a través del silencio de la montaña como la llamada de un centinela.

Hacia la mañana, dejó de llover. Una luz gris cubrió el firmamento y transformó el río en un segundo cielo, pero no sabíamos que amanecía, pues creíamos que la luz creciente se debía

---

[15] Conocidos en chino como *yuanbao*. (N. del T.)

a que las nubes se dispersaban. Luego, la luz gris inundó lentamente toda la atmósfera y pudimos descubrir rocas, acantilados y colinas que se destacaban, primero, indistintamente contra el cielo, y luego, en oscuro relieve. Cuando los rayos horizontales de luz comenzaron a ocupar sus lugares en las nubes sobre las montañas, nos levantamos y arrastramos nuestra ropa de cama hasta el acantilado. Después fuimos recibidos por nuestro caballo gris y encontramos todo tal como lo habíamos dejado. Nos envolvimos en algunas mantas y nos agachamos hasta que llegó la hora del desayuno, cuando recogimos un poco de leña e hicimos nuestro té.

Ambos nos dimos cuenta de la magnitud de la desgracia que nos había sobrevenido y cada uno se esforzó por tomarla a la ligera, y el resultado fue un predominio de la claridad en lugar de la tristeza, aunque estábamos casi seguros de que nuestros guías nos habían abandonado y de que muy pronto tendríamos que encontrar el camino a pie hasta la lamasería o hasta un campamento donde podríamos alquilar algunos animales.

Llegó el mediodía con un sol brillante, así que deshicimos todo nuestro equipaje y separamos lo que deseábamos llevar con nosotros, así como todo lo que no queríamos, y decidimos lo que podíamos llevar, porque el único caballo que nos quedaba era incapaz de llevar una carga pesada. Fue muy difícil desprendernos de nuestras posesiones más preciadas y, cuando hubo que dejar a un lado nuestras Biblias después años de uso, nuestros instrumentos y muchas cosas que se habían convertido en parte de nuestro ser, lo sentimos con el corazón. Pero la necesidad es un maestro severo, y así debía ser. Seleccionamos suficiente comida para quince días, toda la ropa de cama necesaria, una olla grande y otra pequeña, algunas sopas deshidratadas, té de res y leche condensada, una muda de ropa, el diario de viaje, la Biblia del señor Rijnhart con algunos documentos, dos o tres pertenencias preciadas que habían sido amadas y usadas por nuestro querido hijo y algunos artículos diversos.

Todo lo demás que era de valor lo enterramos bajo piedras al pie del risco, y dejamos en un rincón las tiendas, albardas, etcétera, con la esperanza de encontrar a alguien que volviera con nosotros a buscar las cosas. Sin embargo, estaba segura de que los ladrones nos estaban observando, listos para descender como águilas tras su presa tan pronto como nos hubiéramos ido.

La tarde transcurría, el sol se ocultaba detrás de las colinas y las sombras del atardecer no traían a los guías de vuelta. Sentíamos una aversión indefinible a pasar otra noche en ese lugar, asociado como estaba con ladrones, donde no poder conciliar el sueño estaba completamente fuera de duda. Pusimos nuestra silla de montar en nuestro caballo gris y en él amontonamos todo el equipaje que habíamos seleccionado para que él lo transportase. El señor Rijnhart cargó al resto y cada uno tomó en la mano un bastón compuesto por la mitad de un poste de tienda. Así fue como nos despedimos de los acantilados y volvimos sobre nuestros pasos para seguir el mismo camino por el que los caballos habían subido en estampida.

Al pasar junto al caballo negro, este hizo todo lo posible por unirse a nosotros y se despidió con un relincho hasta donde pudimos verlo. El señor Rijnhart le hubiera disparado por piedad, pero le supliqué que no lo hiciera, porque no podía soportar el sonido de un disparo del revólver, ya que podría haber revelado nuestro paradero a algunos viajeros en lo alto, lo que acarrearía más problemas. Reconozco que el sentimiento era cobarde, pero el sonido de los disparos me trajo cualquier cosa menos recuerdos agradables por mucho tiempo.

XX. NUESTROS ÚLTIMOS DÍAS JUNTOS

La emboscada de los ladrones – El peor vado de todos – Huellas y una falsa esperanza – Un campamento desierto – La cama bajo la nieve – El señor Rijnhart va a las tiendas nómadas en busca de ayuda, para nunca regresar

El lugar cubierto de hierba junto al acantilado era un sitio ideal para acampar, ya que brindaba refugio de los vientos fríos, sombríos y penetrantes, o de los sofocantes rayos del sol de mediodía en los días cálidos, pero el reciente suceso había barrido todos los encantos que la naturaleza había tenido anteriormente para nosotros y nos alegramos de seguir nuestro camino lentamente por el sendero que habíamos recorrido el día anterior.

Subir una pendiente insignificante se volvió un esfuerzo laborioso, pues, en lugar de tener nuestros robustos ponis para llevarnos, tuvimos que caminar. El señor Rijnhart, además de cargar con una pesada mochila, tuvo que arrastrar el caballo casi agotado con su carga, tarea imposible si no me hubiera empleado en azuzar al pobre animal con mi bastón.

Pronto alcanzamos la cima, tras pasar el punto donde la emboscada de los ladrones del día anterior tuvo lugar, donde vimos un hueco práctico detrás de las rocas. Este había servido para cobijar a sus caballos mientras ellos se ocupaban de robar los nuestros. No podíamos adivinar cuántos hombres había, pero supusimos que eran diez o doce, y probablemente nos habían estado siguiendo y observando toda la mañana antes de que se presentara una buena oportunidad para robarnos sin peligro.

Ya había oscurecido y, aunque había suficiente luz para permitirnos seguir nuestro camino una corta distancia, decidimos acampar. No estábamos seguros de si las sombras que se interponían en nuestro camino eran barrancos o no, por lo tanto, no deseábamos perder el rumbo. Descargamos nuestro caballo, que ahora nos parecía tan preciado, y lo atamos cerca del campamento. Seguidamente, acomodamos nuestra comida en pequeños paquetes sobre nuestras cabezas para evitar que un animal salvaje nos mordiera sin previo aviso. Finalmente, nos acostamos exhaustos, pero mucho más tranquilos que si nos hubiéramos quedado debajo de los acantilados.

La noche avanzó lentamente por el cielo salpicado de estrellas, difundiendo luces y sombras a nuestro alrededor mientras descansábamos, pero dormimos muy poco. Levantándonos al alba, encontramos tieso y cubierto de una espesa escarcha todo lo que había estado expuesto a la atmósfera, y nos asombramos al encontrarnos al borde de un profundo barranco, en el que habríamos caído si hubiéramos dado algunos pasos más la noche anterior. No teníamos ni idea de que nos encontrábamos en las inmediaciones de un lugar así, y mucho menos tan cerca.

La siguiente dificultad con la que nos encontramos fue nuestra incapacidad para hacer un fuego. No teníamos más combustible que el *argol*, y no ser expertos en el uso de los fuelles tibetanos —una piel de cabra atada por un extremo a un tubo redondo de hierro de treinta y cinco centímetros de largo y alrededor de tres de diámetro—, que son manipulados por un movimiento peculiar de las manos, lo hacía más complicado. Aunque el señor Rijnhart tenía una práctica considerable con los fuelles al compartir fogatas con los tibetanos, descubrió que era otra cosa muy diferente encender una cuando se requería tan poca fuerza, de modo que al principio solo logró extinguir el fuego en lugar de avivarlo. Fueron necesarios nuestro ingenio y esfuerzos combinados para finalmente encender el fuego esa mañana, y luego recogí combustible mientras él manejaba los incómodos fuelles.

Mientras tomábamos el té, discutíamos nuestros planes. Sabedores del sobrepeso de nuestras cargas, tanto la del caballo como aquella bajo la cual mi esposo se vio obligado a caminar penosamente con su pie dolorido, y además de esto mi propia mala salud, sentimos que no debíamos deambular sin rumbo fijo. Planeábamos seguir el curso del río durante dos días, y luego, si no encontrábamos rastros de una lamasería o tiendas de nómadas, nos desviaríamos a la izquierda para volver a tomar el camino de las caravanas, porque, según nuestra brújula y conocimiento de la dirección general, no nos estábamos desviando mucho de esta última.

Tras encontrar un camino a lo largo del pequeño arroyo en el que habíamos acampado y que conducía al Nag Chu, lo seguimos alrededor de una colina. Pronto estuvimos junto a las rocas más allá de las cuales nuestro chico había estado sentado el día del robo y donde teníamos una vista del río y su orilla opuesta, que se extendía hacia un campo abierto y llano.

Después de viajar tres horas a lo largo de empinadas laderas, llegamos a una cornisa que sobresalía en el punto donde debíamos vadear el río o bifurcarnos sobre las colinas. Examinamos a estas últimas; las vimos elevarse un nivel sobre otro sin cesar y sentimos que, en nuestras circunstancias, ni nuestro caballo ni nosotros podíamos emprender más escaladas. Luego medimos visualmente el ancho del río, su volumen y corriente. No nos atrevimos a cruzarlo, pero el señor Rijnhart dijo que podía nadar en cualquier corriente y que no temía intentarlo.

Después de la debida deliberación, decidimos que el mejor lugar para vadear era una corta distancia por encima del cruce de un afluente del otro lado y frente a un banco de arena que dividía el río. Justo encima del banco de arena, las aguas formaban una curva, mientras que inmediatamente debajo había rocas. El señor Rijnhart, vistiendo algunas prendas finas, cargó la comida, las ollas y otros artículos en el caballo y partió con la intención de hacer un viaje de regreso para recogernos a mí y a la ropa de cama.

Condujo al caballo a través de la primera parte del río, que tenía medio metro de profundidad, luego lo dejó ir y ambos nadaron. Había comenzado a llover y el señor Rijnhart tiritaba mientras descargaba el animal en el otro lado. Luego montó y regresó a por mí. Le castañeteaban los dientes mientras ataba las mantas en la parte trasera de la silla y yo montaba. Como llevaba un peso considerable en mi bata, unos cuatro kilos y medio de plata, nuestros dos revólveres, el catalejo, las palanganas de *tsampa* forradas de plata y medias secas para los dos; el señor Rijnhart me advirtió que no me cayera, pues con tal impedimenta él no podría hacer nada para salvarme.

Tomó la cuerda larga en su mano y guio al caballo tan lejos como pudo por el banco de arena sin nadar, luego lo soltó y se quedó de pie para mirarnos. La corriente atrapó la cuerda y la arrastró hacia abajo; el caballo, al creer que lo conducían, giró la cabeza y comenzó a nadar río abajo. Mi marido me llamó para tirar de la rienda derecha, lo que yo había hecho instintivamente.

El caballo giró de repente, el agua que corría empujó la ropa de cama y me arrastró, con silla y todo, casi hacia el río. Dándome cuenta del peligro, me lancé al lado opuesto, y así, agarrándome a la crin del caballo con mi peso en el estribo derecho, por pura fuerza mantuve el equilibrio y llegué a la orilla a salvo. El viejo caballo, cansado, se sentó en el arroyo, sin poder pisar la orilla, así que desmonté en el agua. Casi todo estaba empapado. El señor Rijnhart volvió a sumergirse en la corriente y cruzó con éxito, aunque se quedó entumecido tras pasar por el agua helada.

Ahora que todas nuestras prendas se habían mojado, estábamos en una situación difícil. Debido a la lluvia, conseguimos con dificultad suficiente combustible para preparar una sopa caliente y, tan pronto como pasó el aguacero, después de extender nuestras mantas para secarnos, nos alejamos un poco en busca de mayores cantidades de combustible. Enseguida descubrimos las huellas frescas de tres caballos y un perro.

¿Eran los rastros de nuestros guías y Topsy? ¡Cómo nos aferramos a cualquier señal de esperanza cuando el corazón está decaído! Un sentimiento de alegría se despertó en nosotros al pensar en la posibilidad de que el viejo *mamba* y los dos muchachos que nos habían abandonado el día del robo nos ayudaran. ¿Los habíamos juzgado mal y seguían siendo fieles a nosotros? Pasamos la noche y concluimos que nuestra esperanza era vana, por lo tanto, debíamos seguir adelante.

A la mañana del día siguiente, tuvimos que cruzar casi inmediatamente un afluente del Nag Chu. No era un arroyo grande, pero el fondo estaba cubierto de rocas grandes y la corriente era muy fuerte. Sin querer demorarnos más de lo necesario, logramos vadear yendo de la mano, pero tuvimos gran dificultad en mantenernos erguidos contra la fuerza de casi un metro de agua de profundidad y la tendencia a resbalar sobre las piedras irregulares del lecho. La cuestión del cruce del río se había vuelto más difícil que nunca de resolver; con un solo caballo y ningún nativo con nosotros, tratábamos de convencernos de que tal vez no nos veríamos obligados a cruzar un río como este de nuevo. Encontramos un campamento desierto en una quebrada, donde vimos tres piedras que hacía poco habían servido de fogón y un pequeño trozo de papel y cordel que juzgamos que había contenido alguna medicina que el *mamba* habría usado para tratar el brazo herido del muchacho. Este fue el último rastro que vimos de nuestros guías.

Después de abrirnos camino a través de valles y colinas, llegamos a un lugar llano en la orilla del río donde había restos de varias cadenas de barro y piedra, signos de tiendas de campaña. Como había buen pasto y abundante combustible, nos detuvimos para almorzar y descansar un poco. Al mirar cuidadosamente alrededor, vimos algo que presentaba la apariencia de ganado; gracias al catalejo descubrimos inmensos rebaños, manadas y tiendas río abajo, ¡pero en el lado opuesto!

Algunas rocas obstruían nuestro camino a lo largo de la orilla del río, lo que probablemente requeriría un largo desvío por las colinas para avanzar en dirección a esas tiendas, pero ¡qué bienvenido fue el avistamiento y qué alegría nos trajo!

Parecía como si todas nuestras dificultades hubieran terminado y, sin sentir miedo de quedarme sola, pero sabedora de la incapacidad del caballo para vadear el río con éxito, le pediría al señor Rijnhart que cruzara allí mismo y fuera a las tiendas en busca de ayuda, mientras que yo esperaría por su regreso. Me miró un momento y luego dijo: «No, no podría dejarte aquí sola; los nómadas pueden venir y encontrarte, y eres una mujer. Debemos permanecer juntos todo el tiempo que podamos, y hasta que hayamos llegado a un lugar frente a las tiendas desde donde pueda observarte mientras no estoy».

Con tal fin, dejamos el río y nos dirigimos en ángulo recto hacia él sobre colinas empinadas, una sobre otra, pero cada una oculta a la vista hasta que llegamos a la cima de la primera. Luego pasamos algunas rocas impresionantes y llegamos a la cuenca de un límpido arroyo de montaña, el cual seguimos. Encontramos numerosos rastros de tiendas de campaña en este lugar escondido entre las colinas, un lugar admirable que permite a las bandas de ladrones escapar de la detección y situarse cerca de la carretera.

Grandes copos de nieve anunciaban la proximidad de una tormenta y, para aplacar el hambre antes de que se hiciera de noche, recogimos combustible en las faldas de nuestros vestidos mientras caminábamos, práctica que habíamos aprendido de los nativos.

Al anochecer aún no habíamos salido del barranco, pero casi alcanzamos la cumbre de donde brotaba el riachuelo, y allí acampamos. ¿Era el desastre que se avecinaba lo que agobiaba y aplastaba nuestros espíritus brillantes, o era que estábamos en un valle donde el crimen había dejado su mancha? Una sensación indescriptible de extrañeza pareció apoderarse de ambos, de modo que apenas hablamos más allá de un susurro mientras elegíamos un sitio cerca de una vieja chimenea. Con nuestro único bastón, algunos trozos de cuerda y dos clavijas, pusimos nuestro toldo de goma como refugio y nos deslizamos debajo de este.

Veinte centímetros de nieve cayeron durante la noche, calentándonos como si estuviéramos dentro de apartamentos bien calefactados, pero por la mañana resultó casi imposible abandonar el sitio sigilosamente, incluso después de haber reunido el coraje suficiente para decidir nuestra salida del refugio. El clima se presentaba amenazante y el grueso de la nieve tendería a dificultar la marcha, además de mojar nuestras botas tibetanas y, por consiguiente, nuestros pies. El único objeto oscuro que vimos, de lejos o de cerca, fue un gran oso pardo con un anillo blanco alrededor del cuello que merodeaba y arrastraba sus pies a unos pocos metros de nosotros.

Nuestro caballo fue el primero en moverse; había quitado la nieve con su boca hasta alcanzar la deliciosa hierba. Por fin, también nosotros, con un esfuerzo desesperado, nos despojamos del letargo y de las mantas y salimos a desayunar *tsampa* sobre la nieve. Con nuestros dedos abrasados y doloridos por el frío, empacamos y sujetamos la carga del caballo, el señor Rijnhart cargó la suya y partimos de nuevo. Mientras tanto, el oso nos observaba con un interés más que amistoso.

Mi marido me dejó con el caballo mientras él fue a hacer un reconocimiento para que no subiéramos colinas innecesariamente y nos alejáramos demasiado de la orilla del río. Descubrió que habíamos cruzado las rocas, así que caminamos por las empinadas laderas de las colinas hasta que volvimos a ver el río, pero el andar era inconcebiblemente penoso y, por turnos, caíamos sobre la nieve y la hierba resbaladizas. El caballo resbalaba y forcejeaba, su carga se caía y luego, con nuestros dedos helados e interminables dificultades, había que reajustar la silla y volver a empezar.

Finalmente, tras alcanzar lo alto de la maleza en la falda de una colina muy empinada sobre el río, el caballo resbaló y rodó una y otra vez ladera abajo. Nosotros temimos que solo se detuviera en su curso precipitado cuando llegara al agua. Al detenerse, sentimos que, aunque no estábamos mucho más cerca de las tiendas en la orilla opuesta que el día anterior, no podíamos dar otro paso más, así que quitamos la nieve de un pedacito de terreno más llano que el resto, nos sentamos y encendimos una hoguera con algunos de los matorrales que crecían en la localidad.

Algunos hombres de las tiendas estaban a poca distancia. Gritamos y nos respondieron, pero no se acercaron lo suficiente para poder mantener conversación con nosotros y corrieron muy emocionados por las colinas. La curiosidad de un chino lo habría inducido a acercarse lo suficiente como para descubrir al menos quiénes éramos, pero los tibetanos son diferentes.

El sol brillaba intensamente y la nieve se derretía rápidamente. Creímos que era demasiado tarde para que el señor Rijnhart intentara ir a pie a las tiendas, ya que al caer la noche no habría tenido tiempo de regresar, así que trató de vadear el río con nuestro caballo, pero fue imposible. Después de hablar, pensar y orar para recibir orientación en el asunto de llegar a las tiendas, llegamos a la conclusión de que sería mejor pasar la noche donde estábamos y que por la mañana el señor Rijnhart nadaría, alquilaría animales y al mismo tiempo trataría de averiguar nuestro paradero respecto de la lamasería.

¡Cuán doloridos estaban nuestros rostros esa noche por el sol y la nieve, y cuán severamente nos escocían los ojos! Ninguno de nosotros pensó en la calamidad inminente.

La mañana del 26 de septiembre desayunamos y mi esposo se preparó para partir. Cortó en dos nuestro toldo de goma y usó parte de él para envolver su ropa interior seca, chaqueta, pantalones, una pieza de plata de ciento cincuenta gramos de peso, algunas *khatas* y mi ligero revólver.

Lo ató todo bien y amarró la carga a la espalda. Tras tomar el bastón en la mano para encargarse de los perros cuando llegara a las tiendas, se alejó alegremente, diciéndome que no tuviera miedo, sino que empleara su gran revólver. Me dejó su revólver en lugar del mío pequeño en caso de que tuviera que defenderme. Dijo que regresaría antes del anochecer, si era posible, pero que, si no, gritaría cuando estuviese cerca de mí para que no me asustara. Cuando se alejó unos pasos, se giró para decir adiós con la mano y dijo: «Hasta luego». Al llegar al borde del río, arrojó en la orilla su pesada chaqueta china acolchada de tela azul oscuro y entró en el agua.

Al poco de vadear la mitad, extendió los brazos para dar la primera brazada, pero de repente se dio la vuelta y caminó de nuevo hacia la orilla donde había entrado al agua por primera vez. Gritándome algo que no oí debido al caudal del río, caminó río arriba en dirección opuesta a las tiendas a las que se dirigía. Luego siguió un pequeño sendero alrededor de las rocas que habían obstruido nuestro camino el día anterior hasta perderlo de vista, y nunca más lo volví a ver.

XXI. SOLA Y PERDIDA

Esperando y vigilando – Convicción sobre el destino del señor Rijnhart – Refugio entre tibetanos extraños – Su trato cruel – El viaje hacia Jyékundo para conseguir ayuda

Nadar a lo largo de un río en cuyas dos orillas hay numerosos acantilados escarpados y que sigue un curso serpenteante no es nada fácil, porque la corriente puede arrastrar al nadador a un lugar donde este no pueda tomar tierra.

Cuando el señor Rijnhart dio media vuelta y vadeó de regreso al lugar por el que había entrado en el río, rápidamente concluí que tenía la intención de hacer otro intento más arriba, donde el rellano era nivelado y accesible, pues frente a nosotros había rocas que en algunos lugares formaban una barrera total para alcanzar la otra orilla. Esperaba que volviera a entrar en el agua más allá de la gran roca detrás de la cual había desaparecido, pero, al no verlo inmediatamente, tomé el catalejo y caminé colina abajo, de modo que mi campo de visión dominara la orilla.

Para mi gran sorpresa, vi rebaños de ovejas y una gran cantidad de ganado más allá de las rocas, en el mismo lado del río en el que yo me encontraba, y además a una corta distancia, casi lo suficientemente cerca como para alcanzarlos de una pedrada.

Entonces entendí que el señor Rijnhart, al darse la vuelta en el agua tan repentinamente, había vislumbrado estas tiendas en nuestra vecindad y saludado el avistamiento con alegría. Mi esposo habría creído que, al dirigirse hacia ellas, tardaría menos tiempo que el que ocuparía cruzar el río y bajar a las tiendas que se había propuesto visitar en un principio. También me complació mucho este descubrimiento, porque lo esperaba de vuelta en una hora más o menos con algunos de los nativos, y al menos estaba segura de que él no estaría lejos hasta que oscureciera.

Pensamientos variados pasaron por mi mente. Lo vi en mi imaginación con la ropa húmeda, ya que no había esperado ni un momento para despojarse de sus prendas mojadas, ni siquiera para recoger y ponerse la chaqueta abrigada que había dejado en la orilla, pero acompañando esa imagen luego vino una escena donde imaginé las hogueras de la tienda, donde probablemente estaba bebiendo té caliente mientras explicaba su misión a los dueños de esas ovejas y yaks, y negociaba con ellos la compra de animales.

No pasó por mi mente ningún pensamiento negativo hasta que las horas se aceleraron y mi marido no daba señales de vida; aun así, no tuve miedo, porque siempre habíamos sido tratados con la mayor bondad y hospitalidad cada vez que habíamos encontrado a la gente en sus casas, aunque es comúnmente aceptado que los nativos se convierten en ladrones cuando están fuera de ellas.

Él mismo no había pensado en tal dificultad, porque no sacó de su fardo el revólver, que podría haber tenido un efecto disuasorio sobre la gente de la tienda; subió a la roca con optimismo y seguro de que ya no tendría que caminar, y de que su pesada carga sería transportada por un fuerte yak, y sin duda abrigando la esperanza de poder obtener ayuda del abad de Tashi Gompa para localizar a nuestros caballos perdidos y quizás recuperarlos.

Pronto el sol se puso sobre la cima de la colina sobre la que estaba sentada y las sombras se hicieron más y más largas. Cuatro osos retozaron en la ladera hasta que la sombra cayó sobre ellos y se alejaron arrastrando los pies. Oré para que Dios me diera fuerzas suficientes para estar tranquila, para que me liberara de la ansiedad a medida que pasaba el tiempo y no aparecía aquel por quien había velado todo el día. El ganado y las ovejas del otro lado del río fueron reunidos y conducidos a casa para ser atados cerca de las tiendas. Además de los osos y mi caballo, no había ninguna señal de criatura viviente en la misma orilla donde yo estaba, porque los rebaños a los que se había dirigido mi marido hacía tiempo que habían desaparecido.

Sabedora de que los tibetanos a veces son lentos y difíciles de tratar, supuse que los nativos se negaban a ayudarnos a menos que mi esposo se quedara hasta la mañana con ellos, así que me consolé pensando que la luz del día me lo traería de vuelta. En cambio, la razón me decía que había caído presa de unos malvados, pero no quise hacerle caso a esto y mi corazón aguardó con toda la esperanza.

El anochecer se convirtió en oscuridad y una soledad afligida reinó sobre la colina y el valle, casi helando mi corazón mientras estaba sentada sola en la quietud de esa noche oriental, rota por no oír la voz de mi marido, sin la ayuda de amigos a quien recurrir y ni siquiera la compañía de mi fiel Topsy.

Reflexioné sobre la posible tensión, tanto física como mental, que mi marido podría haber sentido. ¡Cuánto habría sufrido si hubiera tenido tiempo de pensar en su mujer sola y en peligro! Yo sabía que, a menos que tuviera la esperanza de ayudarme él mismo, cada pensamiento sería una oración para que el amoroso Padre cuidara tiernamente de aquella que estaba sola en la ladera.

Até mi caballo entre los arbustos y me acosté, más para protegerme del frío que por cualquier deseo de dormir. Pasé una noche tranquila, pacífica, aunque sin poder dormir; expectante por si el sonido de su preciosa voz sonara pronunciando mi nombre a través de la quietud mortal, recordando lo que había dicho acerca de llamarme si regresaba después del anochecer, pero fue en vano.

Llegó la mañana y, con ella, me levanté para usar una vez más el catalejo y esperar por el anhelado regreso de mi esposo. El ganado y las ovejas se esparcieron por las colinas al otro lado del río y toda la naturaleza disfrutaba del sol, pero, a medida que pasaban las horas del segundo día y no se veía rastro de él, mi corazón casi dejó de latir. Bueno era que habíamos aprendido a confiar en Dios en lugares duros y difíciles. ¿Qué me apoyaba durante las horas plomizas de ese día sino el pensamiento de que estaba en las manos de Dios?

Nada antes, nada detrás.

Los pasos de la fe.

Caer en el vacío aparente y encontrar

la roca debajo[16].

Pero debo admitir que era una fe en medio de una oscuridad tan espesa y negra que no podía disfrutar de la luz del sol. La tarde me encontró aún a solas con Dios, tal como había sucedido la noche anterior.

Mi miedo indefinido se había transformado en casi una certeza, dejándome con escasas esperanzas de volver a ver a mi esposo, y con la misma probabilidad de alejarme de las personas que aparentemente lo habían asesinado, pues debo confesar que no tenía ningún deseo de dejar esa colina.

Tenía la convicción de que las tiendas más allá de esas rocas pertenecían a los ladrones que habían robado nuestros caballos, y también llegué a la conclusión de que, cuando el señor Rijnhart apareció repentinamente, estos pensaron que había ido allí a por sus caballos. Mi esposo los delataría frente a su jefe, causando así la pérdida de los bienes que habían obtenido, con lo que, para evitar problemas, le habrían disparado y arrojado su cuerpo al río.

Casualmente, a unos días de viaje de allí, el célebre viajero Dutreuil de Rhins había sido asesinado en 1894 y los tibetanos arrojaron su cuerpo al río, pero se vieron obligados a pagar un alto precio en plata y un lama había sido decapitado por el crimen. Todo esto era bien sabido por los hombres que estaban cerca de nosotros y, si estoy en lo correcto en mi suposición de que estos eran los ladrones, mi valiente e intrépido esposo había caído presa de su desconfianza y miedo.

M. Grenard, que era el compañero de viaje de Dutreuil en la expedición en la que este fue asesinado, tan pronto como se enteró

---

[16] Cita del poema religioso de John Greenleaf Whittier titulado *My Soul and I*. (N. del T.)

de la desaparición del señor Rijnhart, escribió que las tribus en la localidad donde habíamos encontrado tal fatal destino eran las más hostiles que habían visto. Estas se negaron a venderles nada, incluso por grandes sumas de dinero —y la señorita Annie Taylor apenas evitó ser apedreada como una bruja por la gente de Tashi Gompa—. Tales circunstancias añaden peso a lo que yo misma había pensado en ese momento.

La segunda noche me quedé despierta mirando las estrellas, que titilaban alegremente, meditando y orando por encontrar alguna luz sobre mi futuro y pidiéndole a Dios que no me permitiera ser precipitada y cometer errores. ¡Ojalá hubiera podido ayudar al señor Rijnhart!

Llegó una nueva mañana, pero no trajo consigo ninguna solución a la impenetrable dificultad. Ponderé si debía quedarme y esperar indefinidamente a que viniera alguien. Cerca de las diez, mientras exploraba el paisaje con el catalejo, oí un grito detrás de mí en la colina.

Mi corazón saltó de alegría bajo el impulso del momento, porque llegué a la conclusión de que era la voz que tanto anhelaba escuchar y que los yaks que vi eran algunos de los que él había comprado para ayudarnos. Por lo tanto, me desilusioné aún más al ver que eran dos lamas y varios tibetanos armados que venían en la dirección opuesta.

Les grité y, mientras los lamas bajaban del cerro, subí hacia ellos y nos sentamos a conversar mientras sus camaradas seguían con su yak. Después de intercambiar las cortesías habituales, me preguntaron dónde estaba mi esposo y les respondí que había ido a unas tiendas y aún no había regresado.

Me preguntaron si no tenía miedo de quedarme sola y, como respuesta, les mostré mi revólver, explicando que fácilmente podía disparar seis tiros antes de que un nativo pudiera disparar uno con su arma y que cada bala podía atravesar a tres hombres, con lo cual comentaron entre ellos que sería mejor que nadie tratara de hacerme daño, ya que podría herir a dieciocho hombres antes de que me tocaran.

Se dirigían, dijeron, a un lugar a tres días de viaje, y, como aparentemente eran amistosos, al principio pensé en viajar con ellos con la esperanza de conseguir su ayuda, pero lo di por imposible. Entonces les pedí que me llevaran al otro lado del río sobre un yak, y en respuesta me preguntaron si tenía dinero. Dije que sí, que les pagaría bien por ello. Se levantaron de un salto y, diciendo que irían a por el yak, corrieron colina arriba y se perdieron de vista en dirección a las tiendas a las que había ido mi esposo.

Esperé en el mismo lugar todo el día, pero no había señales del señor Rijnhart, ni tampoco los hombres regresaron cuando el sol se había puesto. Sentí que mi vida no valdría nada si permanecía allí toda la noche y que debía alejarme de ese lugar, pero, adónde ir, no lo sabía. Traté de cruzar el río en mi caballo, aunque él no se aventuró en el agua. Luego lo arrastré colina arriba, me senté una vez más y examiné la situación. Entonces me vino el pensamiento: «¡Por qué! De todos modos, nunca podré salir de aquí de manera segura. Nunca podré salir del país, estoy tan lejos de la frontera; más vale que me maten a la primera, y así iré adonde mi amado esposo ha ido».

Una vez más, tiré de mi caballo cuesta abajo con la intención de alcanzar la roca donde había visto a mi marido por última vez, pero no me atreví. Creció en mí la impresión de que era temerario precipitarme hacia una muerte casi segura y, por lo tanto, no ser de ayuda para mi esposo, ni tampoco de dejar rastro de aquellos tres que habíamos dejado Huangyuan con tan buen ánimo, trayendo así una pena y un suspenso indecibles a nuestros amigos.

Luego estaba la idea del trabajo futuro. ¿No nos habíamos consagrado ambos a la evangelización del Tíbet y, ahora que mi querido esposo había caído, el trabajo y su responsabilidad recaían en mí?

Finalmente, caminé a lo largo del río corriente abajo hacia las tiendas que el señor Rijnhart había visto primero, con el fuerte deseo de obtener la ayuda necesaria para encontrar una lamasería o al jefe de la tribu, pero con un vago sentimiento de inquietud y duda en cuanto a lo que pudiera pasar. Al llegar a la orilla del río frente a esas tiendas, grité tan fuerte que un hombre y un niño vinieron al lugar más cercano a mí, así que les pedí que cruzaran el río con dos yaks mientras yo sostenía una *khata*, pero eso no fue suficiente para tentarlos. Entonces les mostré una pieza de plata que les daría por llevarme al otro lado del río y se fueron corriendo para regresar con dos yaks, uno de los cuales portaba una silla de montar.

Me asombró verlos empujar a los brutos animales al agua con piedras y gritos. Vi que esperaban que los atrapara, pusiera mi ropa de cama sobre uno, ensillara y montara al otro. Esta era una tarea completamente imposible, ya que no tenía experiencia con estos extraños y salvajes portadores de cargas; de hecho, durante mi vida había estado poseída por un miedo desmesurado incluso al ganado doméstico.

Grité que, si un hombre no venía con el yak, no era necesario que los enviara, puesto que yo no podía manejarlos. Luego dejaron de tirar piedras y las dos criaturas pesadas regresaron a sus hogares mientras el hombre me pedía que me quedase donde estaba.

Me preparé para pasar la noche allí, justo enfrente de esas tiendas, sin sentirme completamente segura de si esas personas iban a traicionarme o no. Así las cosas, tomé un poco de *tsampa* con agua fría. Después até mi caballo donde no pudiera ser fácilmente observado y me acosté sobre la nieve.

Nevó casi toda la noche y era difícil estar en paz. ¿Cómo terminaría todo? ¿Me ayudarían los nómadas en la mañana? Estos fueron solo algunos de los muchos pensamientos inquietantes que se metieron en mi cabeza mientras en lo más profundo de mi corazón una voz susurraba: «Calla, corazón triste, y apóyate en tu Dios, que conoce el fin desde el principio».

Cuando amaneció, volví a gritar y me alegró ver que varias mujeres y niños se acercaban a la orilla del agua, porque pensé que podía entenderme mejor con ellas que con los hombres. Pronto me percaté de que no harían nada por mí hasta que hubiera demostrado que mi caballo no sería capaz de llevarme al otro lado. Por lo tanto, cargué mi ropa de cama y monté. Las mujeres gritaban, tiraban piedras y agitaban las manos mientras yo hacía todo lo posible por convencerlo de que cruzara, pero él conocía su debilidad mejor que nosotros y no se atrevía a dar un paso, con lo que me gritaron que desmontara, lo cual hice.

Entonces les pregunté qué podían hacer por mí. Finalmente, un lama dijo que, si esperaba un poco, iría a unas tiendas cercanas y traería un caballo, y entonces podría cruzar con seguridad. Alrededor de las diez de la mañana, un hombre y seis yaks vinieron a buscarme.

Sometí al tibetano a un escrutinio cuidadoso, porque de él dependía mucho, y vi a un hombre con la cara sucia y el cabello y la ropa desordenados, pero había una expresión en sus ojos que me hizo confiar en él. Ató mi caballo a uno de los yaks, puso mis cosas en otro y mi montura en un tercero.

Luego me dejó sujetar a mis animales de montar con una cuerda que pasaba a través de sus hocicos mientras él los empujaba al agua, en medio del clamor de un gran grupo de espectadores en la orilla opuesta. Al principio, mi caballo se negó a ir, pero finalmente se lanzó y arrastró el yak al que estaba atado río abajo. Al ver esta escena, todos temieron que ambos se ahogaran, aunque afortunadamente lograron tomar tierra río abajo.

Me sentía todo menos cómoda en este mi primer intento de montar un yak, especialmente para vadear un río tan grande, pero no había nada más que hacer, así que, mientras mi guía de aspecto tosco sostenía al enorme buey negro por los cuernos, yo monté y luego mi compañero montó el suyo. Como no tenía brida, esperaba que mi guía condujera al mío por la cuerda, pero los dos animales negros y voluminosos se lanzaron torpemente al agua y yo me aferré convulsivamente a la silla, manteniendo el equilibrio con dificultad, mientras nos balanceábamos con el movimiento del animal nadando y de la corriente, que era muy fuerte.

Cuando llegamos al otro lado, todos mojados —porque los yaks nadan en el agua más abajo que los caballos—, esperaba entrar en la tienda, cambiar mis ropas mojadas y calentarme frente a un fuego agradable, pero no, los tibetanos tenían otros planes y sentí que mi primer objetivo debería ser causar una impresión agradable a esta gente. En medio de comentarios tales como: «No es china, es extranjera», hurgaron todas las posesiones que traía conmigo y agradecí que no hubiera nada que pudiera despertar su sospecha, excepto el revólver, del cual sentían un miedo intenso.

Un hombre hundió su mano sucia en el fondo de mi bolsa de *tsampa* para ver si había algo escondido allí, y encontró una cuchara de postre que le había dado al que me ayudó a cruzar el río. Otro hombre se había apoderado de la plata y la *khata*, más tarde supe que se trataba de un médico. Cuando terminó la inspección, tomé a una de las mujeres de la mano y le pedí que entrara conmigo en la tienda, ya que yo estaba temblando de frío porque tenía puestas mis ropas mojadas y el suelo estaba cubierto de nieve.

Uno de los hombres señaló un lugar al aire libre a poca distancia de las tiendas y dijo que podía dejar mis cosas allí y pasar la noche. Me aferré firmemente a mi propósito de no dormir a la intemperie si podía evitarlo y les supliqué que me dejaran alojarme en una tienda común, o que me hicieran un pequeño refugio. Finalmente, me condujeron a la entrada de una cueva estrecha donde yacía un yak enfermo y, tras echar al yak, me permitieron poner mis cosas allí y quedarme dentro. Aproveché el refugio y pronto me sentí cómoda, con ropa seca, bebiendo té caliente; el primero que había tomado en tres días. Pensé que nunca había probado nada tan delicioso en mi vida como ese té tibetano, pues el hambre y el frío abren el apetito como pocas cosas.

Mis esfuerzos por conciliar a estas personas fueron eminentemente exitosos y pronto entablamos conversación, pero en lo profundo de mi corazón acechaba el terrible temor por el destino de mi esposo y la desesperación de obtener ayuda.

Me dijeron que la lamasería de Tashi Gompa estaba a dos días de viaje; el abad había sido decapitado y todo el pueblo se había levantado en revuelta, por lo que nada indujo a estos hombres a ir conmigo allí. Además, el jefe de la tribu estaba a tres días de camino, de modo que no pude encontrar forma de llegar a él.

Aunque no les confesé lo que suponía que le había ocurrido a mi esposo, sospecharon que algo andaba mal, y también sabían que me habían robado. Estaba claro que no podía haber llegado hasta allí sola, así que no me ayudarían a ver a ninguna persona de autoridad, porque entonces podrían estar interfiriendo en los asuntos sucios de sus vecinos, convirtiéndose así en sus enemigos de por vida.

Un tibetano no traicionará abiertamente a otro, pero, en ciertas ocasiones, por medio de una gran suma de dinero, le dirá al propietario de unos caballos que han sido robados dónde se pueden encontrar estos últimos. No obstante, el hecho de que la información haya sido dada por otro nunca debe darse a conocer, ni siquiera al jefe. Este era el motivo por el cual los tibetanos de esa localidad no podían ayudarme: porque, si lo hubieran hecho, se habrían arruinado su propia vida. Me dijeron que se podía llegar a Jyékundo, un pueblo de tamaño considerable, en diez días a caballo y en quince con un yak.

Como un funcionario chino estaba estacionado en Jyékundo, me preparé para ir allí a encontrarme con él. Sabía que él podía enviar cartas a Kangding de mi parte y que también podía enviar soldados conmigo para averiguar qué le había pasado al señor Rijnhart. Sin embargo, los tibetanos se negaron a acompañarme durante todo el camino y pidieron tanto dinero que no pudimos llegar a un acuerdo, así que me quedé cuatro días en esa pequeña cueva.

Por la noche, el yak enfermo yacía afuera y rechinaba los dientes mientras yo ponía mi montura y trampas en la entrada para evitar que entrara y se me echase encima. Los hombres y mujeres me visitaban libremente, trayéndome mantequilla y carne para la venta y queriendo siempre las mismas cosas a cambio, como, por ejemplo, las piedras verdes que tan profusamente se usan para adornar los tocados.

En la tarde del primer día, me dirigí a un lugar en el río frente al cual me había sentado esos días esperando. Qué tristeza sentí cuando vi en la orilla la chaqueta acolchada de mi marido, justo donde la había dejado. El tercer día, dos lamas a caballo y yo en un yak fuimos a ese punto otra vez. Los tibetanos me ayudaron a buscar las cosas que había dejado allí, porque no pude llevarlas todas cuando había ido hacia las tiendas el primer día. Las observé por el catalejo y me dio un vuelco el corazón al ver todas las cosas en el mismo estado en que las dejé. Yo sabía que nadie había estado cerca del lugar, y así fue como se desvaneció mi último resquicio de esperanza en el regreso de mi esposo ausente.

Con el corazón cansado, insté a los hombres a emprender el viaje de cinco días hacia Jyékundo, pero no prometieron nada. Finalmente, por alguna superstición o miedo, ya no querían tenerme cerca de sus tiendas, tal vez porque pensaron que podría hacerles daño, por lo que pronto nos pusimos de acuerdo y partimos. Se las arreglaron para robarme con gran destreza casi todo lo que tenía, y solo cuando me negué a ir sin mi propia brida, que era buena, me la devolvieron. También exigí una prenda acolchada que lamentablemente necesitaría en el clima frío. Un hombre la había escondido debajo de una piedra, pero la sacó cuando objeté que era un artículo de mujer.

Dejar atrás la tumba donde enterraron a mi bebé y partir con estos tibetanos del lugar donde había perdido a mi esposo se destacan como los dos eventos de mi vida que me han exigido el mayor esfuerzo y producido un dolor demasiado profundo para ser descrito con palabras.

XXII. MALVADOS GUÍAS TIBETANOS

El apa y el asesinato de Dutreuil de Rhins – Reunión con un jefe – Guías nuevos, traicioneros y corruptos – El campamento nocturno en el pantano – Nos toman por ladrones – La feria de la lamasería

El distrito de esa parte del Nag Chu donde desapareció el señor Rijnhart se llama Ga Je y está gobernado por jefes nativos bajo la jurisdicción del *amban* en Xining, cuyo representante más cercano es el funcionario chino en Jyékundo, de modo que, aunque la necesidad de viajar hacia este último era dolorosa, mi corazón estaba lleno de esperanza de poder conseguir ayuda una vez allí, acusar a los culpables y tal vez regresar acompañada de soldados.

Los tres hombres que había contratado para que me acompañaran en un viaje de cinco días con un yak recibirían trescientos gramos de plata, además de valiosas ropas, y también debían negociar con otros hombres para que me llevaran, durante otros cinco días de viaje, hacia mi destino.

El mayor rondaba los cincuenta años, tenía el pelo casi gris, era muy sucio, pero sus modales eran de tal sencilla dignidad y bondad que me sentí atraída por él y lo empecé a llamar *apa*, título que le agradaba mucho. El hombre que me había llevado al otro lado del río era uno de sus compañeros. A pesar de que comía carne cruda con un placer tan intenso que me recordaba el canibalismo, y que también mató de un golpe en la cabeza a un pequeño animal que su perro había expulsado de su refugio, no lo temía.

Sobre el tercero no había nada inusual, excepto que era él quien siempre se comunicaba con los recién llegados y negociaba cuando era necesario. Cada uno tenía una espada, pero no lanzas; solo uno traía un arma de fuego. Cada uno arreaba un yak: uno que llevaba mis cosas, otro que yo montaba y el último cargaba con la comida, que consistía casi toda en carne, con poquísima mantequilla y *tsampa*. Mi caballo iba conducido por uno de los guías, y debió haberse regocijado por estar libre incluso de portar una silla de montar después de su viaje de tantos meses con nosotros.

Durante la noche antes de comenzar nuestro viaje de cinco días, recorrimos una distancia corta a través de las colinas hasta llegar a algunas tiendas de campaña pertenecientes a los familiares de los guías. Los tres hombres durmieron dentro de las tiendas, mientras que yo permanecí al aire libre en el borde de una colina, donde me hicieron una buena hoguera tras obtener de las tiendas suficiente combustible para quemar casi toda la noche.

Nunca más se me permitió entrar en una tienda de campaña, o en la sala de estar después de haber llegado a los distritos agrícolas, donde la gente ocupa casas hechas de piedra, porque los nativos tienen, además de su superstición y prejuicios contra todos los extranjeros, una costumbre peculiar que no permite que entren en la casa mujeres que no sean de la familia. Estos tres guías, a su manera, fueron extremadamente amables conmigo y, aunque no podía confiar en ellos incondicionalmente, mi mente estaba relativamente libre de miedo.

El yak que me transportaba no estaba entrenado para ser montado y, pese a que lo conducía uno de los hombres, daba unos bandazos tan bruscos cuesta abajo que fui arrojada al suelo dos veces. Afortunadamente, caí en dirección hacia la subida y no cuesta abajo, pero, después de la segunda caída, insistí en montar un animal más grande y tranquilo, con lo que me fue mucho mejor después del cambio. Mis guías lograron cambiar mi agotado caballo por uno nuevo y, cuando el dueño de este último vino a completar el trato, descubrió mi última toalla. No había nada que hacer, si quería quedarme con su caballo, también debía incluir la toalla en la negociación. Tampoco es que él la fuera a usar mucho, pero la codiciaba y no pude encontrar otro artículo que le resultase aceptable, así que, sintiendo que no tendría otra oportunidad de hacer un trato, le dejé lo que hasta entonces había considerado una necesidad para mi existencia; a estas alturas, un caballo que pudiera llevarme por el camino me era infinitamente más útil que una toalla.

Los tres hombres expresaron su satisfacción y placer de que volviera a montar a caballo, pues parecían tener bastante interés en mí. Sin embargo, ninguna de las ofertas que hice los indujo a aceptar en ir más allá de los cinco días de viaje, pues tenían miedo de los ladrones al encontrarse fuera de su propio distrito. El *apa* me dijo que se practicaba mucho bandidaje en la localidad por donde entonces viajábamos, también en aquella por donde tendríamos que proseguir el viaje hacia Jyékundo. Ahí residía la razón por la que habían venido a pie y desarmados, porque cualquiera que los viera concluiría inmediatamente que no poseían nada de valor, pues parecían mendigos.

Acampamos una noche en un valle yermo, en el camino de las caravanas entre Nagchuka y Jyékundo. Aquí habíamos dejado atado al caballo cerca de la orilla de un pequeño arroyo de montaña. De repente, uno de los hombres nos dijo que nos quedásemos quietos, ya que el caballo había oído un ruido. Miramos y notamos que su actitud era de atención, con sus orejas aguzadas para localizar el origen del sonido.

Inmediatamente, uno de los guías lo desató, lo condujo hacia mí y, poniéndome la cuerda en la mano, me dijo que no permitiera que se lo llevaran bajo ningún pretexto y que, si era necesario, amenazara con usar mi revólver. Pronto se acercaron dos jinetes en silencio, y uno de los nuestros fue a conversar con ellos, con el resultado de que uno de los dos jinetes se marchó y el otro se quedó a dormir con nosotros. Era un lama bien vestido y, aunque muy curioso, era bastante inofensivo, así que, después de sentir un poco de ansiedad al principio, no tenía ninguna razón para objetar su presencia.

Mis guías tuvieron no pocas dificultades para contratar a otros hombres y animales que viajaran conmigo cuando ellos se marcharan, pero yo estaba tan ansiosa de no verme obligada a emprender el viaje de nuevo sola que les ofrecí ciento cincuenta gramos extra de plata si conseguían encontrar a alguien. Esto fue todo un incentivo, y, en la noche del quinto día, obtuve seis hombres con nueve yaks para permanecer a mi lado en el estrecho barranco, pero no me sentí tan cómoda o tranquila como cuando estaba con mis tres primeros guías.

El *apa* y yo nos habíamos sentado a menudo junto al fuego para charlar libremente mientras los demás recogían combustible y acarreaban agua, y ahora sentía como si me estuviera despidiendo de un amigo. Me habló del asesinato del francés Dutreuil de Rhins; dijo que él estuvo allí y que ayudó a disparar. No le creí, aunque el hecho de que diera los detalles con tanta despreocupación, defendiendo la conducta de quienes habían tomado parte en el asesinato del gallardo explorador francés, me hizo sentir todo menos segura en manos de quienes piensan tan a la ligera de matar a un extranjero.

Llegó la mañana para despedirme de mis guías, quienes habían sido, en general, tan amables y considerados, y realmente me habían puesto en marcha con éxito hacia Jyékundo. Tras entregarles su dinero, me regalaron algo de comida y se fueron. Durante el transcurso del viaje habíamos hablado abiertamente del bebé, de mi esposo y de los ladrones, y, como me habían mostrado cierta simpatía, me sentí muy sola cuando se marcharon finalmente. Lamenté su partida con más intensidad porque volvían hacia el lugar donde mi corazón se había torcido, y donde mis pensamientos aún estaban centrados, mientras yo continuaba hacia delante, siempre más lejos.

Mis tres guías nuevos se componían de un hombre de unos cuarenta años, a quien también agradé dándole el nombre de *apa*. Luego un muchacho de unos diecisiete años, de rostro agradable, con el cabello bien peinado y engrasado colgando por detrás con un flequillo cortado uniformemente por delante. Tenía un vestido nuevo de piel de oveja blanco y limpio, excepto en la parte de atrás, donde su cabello bien engrasado lo había manchado. El tercer guía era astuto tanto en apariencia como en acción, y era el único al que temía o del que desconfiaba.

Todos iban armados con fusiles y espadas y, en general, trotábamos juntos muy armoniosamente. No obstante, por extraño que parezca, evitaron cuidadosamente acampar cerca de otras personas, aunque acordaron obtener los servicios de tres hombres más para viajar conmigo el resto del camino a Jyékundo cuando ellos mismos tuvieran que regresar.

En la mañana del cuarto día, mientras seguíamos un camino en una pendiente alta, vimos la tienda de un jefe en el valle al pie de la colina. Decidí dirigirme allí de inmediato para pedir una escolta de hombres con caballos, porque los yaks eran muy lentos y los hombres avanzaban lo menos posible cada día para no alejarse a mucha distancia de sus hogares. Cuando consideré la velocidad a la que viajábamos, dudé del éxito final de mis esfuerzos, porque mi dinero no sería suficiente para cubrir los gastos necesarios de transporte y comida, pero, cuando les hice saber a los hombres mi intención, objetaron firmemente diciendo que tenían miedo, porque este era su propio jefe. Tomé la iniciativa y arrastré mi caballo hacia abajo pidiéndoles que me siguieran, lo cual hicieron de mala gana. Pronto el anciano y yo estábamos llamando a los sirvientes alrededor de la tienda.

Cuando nos acercamos, el representante principal vino a conversar con nosotros, así que le di una hermosa *khata* para el *pombo* y solicité una reunión. Me devolvió la *khata* y dijo que, como yo era mujer, no podía comparecer ante la augusta presencia de su maestro, pero que él mismo actuaría como intermediario.

Me negué a aceptar la *khata* y, mostrándole nuestros pasaportes chinos, le informé que nos habían robado a cierta distancia, que era el primer jefe que había podido encontrar y que deseaba una escolta con caballos para llevarme a Jyékundo, también expresé mi voluntad de pagar por ello.

Se retiró a la tienda para dar a conocer mis deseos a su amo y volvió más tarde para decir que había otro jefe cerca que me daría lo que yo quería, pero que el suyo no podía.

Respondí que mis guías actuales no eran responsables ante nadie por mi seguridad y que no dejaría ese lugar sin escolta y permanecería allí indefinidamente dependiendo de él para mi alimento y para la seguridad de mi caballo. Lo amenacé diciendo que, si yo moría, con el tiempo el gobierno me encontraría allí y el *pombo* se metería en problemas.

Esto fue suficiente para asustar al jefe y nos pusimos de acuerdo muy pronto, pero debí esperar hasta el día siguiente a que la escolta hiciera los preparativos para el viaje. Como aún no habían pasado los cinco días, retuve a mis tres guías hasta la mañana siguiente, cuando, pagándoles la totalidad de su dinero, les permití partir. Los subalternos del jefe se acercaban a mí sin reservas con la intención de comprar mi revólver y, en especial, el catalejo. El *pombo* no se olvidó de la dignidad que le impedía hablarme, así que mandó a un hombre a pedirme que le prestase el catalejo. Se notaba que se encontraba tan entusiasmado como un niño, pues estaba ansioso por comprarlo, pero, sabedora de que no me daría mucho por él, le dije que, si la escolta que me proporcionaba me llevaba a Jyékundo, se lo entregaría como regalo. Después envió mensajeros varias veces para averiguar si yo decía la verdad. A cada uno de ellos le di la respuesta de que el catalejo sería suyo si cumplían el pacto.

Por la tarde me presentaron a los dos hombres destinados como guías. Me di cuenta de que uno de ellos tenía una cara muy malvada y la cabeza rapada, mientras que el otro era simplemente un tibetano laico ordinario.

Tras haberles dado una pieza de plata como pago, estos temieron que no estuviera hecha íntegramente del material precioso. Seguidamente, me solicitaron que la cortara en dos pedazos, y cada uno tomó su mitad. Luego me pidieron que viajara de noche, pero enfaticé el hecho de que nunca viajaba después del anochecer, y eso resolvió la cuestión. El jefe ya me había enviado regalos de mantequilla y queso, y a la mañana siguiente partimos.

Los dos hombres cargaban mis bártulos en sus sillas para no traer un tercer caballo que nos retrasara en nuestro camino. Tenía el corazón tranquilo, pues pensaba que los hombres del jefe serían una mejora con respecto a los que yo misma había contratado con anterioridad.

¡Pero qué cambio! En lugar de seguridad, me encontré con un peligro inminente, porque me habían dado dos hombres muy malos y solo obtuve la ayuda necesaria de ellos con la promesa de enviar el catalejo a su jefe. Ni siquiera en las penitenciarías se encuentran hombres como estos con los que viajé por algún tiempo, porque planearon matarme, robarme e incluso llegaron a engañarme. Ni por un instante escaparon de mi vigilancia, excepto cuando entraban en una tienda de campaña, y aun entonces los acechaba para verlos regresar. El que llevaba mi comida en su montura fue a su propia tienda a por lo necesario para el viaje y aprovechó para robar la mitad de mi pequeña provisión de *tsampa* y mantequilla. ¡Qué mezquino y despreciable quitarme a mí, una mujer solitaria en un país hostil entre extraños, mi único alimento! Al menos sirvió para ponerme en guardia.

La primera noche la pasamos junto a la tienda del otro hombre, y mi alma se revuelve cuando pienso en las sugerencias que me hizo, y, sin embargo, solo me trató como si fuera una mujer tibetana, sin saber que las mujeres en nuestra tierra están en una posición muy diferente de las del Tíbet. Cuando ese hombre —el solo hecho de pensar en él me estremece— se marchó a dormir dentro de la tienda, reiteré lo que ya había dicho: si algo se me acercaba durante la noche, le dispararía mi revólver a lo que fuera. ¡Entonces me respondió que tuviera cuidado de no matar al perro!

Por la mañana, cuando emprendimos el camino de las caravanas hacia Jyékundo, mis traicioneros guías me hicieron sentir más incómoda que nunca, pero descubrieron que debía ser tratada con respeto y que no toleraría ni el lenguaje ni los gestos soeces, pues mi revólver estaba listo para resistir cualquier descaro.

¡Cómo agradecí a mi esposo por su atento cuidado al entregarme ese revólver protector!, pues era el único instrumento para mantener bajo control las tendencias abusivas e insultantes de aquellos hombres. Nunca he visto a ningún otro tibetano o chino que se les acercara en cuanto a proferir toda clase de perversidades, y a veces me cuesta creer que pasé días y noches a solas con ellos.

Me aseguraron que las mujeres eran tan inferiores y degradadas que les daba vergüenza que los vieran viajar conmigo y que, cuando estuviéramos cerca de la gente, no debía abrir los labios para decir una palabra, porque, si lo hacía, se sabría que yo no era del sexo noble como ellos y no darían un paso más conmigo. Querían parecer muy amables y transportar el pesado catalejo, pero yo preferí guardarlo en la blusa de mi vestido. Mientras lo tuviese en mi poder, los hombres estarían hasta cierto punto bajo mi control, porque, si regresaban a su jefe sin él, con toda seguridad serían decapitados. Pronto se dieron cuenta de que yo estaba en alerta para evitar ser engañada, así que planearon toda clase de estratagemas para tenerme bajo su control, pero yo estaba en las manos del gran y buen Padre, y Él me protegió.

Alrededor del mediodía, el más malvado de los dos se quejó de un fuerte dolor en el estómago, que empeoró hasta que aparentemente fue casi incapaz de continuar. Me preguntaron si tenía algún medicamento que aliviara el dolor y respondí afirmativamente, porque tenía mi jeringa hipodérmica con tabletas de morfina que sabía que lo aliviarían si realmente sufría, cosa que yo dudaba mucho. Me preguntó si la medicina era china o inglesa y, cuando le respondí que era esta última, dijo que no se atrevía a tomarla, porque, aunque la medicina inglesa podría estar bien para nosotros y los chinos, sin duda mataría a un tibetano.

Al ver tiendas de campaña a lo lejos a la izquierda del camino, dijo que pasaríamos la noche junto a ellas y que conseguiría los servicios de un lama que podría darle la medicina que necesitaba y rezar por su recuperación, así que nos dirigimos hacia esa dirección. Cuando llegamos a un lugar cercano a las tiendas, nos sentamos. Luego los guías comenzaron a aspirar rapé y consultaron juntos, y yo sugerí varias veces que debíamos ir hacia las tiendas y pasar la noche, porque estábamos exhaustos y necesitábamos descansar, mientras que el enfermo podía ir y ponerse bajo el cuidado del *mamba*. Pero pronto me di cuenta de que tenían otros planes, por lo que volvimos a emprender la marcha y dejamos atrás las tiendas, porque, según me querían hacer creer, los habitantes eran unos ladrones muy peligrosos y sería arriesgado quedarnos cerca de ellos.

No me atreví a discutir con ellos, porque habrían terminado diciendo a la gente que yo era una mujer malvada y que deberían matarme, lo que probablemente acabaría sucediendo, así que sentí que la mejor estrategia era seguir en guardia y no enfadar a mis guías.

Pasamos por antiguos campamentos de tiendas de campaña, donde se almacenaban montones de combustible para uso futuro, y llegamos a un inmenso pantano por el que viajamos durante horas. Nuestros caballos tenían dificultades para encontrar su camino, y parecía un lugar donde los seres humanos, con toda probabilidad, nunca habían estado antes. Al llegar a un riachuelo, seguimos su curso hasta que encontramos un lugar donde nuestros caballos podían vadearlo; allí lo cruzamos y luego lo seguimos en ángulo recto, donde desmontamos para acampar. Teníamos el riachuelo negro y cenagoso a dos lados de nosotros y estábamos rodeados por un terreno muy pantanoso que se extendía a kilómetros de distancia hasta la base de algunas colinas.

Me di cuenta de que los hombres ocultaron cuidadosamente el fuego para que las llamas no se vieran a lo lejos y, como ya había oscurecido mucho, nos preparamos para descansar tan pronto como cenamos.

Los guías me aseguraban con frecuencia la seguridad de nuestro campamento, donde todos podíamos dormir profundamente sin peligro de ladrones, ya que no podían alcanzarnos sin que la zambullida en la ciénaga delatara su proximidad. Se acostaron con sus armas listas y sus cabezas junto al fuego humeante. Mientras tanto, yo extendí mi sábana de goma en el lugar más seco que pude encontrar, a unos pocos metros de ellos.

Pasé la noche con mi revólver en la mano, ora mirando a las estrellas para obtener algo de esperanza de su brillante centelleo, ora a los caballos, rezando por tener la fuerza suficiente para mantenerme despierta y poder observar con ojo infalible cada movimiento de los dos perversos que tenía a mi lado, pues, aunque me habían dicho tan amablemente que durmiera sin miedo, me llamaron muy suavemente hasta seis veces durante la noche, y yo respondía inmediatamente para que supieran que no me atraparían durmiendo.

No pude discernir cuál era su propósito, pero me llevaron lejos de las guaridas humanas hacia el centro de ese extenso pantano. Me dijeron que no me preocupara y que todos podíamos dormir seguros, pero luego el llamarme con tanta frecuencia me hizo darme cuenta de que sus acciones no presagiaban nada bueno y que podría haber encontrado mi último lugar de descanso en ese lugar abandonado, sin dejar rastro.

Los hombres podrían planear lo que quisieran, pero nada resultaría como ellos deseaban. Cuando amaneció, el dolor del hombre se había desvanecido, y con él cualquier rastro de bondad. Probablemente estaban enojados porque una mujer estaba tan inesperadamente en guardia. Ensillamos nuestros caballos —tuve que ensillar el mío— y, antes de que el sol se hubiera levantado sobre las colinas, estábamos de regreso al camino principal que habíamos abandonado el día anterior, trotando rápidamente hasta llegar a un lugar donde había dos caminos. Aquí los guías dudaron, diciendo que no estaban seguros de cuál de los caminos conducía a Jyékundo, pero al final tomaron el más estrecho y sugerí que hiciéramos lo que siempre hacen los nómadas: preguntar en algunas tiendas adyacentes por el camino correcto, así que, mientras me quedé, como solía hacer, a un lado debido a los perros, ellos indagaron sobre el camino con los habitantes de las tiendas.

Pronto regresaron y me preguntaron si sabía qué era la viruela, y aseguraron que había una epidemia en Jyékundo y que no querían seguir. No me resultó difícil darme cuenta de lo que eso significaba, porque los tibetanos tienen mucho miedo a esa temible enfermedad y huyen de ella como lo haríamos nosotros de la fiebre amarilla o el cólera. Sin embargo, dije que no tenía miedo y que debían ir conmigo o no podrían tener el catalejo para su jefe, después de lo cual insinuaron que sería mejor ser asesinado por el *pombo* entre sus propios amigos que morir de viruela entre extraños. De nada me sirvió decir que, cuando Jyékundo estuviera a la vista, ellos podrían regresar y que yo seguiría sola.

Sentí que solo estaban tratando de engañarme nuevamente, así que sugerí desayunar allí cerca de las tiendas, porque me encontraba débil tras el largo paseo a caballo, el severo esfuerzo de vigilar a los hombres y la tarea casi imposible de frustrarlos en sus malvados planes. No me atreví a decirles que prescindiría de sus servicios, porque eso los habría convertido de inmediato en enemigos acérrimos y me dejarían nuevamente sola. Además, como no conocía a los habitantes de las tiendas cercanas, los guías probablemente esparcirían calumnias sobre mí.

Apenas pude contener el sentimiento de desesperación que me invadió, y fue difícil evitar que los guías pensaran que estaba casi desconcertada por saber cuál era el camino más conveniente a seguir. Cualquier intento de inducirlos a ir a Jyékundo resultó inútil, y decidí aceptar su oferta de guiarme a lo largo del camino de las caravanas hasta donde vivía un chino, porque creí que, si pudiera ver a uno de los comerciantes chinos, tan comunes cerca de los pueblos tibetanos, ciertamente me ayudaría, una suposición que luego resultó correcta.

Después de un considerable regateo y casi una pelea entre los dos hombres, pues uno de ellos desenvainó su espada contra el otro —tras lo cual yo actué como pacificadora, un rol importante en todos los disturbios orientales —, les di trescientos gramos de plata y prometí darles el catalejo cuando encontráramos al chino. Por regla general, pagar todo el dinero a los guías es una mala política, así que me negué a hacerlo, pero no se movieron del lugar hasta que lo hice, aunque, por supuesto, mantuve un firme control sobre ellos chantajeándolos con el catalejo.

En la primera tienda que encontramos, preguntaron por el paradero de los mercaderes chinos y me sacaron del camino para llevarme por un pequeño sendero, donde se suponía que encontraríamos a los mercaderes en dos días. Toda mi alma se rebelaba contra el hecho de viajar con ellos, porque sabía que eran hombres viles que intentaban engañarme, pero era mejor ser paciente, así que trataba de mantener mis pensamientos lo más positivos que podía.

Acampamos en uno de los sitios más hermosos de la naturaleza esa noche. Era un pequeño recoveco entre las colinas donde muchas tiendas estaban montadas sobre bonitas franjas de hierba, donde rebaños y manadas pastaban serenamente y donde murmuraban sinuosos arroyos, en la orilla de uno de los cuales hicimos una fogata.

Los perversos guías pasaron la velada en una tienda negra. Casi me quedé de piedra cuando dijeron que nos acercábamos a una lamasería donde existía un odio intenso a los extranjeros y que, si se descubría que yo era extranjera, nos matarían a todos, así que todo objeto que revelase mi nacionalidad debía ser destruido. Nunca olvidaré el dilema interior que experimenté cuando la Biblia de mi esposo, que él había usado durante años, su posesión más preciada, y su diario fueron condenados a ser destruidos y enterrados en un arroyo fangoso con piedras apiladas sobre ellos, pero tuve que acceder a sus solicitudes o enfrentarme a más problemas.

Continuamos por el camino el día siguiente. Los hombres actuaban de la manera más misteriosa cuando las sombras de la noche nos abrumaban. Lideraban el camino hacia lo alto de una especie de caldero en las colinas, lejos de las tiendas en el valle, donde podríamos haber permanecido tan tranquilamente.

Encontramos suficiente agua para hacer un poco de té y luego nos acostamos a descansar. De repente, una voz cerca de nosotros resonó en la oscuridad. Los hombres silenciaron a su perro, se levantaron rápidamente, se vistieron con sus pieles de oveja, encendieron las mechas de sus mosquetes y se levantaron listos para defender a sus caballos mientras yo rezaba por protección. Los gritos continuaron, pero lentamente se fueron apagando a lo lejos.

Uno de los hombres comentó que debían estar buscándonos, o a lo mejor era alguien que se había perdido, así que él a su vez llamó y, pronto, guiado por la voz, el forastero se dirigió al fuego y los tres se pusieron a hablar.

Le escuché preguntar quién era yo, y los guías respondieron que yo era un chino que iba a unirse a sus compañeros en la lamasería y, como no sabía nada del idioma, no necesitaba dirigirse a mí. Esta fue una manera muy ingeniosa para evitar que supiera que yo era una mujer extranjera.

Luego se fue y regresó casi de inmediato con tres hombres. Sentí que algo andaba mal, pero pronto descubrí que, debido a nuestras acciones sospechosas, nos habían tomado por ladrones y habían sido enviados por el jefe para averiguar quiénes éramos. Se marcharon, llevándose consigo una de las armas de mis hombres como garantía de que no molestaríamos a nadie durante la noche. Estaba dolorosamente cansada, pero no me atrevía a dormir, y me alegré al sospechar que llegaríamos a la lamasería de Rashi Gompa a la mañana siguiente, cuando dejaría que los hombres regresaran a sus hogares. Espero que ningún otro viajero vuelva a caer nunca en sus manos.

Al amanecer, un joven lama trajo de vuelta el fusil y, como yo tenía impreso el sello del silencio en los labios, creyó que yo era un chino. Mi sombrero y mi cuello de pieles ocultaban la mayor parte de mi rostro, que distaba mucho de ser blanco, y mis prendas no se diferenciaban en nada de las que usaba un mercader del Celeste Imperio, especialmente mi gran sombrero de paja, que los guías me imploraban que usara para cubrirme la cara y el pelo. ¡Qué hermoso era el terreno que atravesamos ese día brillante! Los árboles de hoja perenne salpicaban las laderas cubiertas de hierba y eran bienvenidos como viejos amigos, porque no había visto ninguno durante muchos meses. ¿Fue porque la esperanza cantaba en mi corazón que la naturaleza parecía brillante y tentadora? ¿O era que la brisa susurraba a través de las ramas las mismas historias que yo había escuchado a menudo en el lejano Canadá? O quizás el secreto residía en el hecho de que en unas pocas horas me separaría de los peores hombres con los que había tenido la desgracia de encontrarme.

Las tiendas, ubicadas en cómodos rincones de los valles, parecían atractivas, y no habría tenido ningún temor de ir hasta ellas, porque donde los comerciantes chinos son comunes los tibetanos son, por lo general, tolerantes y liberales. En ese momento llegamos a la vista de una pequeña lamasería que, como es habitual en estos pueblos, estaba construida en parte en las laderas de las colinas y en parte en el valle junto a un río, y, aunque las casas no eran muchas, eran muy sólidas y bonitas.

Había cientos de tiendas de campaña de diferentes tipos esparcidas alrededor de las moradas de los lamas, y me di cuenta de que había una feria en marcha, lo que explicaba la gran cantidad de personas con atuendos alegres que habíamos visto viajar en nuestra dirección.

Una feria tibetana es el último lugar al que deben ir los extranjeros cuando son desconocidos, ya que un gentío que bebe y anda de fiesta no es de fiar y es tan probable que sean hostiles como amistosos. Los hombres encontraron a un comerciante chino que tenía habitaciones en la casa de un lama, así que fuimos a él y, como yo tenía prohibido entrar en la lamasería por ser mujer, salió a verme. Los guías simplemente le dijeron que yo era una mujer china de Xining e inmediatamente partieron, llevándose el catalejo y todo lo demás, pero respiré aliviada a pesar de que todavía tenía que procurarme una atmósfera amigable en mi nuevo entorno.

XXIII. UN CHINO AMISTOSO

Por fin un protector – Recibo un pasaporte del abad de Rashi Gompa – Un guía lama – Batalla con perros feroces – Llegada a Jyékundo – Sin ayuda oficial

Cerca de la entrada, en el muro de adobe que rodeaba la casa, se encontraba un grupo de lamas, entre los que destacaba un chino de unos cincuenta años, con la cara picada por la viruela y rasgos típicos chinos. Vestía el atuendo chino ordinario, sin omitir ni siquiera el pequeño sombrero negro circular con el botón rojo. No había nada en su aspecto que me diera motivo para sentir esperanza ni miedo, aunque sus primeras palabras bien podrían haber sellado mi destino, pues él podía influenciar como quisiera a la multitud curiosa y ociosa que rápidamente se estaba acumulando alrededor de mí. ¿Cuáles serían sus primeras impresiones? ¿Mostraría una actitud hostil y así alimentar el prejuicio innato de los tibetanos rebeldes y armados? ¿O entendería el alcance de mi situación y me ayudaría?

Me dirigí a él como *laoye* —título muy respetuoso que se da a un anciano o persona de rango— usando mi dialecto chino de Xining, lo que concordaría con el anuncio de los guías de que yo era una mujer china de Xining, pero su primera oración me indicó que había descubierto mi verdadera identidad tras un escrutinio cuidadoso y sabía que yo era extranjera, porque dijo: «¿Cómo es que estás aquí sola?».

Había reconocido el vínculo existente entre nosotros, ya que éramos los únicos «extranjeros en una tierra extraña», y, aunque varios tibetanos dijeron que yo no era china, sino *peling*, no les prestó atención. Entretanto, yo le abrí mi corazón y le conté el destino de nuestra caravana, la muerte de nuestro hijito, nuestro robo y luego la terrible separación de mi esposo, con la consiguiente necesidad de viajar sola.

Se conmovió —pues la muerte de un hijo es siempre dolorosa para un chino— y dijo: «Has tragado mucha amargura. Calma tu corazón, porque ahora que estás con nosotros, los chinos, estás en buenas manos. Los tibetanos son perversos, pero aquí todos somos viajeros por igual».

Algunos de los lamas me trajeron una jarra de té que fue realmente bienvenida mientras nosotros dos conversábamos en un idioma que los tibetanos no entendían. Él les comunicó toda la información que consideró oportuna, ocultando el hecho de que yo no era una mujer china, aunque, si me hubieran mirado los pies, podrían haberlo descubierto.

Me llevé una gran decepción al enterarme de la ausencia en Jyékundo del funcionario chino, porque el representante del *amban* había dejado ese lugar en verano y nadie vendría a ocupar el cargo hasta el año siguiente. Así se desvanecieron mis esperanzas de recibir ayuda de esa fuente. Por otro lado, el mercader dijo que allí no había viruela.

El *laoye* tenía un almacén para el comercio en Jyékundo y, cuando terminaran los cinco días de feria, regresaría allí. Entonces me ofreció la escolta de él y sus hombres si yo decidía quedarme para ir con ellos más adelante. Mientras tanto, los lamas levantarían un cómodo refugio cerca de la puerta, donde podía quedarme hasta que estuviéramos listos para partir, pero, aunque la amabilidad y la sinceridad habían motivado el acto, sentí que yo, una mujer sola, no estaba a salvo en tales circunstancias.

Así que le transmití mis dudas a Xia Chong Guide —nombre del mercader chino—. Declaré que, si tan solo estuviera cerca de otras mujeres o pudiera procurarme una escolta a Jyékundo, donde podría descansar hasta que él llegara, me sentiría más segura que en la feria donde permanecería por cinco días, pues con cada día que pasase la multitud se haría más turbulenta.

Había pocas posibilidades de poder persuadir a alguien para que abandonara la feria que apenas comenzaba. No obstante, él comprendió claramente las razones de mis temores, por lo que hacia la tarde me llevaron a las proximidades de una tienda negra donde había monjas budistas, en la que podría cobijarme mientras tanto. Así fue como pasé de haber experimentado el miedo más profundo después de mi tiempo con los guías a la sensación de paz que resultó del cuidado, el respeto y el interés amistoso manifestado por ese chino y los sacerdotes.

Cuando cayó la noche, uno de los lamas llevó mi caballo a su casa, y no tuve que preocuparme por él. Mientras tanto, mi corazón afligido fue sosegado con la calma que desprendían las escenas pacíficas de pastores a mi alrededor. El ganado negro regresaba lentamente, contento de volver a ver a sus becerros, las ovejas correteaban balando y los caballos relinchaban de alegría. Las mujeres acarreaban agua del claro arroyo de la montaña mientras, a poca distancia, los visitantes de la feria, ataviados con sus alegres ropajes, apilaban cerca de las carpas blancas o azules sus mercancías y amarraban sus yaks de carga, mulas y caballos donde pudieran ser vigilados durante la noche.

Temprano, a la mañana siguiente, vino un mensajero para informarme que yo tenía que partir ese día para Jyékundo. Contrariamente a sus más optimistas expectativas, Xia Chong Guide había recibido un pasaporte del abad de Rashi Gompa —la lamasería donde yo me alojaba—, el cual estaba debidamente firmado y sellado por él mismo. El documento indicaba que yo era una mujer china de Xining enviada por oficiales de Nagchuka y que iba a disponer de *ula* y escolta durante el trayecto a Jyékundo.

Un lama trajo mi caballo, lo ensilló, puso mi carga sobre él y luego me condujo a la presencia del chino, quien me comunicó su plan para mantener mi seguridad. Me aseguró que un lama me acompañaría hasta que llegáramos a un jefe en el distrito de Jyékundo, quien me proporcionaría una escolta hasta el pueblo mismo, y a partir de ahí yo debía preguntar por su casa y permanecer allí hasta que él llegara. También trató de intercambiar una pieza de plata por rupias indias, pero el abad, al que mis lingotes de plata chinos no le servían para nada, quería un descuento excesivo, así que el comerciante mismo hizo el cambio sin ocasionarme pérdidas.

Es justo rendir homenaje a este hombre, un perfecto extraño, que me trató de la manera más amable y atenta, como cualquier europeo podría haberlo hecho, sin esperar recibir la más mínima compensación por sus esfuerzos. Por ello, no me resulta agradable escuchar la condena indiscriminada que algunas personas ignorantes hacen de la raza china; no todos los chinos son bóxers[17], y me sentiré satisfecha si mi experiencia con ese comerciante ayuda a cambiar en algo la opinión general sobre ellos.

El anciano lama que iba a acompañarme a la aldea más cercana bajo la jurisdicción de Jyékundo me insinuó que estaba listo, así que me despedí de aquellos que habían sido mis amigos y rodeé un alto muro construido completamente con piedras *mani* blancas, inscritas con la fórmula mística *Om mani padme hum*.

Nos detuvimos frente a la casa del anciano para decirles a sus familiares adónde se dirigía. Después de eso, seguimos el arroyo cristalino durante una corta distancia y luego, al cruzarlo, nos detuvimos junto a una tienda. Me ofrecieron un lugar donde alojarme al abrigo de una gran piedra que me protegía del frío mientras el sol derramaba su agradable calor a mi alrededor. Como casi todos los nativos estaban en la feria, no había personas ociosas que fisgoneasen por curiosidad.

Así estuve, sola, sentada durante horas. Repasé los días pasados y planeé los futuros, ahora podía tomarme un respiro después de sufrir tanta tensión y no tenía que temer una traición como la que casi me había llevado a la perdición la última vez que recibí la

---

[17] Término usado por los occidentales para denominar a los miembros de la Sociedad de la Justicia y la Concordia, grupo responsable de ocasionar la llamada rebelión de los bóxers entre 1899 y 1901. (N. del T.)

escolta de un jefe. El anciano lama hirvió el agua para prepararme un té y, con suma amabilidad, sacó su alfombra y se acomodó no lejos de mí para pasar la noche. Él me protegería del daño y el peligro. Esto podría haberse debido al respeto y la cortesía que se muestra a quienes viajan con un pasaporte, ya que, cuando un viajero cuenta con una *ula*, se supone que la gente debe vigilarlo a él y sus pertenencias para garantizar la seguridad contra los ladrones.

Jyékundo está a dos días de viaje de Rashi Gompa, pero nosotros nos tomaríamos hasta tres días después de dejar atrás las tiendas del anciano para llegar a la ciudad, hecho al que yo no me opuse en absoluto. El primer día fue largo, porque viajamos desde temprano en la mañana hasta casi el anochecer a través de un hermoso territorio salpicado de árboles, a veces montañoso y otras veces llano. Almorzamos por la tarde con dos viajeros conocidos por el lama, uno era un comerciante adinerado, el otro era una monja bien parecida, vivaz y aparentemente muy devota. La mujer murmuraba oraciones diligentemente, pero, cada vez que se presentaba la oportunidad deseada, no dudaba en tomar parte de la conversación.

Iban camino a la feria, pero estaban acampando para pasar la noche, así que amontonaron su equipaje, principalmente *tsampa* y té, y se refugiaron junto a este. Ambos estaban bien vestidos, tenían cuencos de *tsampa* de plata, cuchillos engastados en plata, etcétera, y se conocían muy bien. Moggie, como los hombres llamaban a la monja, se ofendía coquetamente con las burlas que recibía de uno de los hombres que me acompañaban.

Otra mujer interesante desempeñaría un papel importante durante nuestra diversión nocturna. Después de haber atravesado un bosquecillo enmarañado, llegamos a un grupo de tiendas, en una de las cuales los hombres llamaron a la puerta y en respuesta salió una mujer. Tenía unos cincuenta años, con un rostro intensamente agradable, unos modales particulares, la cabeza coronada con discos de ámbar, el cabello con vetas de plata y las manos adornadas con joyas.

Su esposo era el administrador del gobierno y no se encontraba allí, así que ella llevaba ahora las riendas del hogar. Examinó mi pasaporte en medio de una considerable charla amistosa, durante la cual se mencionó a menudo al lama de Rashi, y nos invitó a elegir un lugar para acampar. Mientras tanto, se dirigió a su tienda y regresó casi de inmediato con una tetera de latón, forjada en un diseño curioso y elaborado, llena de té con leche que ofreció para nuestro refrigerio.

El anciano lama me entregó entonces al cuidado de la mujer, pidiéndole que se asegurara de que yo estuviera protegida de los perros, y, tras arreglar todo amistosamente, se retiró a las tiendas.

Los tres nos acomodamos lo más posible para pasar la noche, aunque nos asustaron mucho los perros y la gente que corría de un lado a otro, ya que, según supimos por uno de los nuestros que fue a informarse, había gente acampada más allá del bosquecillo que alguien supuso que serían ladrones y el jefe había ordenado que los habitantes de las tiendas de los alrededores hicieran una investigación; de ahí el jaleo.

Por la mañana, mis dos guías regresaron a Rashi Gompa y me proporcionaron una escolta compuesta por un hombre y su hijo que, como es costumbre con *ula*, me condujeron a las tiendas donde estos últimos debían abastecerse, y ahora me dejaban con extraños en una extensa llanura.

Esa noche fue una de las más incómodas que pasé entre los tibetanos. Llovía y nevaba sin parar y, como los nativos no querían dormir a la intemperie junto a mí, me proporcionaron una manta grande y pesada hecha de lana nativa y se fueron a dormir a sus tiendas, dejándome afuera completamente sola, aunque eso es inusual cuando uno tiene *ula*.

Los perros, más de una docena, grandes y feroces, pronto descubrieron que yo era un elemento extraño cerca de su hogar y se acercaban a intervalos durante la noche, ladrando a mi alrededor, arañando mis mantas y saltando sobre mí mientras yo me mantenía bien cubierta. Con una mano agarraba el fuelle para golpearlos si se aventuraban demasiado cerca de mi cabeza. Me sentía como alguien a quien estuvieran persiguiendo hasta la muerte y pedí ayuda a gritos, pero, aunque la gente escuchó a los perros y entendió lo que estaba pasando, no me hicieron caso y pude escucharlos reír y hablar.

Podría haber sido mordida y descuartizada y los nativos no habrían movido un dedo. Afortunadamente, la mañana siguiente me encontró a salvo. Poco después, partí con un hombre y un yak para Jyékundo y, después de haber viajado unas tres horas, alcanzamos a contemplar campos de cultivo, que para mí eran presagios de paz y seguridad. Una gran alegría se apoderó de mi corazón, porque habían pasado meses desde la última vez que vi tales señales de civilización.

Jyékundo no estaba lejos de esas pequeñas granjas. Doblando bruscamente hacia otro valle, vimos los brillantes muros de la lamasería en la cima de una empinada colina, al pie de la cual se encontraba la parte secular del pueblo, compuesta de casas sustancialmente construidas con adobe y techos planos. La vista recordaba a una colmena, porque los nativos estaban ocupados subiendo y bajando la pendiente entre el pueblo y un río claro y plácido que fluía debajo de él. El valle era llano y bastante verde, manadas de yaks descansaban y pastaban en él, mientras que multitudes de viajeros iban y venían todo el tiempo, todo lo cual me recordó a las viejas escenas en Huangyuan. Seguimos nuestro camino a través de un pequeño puente que cruzaba el río y subimos a una calle a la que se abrían patios y algunas tiendas.

El tibetano que me acompañaba no conocía el paradero de la casa de Xia Chong Guide, así que se detuvo en el centro de la calle y rápidamente fui rodeada por una multitud de hombres, mujeres y niños tibetanos, además de algunos chinos. No pude conseguir que nadie me guiara a la casa del comerciante, ya que todos parecían temerosos de ayudarme, así que mostré mi pasaporte del lama de Rashi y pedí una habitación para vivir durante unos días. Mi escolta secundó la demanda porque tenía prisa por irse y, sin embargo, no podía tirar mi ropa de cama, que llevaba en su yak, a la calle.

El abad de Rashi Gompa parecía ser muy respetado y varios de los nativos se esforzaron por encontrar a alguien dispuesto a darme alojamiento. Al final logré conseguir, con la ayuda de los chinos, una habitación en la casa de un anciano a quien le prometí dos rupias por el uso de esta.

Seguida por una multitud variopinta, me dirigí a la casa, cuyas habitaciones estaban construidas alrededor de un patio central que tenía en un lado dos pisos y, por todos los demás, techos planos.

Descubrí que me habían asignado una habitación en la esquina. Alrededor de las paredes colgaban cuartos de res y ovejas guisadas, a un lado se acumulaban cabezas de animales y montones de lana. Después de barrer la habitación y extender mi alfombra sobre el suelo, aunque no había ventana ni muebles, sentí que tenía, al menos por unos días, un lugar de descanso.

Una nunca sabe el resultado de las malas intenciones de los hombres hasta que se da a conocer el resultado final de sus acciones. Cuando los guías me llevaron no a Jyékundo, sino a Rashi Gompa para engañarme, no me di cuenta de que el resultado sería positivo. De todos modos, agradecí estar de pie durante dos horas en las calles de Jyékundo, esforzándome por conseguir una morada sin la compañía de los dos hombres que no me habían llevado allí. De no ser así, me habría quedado sin el pasaporte que realmente resultó ser el «ábrete sésamo» para mí.

Entre la gente que se agolpaba a mi alrededor había dos mujeres tibetanas de gran belleza, piel blanca, mejillas sonrosadas, buenas facciones, modales agradables, bien vestidas con túnicas de tela y adornadas con joyas. Eran las preferidas de los comerciantes chinos, que las admiraban y, contrariamente a su propia costumbre, tenían trato amable con ellas. La casa en la que me alojé pertenecía en parte, si no en su totalidad, a una de estas mujeres, que podía hablar chino con fluidez y que había sido muy admirada por el oficial chino que había estado destinado allí.

Este pueblo tiene muchos nombres diferentes. He escuchado los nombres de Kegedo, Jédo y Jyéku, aunque creo que Jyékundo es el nombre correcto. Tiene una altitud de cuatro mil metros sobre el nivel del mar, según Rockhill. Está situado en la confluencia de dos arroyos cuyas aguas desembocan en el río Dre Chu, no lejos de él, y, junto con la lamasería, tiene una población asentada de casi mil habitantes y una flotante de varios cientos. Es, así mismo, de gran relevancia comercial, construido como está en el cruce de varias carreteras importantes que irradian en diferentes direcciones, la principal de las cuales conduce a Kangding y la segunda a Nagchuka, mientras que otras conducen a Chamdo, Sungpan, Xining y Taocheo. Los comerciantes chinos que residen en Jyékundo importan harina, té, tabaco, loza, telas de algodón, hilo, botones y cuero rojo, cambiándolos por pieles, polvo de oro, almizcle, medicinas, cuernos de venado y lana. Estos encuentran el comercio rentable, pero no disfrutan de la vida en Jyékundo a causa del clima frío y la precaria posición que los extranjeros soportan entre los tibetanos, que son tan cambiantes y a menudo violentos.

En este pueblo, W. W. Rockhill se encontró con no pocos problemas, ya que el jefe informó a los nativos que, si le vendían comida, el dinero que recibieran en pago, a través del poder sutil del extranjero, sería devuelto al propio Rockhill. Por lo tanto, se les prohibió tener ninguna comunicación hasta que él, el *pombo*, regresara de una conferencia con otro jefe para tratar qué actitud deberían tomar hacia el inesperado extraño, nada deseado. Mientras tanto, los amistosos chinos persuadieron a Rockhill para que partiera hacia Kangding antes de la reaparición del jefe, de lo contrario, seguramente se vería obligado, por poco dispuesto que estuviera, a volver sobre sus pasos hasta el Tsaidam.

Mi estancia en Jyékundo fue notablemente diferente. Los mercaderes chinos me aceptaron como una más entre sus propios compatriotas y compitieron entre sí para hacerme sentir tan cómoda como las circunstancias lo permitieran. Incluso uno de ellos me envió por medio de su sirviente un gran plato de *mien* con carne y verduras.

A la mañana siguiente de mi llegada, en medio de una considerable confusión, entró en mi habitación un hombre cuyo rostro delató de inmediato que era mongol y que parecía muy familiar entre los tibetanos que lo habían acompañado. Para mi asombro y gran placer, se dirigió a mí usando el dialecto chino de Xining y, tras responderle en el mismo idioma, se volvió triunfalmente hacia los presentes y dijo: «Ella es sin duda de Xining, usa la jerga de Xining».

Luego me dijo que había estado ausente de casa cuando llegué el día anterior y que le había molestado bastante la información que le dieron de que una mujer china de Xining estaba en Jyékundo, así que su visita se debía a querer demostrar que yo no era de Xining, pero se quedó asombrado al reconocer mi dialecto.

Su casa estaba cerca de Huangyuan y había venido a Jyékundo como intérprete del funcionario chino. Se había casado con una mujer tibetana, de quien se había encariñado tanto que la idea de separarse le causaba dolor, y esperaba que ella y sus hijos pudieran acompañarlo a su antiguo hogar.

Mientras tanto, tenía rango de oficial y actuaba como representante del *amban* en Jyékundo. Llamándome su pariente y huésped, se constituyó en mi protector y amigo, prestándome así servicios que nunca podrán ser adecuadamente recompensados por mi parte. Teníamos decenas de conocidos en común, porque su hogar ancestral estaba situado en una pequeña lamasería en Xi Ho, en las cercanías de nuestro antiguo hogar. Pude ofrecerle el primer relato confiable que tuvo de la rebelión mahometana, de la devastación de los rebeldes y de los maravillosos cañones y balas extranjeras que tan eficazmente ayudaron a apagar el fervor de los *huei huei*.

En ausencia del funcionario chino, el abad de la lamasería ejercía una autoridad casi suprema, pero mi deseo de entrevistarlo personalmente no prevaleció contra las estrictas leyes que prohibían a las mujeres ingresar en la lamasería, excepto una vez al año para venerar a sus budas, de modo que mis conferencias se llevaron a cabo a través de mi amigo mongol, que sin duda demostró su valía. Le di detalles sobre el robo y la misteriosa desaparición del señor Rijnhart, que él consideró haberse tratado de un asesinato, pues dijo que los nativos de Ga Je tienen fama de ser difíciles de contener, crueles y traicioneros en extremo. Cuando le pedí que se hiciera una investigación en esta última localidad, el jefe dijo que no tenía responsabilidad ni autoridad en esa región y que, durante la ausencia del funcionario chino, no se podía hacer nada, que había que avisar a Xining y que el *amban* enviaría personalmente una expedición.

Al enviar mis dos pasaportes chinos y el tibetano que había recibido del lama de Rashi, le impuse mi derecho a una escolta y le pedí que me proporcionara los medios para viajar con seguridad de regreso a mi hogar en Huangyuan, pero dijo que lamentaba que tal arreglo estuviera fuera de su alcance, porque el camino estaba tan infestado de bandidos que se requeriría una escolta muy grande para protegerme, además del hecho de que los senderos son intransitables en invierno.

Los distritos bajo la jurisdicción del *amban* de Xining se extendían solo hasta Ganzi, a dos días de viaje de Jyékundo por la carretera que se dirige a Kangding, así que el jefe tibetano no podía garantizar que me tratasen con amabilidad en las provincias de Dege y Horba, que están bajo gobierno de Sichuan.

Tuve que adoptar tácticas cuidadosas para inducirlo u obligarlo a hacer provisiones para un viaje seguro, y enfáticamente dije que, a menos que me diera un buen pasaporte y una orden para obtener *ula*, esperaría en Jyékundo hasta que llegara el oficial chino de Xining. Como el problema causado por el asesinato del explorador francés Dutreuil de Rhins estaba todavía fresco en sus mentes y el destino de mi esposo era desconocido, el abad no quería que me quedara en su localidad bajo ningún concepto, así que, con la ayuda de mi amigo mongol, ideó medios para ayudarme a viajar con seguridad a China.

Los mercaderes chinos estaban ocupados con sus lucrativos comercios, y ninguna de sus caravanas partía excepto una. Esta caravana sería guiada de un lugar a otro por representantes de los diversos pueblos a lo largo de la ruta y podría retrasarse hasta un mes en algún punto del camino para esperar por animales de transporte, así que nadie, incluso Xia Chong Guide, pudo ayudarme. El jefe me envió como regalo *tsampa*, mantequilla, forraje para mi caballo y carne que tuve que regalar porque por su olor no prometía ser muy apetecible. También manifestó su interés por mi bienestar al no permitirme pagar renta alguna por la habitación, ya que se me consideraba una invitada oficial.

No tuve que esperar mucho tiempo para recibir un pasaporte que, traducido literalmente, decía lo siguiente: «Pasaporte. Esta dama extranjera, que viaja hacia Kangding, por la orden suprema de la gran persona mencionada anteriormente, el jefe de cada lugar a través del cual conduce su camino debe observar diligentemente que se le proporcione escolta para acompañarla. La dama no tiene caballo. Llegó a Jédo el primer día de la novena luna, y parte el décimo día de la décima luna. Pasaporte y una *ula* para Sichuan Ganzi entregados por tres jefes».

Los sellos de tres jefes se colocarían en el documento para darle mayor peso, y el principal de ellos dijo que nadie en el camino asumiría la responsabilidad de negarse a conducirme con seguridad más allá de su sección para que llegara a mi destino en perfectas condiciones de seguridad.

Tras haber cambiado suficiente cantidad de mis lingotes de plata y obtener las rupias necesarias para mi viaje, me envió sus mejores deseos de paz en el camino. Así fue como el intérprete, la escolta de la *ula* y yo salimos de la ciudad, atravesando el río y la hermosa llanura en la carretera principal que va de Jyékundo a Kangding, una vía muy grande y ancha. Variadas fueron mis experiencias durante el mes que tardé en llegar a la frontera china, a veces tan emocionantes que dudaba si encontraría la muerte en los bosques tibetanos, después de dejar tras de mí largas extensiones del país donde se quedaron las dos personas que habían significado tanto para mí.

XXIV. MÁS LADRONES

De Jyékundo a Ganzi – Dificultades con la ula – En casa del gimbi – Lamas corruptos – Atacada por ladrones borrachos – Liberación

El paralelo sobre el que está situado Jyékundo marca aproximadamente la línea fronteriza entre los distritos del Tíbet gobernados por el *amban* de Xining y los que están bajo la jurisdicción del gobernador general de Sichuan. Aunque Jyékundo es el puesto militar más septentrional, hay varios en el sur; tres de estos están en el camino que yo debía seguir a Kangding: uno en Kandze, otro en Dao y el último en Tailin.

Un coronel con un pequeño número de soldados se encuentra estacionado en cada puesto. Aunque no tienen autoridad sobre los jefes tibetanos, informan a Kangding sobre el estado del territorio. En caso de que se gestase alguna revuelta, podrían solicitar el envío de tropas con rapidez y así evitar un conflicto que podría terminar en un gran derramamiento de sangre. En el distrito gobernado por Sichuan, la posición de los funcionarios chinos es muy precaria, y deben tener mucho tacto al tratar con los nativos, que consideran a los chinos inferiores en valor y resistencia, pero, en la parte supervisada por Xining, los nativos temen a los *amban* y a los soldados chinos en un grado asombroso, por lo tanto, la autoridad del *amban* es incuestionable.

Sin embargo, el *dong shi* chino siempre ejerce la máxima prudencia al resolver cualquier problema entre los tibetanos cuando el gobierno chino actúa como árbitro, o cuando ejerce su autoridad o exige indemnizaciones. Mi amigo mongol en Jyékundo me aseguró que el asunto de la muerte de Dutreuil de Rhins había causado grandes problemas al *amban* y a sus representantes, porque los tibetanos no querían ser obligados a pagar una indemnización tan grande como se les exigía, especialmente porque habrían sido reducidos casi a la pobreza. No obstante, el mandato del *amban* es supremo.

El pueblo de Ganzi, o Sichuan Ganzi, como lo llaman frecuentemente los nativos para distinguirlo de la aldea de Kandze, en el distrito de Horba, que a menudo llaman Ho Kandze, era el destino del intérprete que me acompañaba.

Tras montar todos en nuestros caballos, cabalgamos rápidamente por un valle fértil donde algunos de los nativos, tanto hombres como mujeres, estaban en los campos haciendo trabajos de cosecha, cuidando rebaños y recogiendo combustible. Ese día vi por primera vez a una mujer tibetana capaz de leer. Mientras viajábamos, mi amigo mongol tuvo que obtener el sello de un jefe para mi pasaporte, pero, en lugar de encontrar a este último acampado donde supuestamente debía estar, descubrimos que los hombres de su tribu estaban trasladando sus tiendas y mercancías a otro lugar, porque nos encontramos parte de la cabalgata de camino.

El jefe se había adelantado, pero allí seguía su esposa, una joven atractiva, de mejillas sonrosadas, con una profusión de adornos en el cabello y las manos y montada en un caballo negro con varios hombres a su servicio. El intérprete me la presentó, le dio el pasaporte y también una carta reciente del *amban* de Xining, relativa a unos asuntos tribales no muy lejanos, en la que se solicitaba a sus representantes que actuaran como mediadores. Leyó ambos documentos a la vez que hacía observaciones inteligentes, se despidió con un movimiento de cabeza y siguió cabalgando para alcanzar al resto de la caravana, llevándose el pasaporte que el jefe selló y nos devolvió por la noche.

Pasamos la noche en una pequeña choza miserable y sucia, sin puertas ni ventanas, cerca de una casa grande sobre la que flotaban banderas de oración en abundancia, y no muy lejos había una pequeña lamasería. Tuvimos que esperar algún tiempo para el té y el combustible, porque las mujeres estaban todas afuera sacando *choma* y los hombres bajo ninguna consideración rebajarían su dignidad a transportar agua.

El jefe me envió obsequios de *tsampa* y mantequilla, y complació de este modo al intérprete, porque dijo que era buen augurio para mi viaje tener los platos llenos de comida el primer día. Las mujeres llegaron a casa a última hora de la tarde, altas, de mejillas morenas y vestidas con túnicas de piel, pero amables y amistosas, sin esa curiosidad fastidiosa que caracteriza a los chinos.

Esa noche tuve a cinco de ellos durmiendo justo afuera de la puerta de mi habitación, de acuerdo con la costumbre de que los viajeros con *ula* deben tener una guardia adecuada, y el intérprete dijo que me debía sentir honrada de tener tanta compañía, información de la que dudé un poco, porque, ¿acaso no habrá sido la creencia de que, cuantos más fuésemos, mejor sería la seguridad la que llevó a tantos hombres a pasar la noche junto a una extranjera?

Sus voces alegres se escucharon mucho después de que nos hubiéramos retirado, una costumbre que encontramos común entre los tibetanos, y finalmente tuve que interferir, porque su entusiasmo por protegerme me habría impedido dormir. No tenía ningún miedo de ellos.

Por la mañana, los caballos de la *ula* tardaron en llegar, pero finalmente nos pusimos en marcha, y se nos unió un lama afable y cordial, que también iba a ir acompañado de una *ula* porque viajaba con cartas de un buda que exigían prisa, y prometió al intérprete que me ayudaría en lo que pudiera durante el camino.

En el valle por el que pasamos se hallaba un *obo* que marcaba la frontera exacta entre el territorio de Xining y el de Sichuan, y allí los ladrones se han acostumbrado a emboscar desde las colinas a las caravanas lo suficientemente desafortunadas de encontrarse mal protegidas. El acceso a Ganzi es a través de un estrecho valle a través del cual discurre un arroyo bordeado a ambos lados por colinas siempre verdes, mientras que en los rincones apartados anidan las tiendas negras de los escasos habitantes.

El lugar al que llegamos en la tarde del segundo día era una simple aldea que contenía varias casas de adobe, entre las que se destacaban los depósitos comerciales de los comerciantes chinos y de Horba.

Aquí, a través de mi amigo mongol, recibí una *ula*, que en este caso era una joven que cargó sobre mis hombros todos mis bártulos y se alejó conmigo hasta una casa grande a cierta distancia río abajo, donde otra mujer actuaba como escolta. El lama que iba con *ula* avanzaba delante de mí y dio las órdenes a seguir por la *ula* en cada etapa del camino, así que no hubo retraso alguno con el cambio.

Nuestro camino discurría a lo largo del río Dre Chu, silencioso y fuerte, siguiendo su curso hacia el Yangtsé y de allí al mar en Shanghái. ¿Había alcanzado por fin las aguas que se abrían paso hacia el mismo océano Pacífico que bañaba las costas de mi tierra natal? Aunque este último todavía estaba a miles de millas de distancia, la civilización y la seguridad comenzaron a sentirse cercanas, y me alegré.

A veces pasábamos por colinas escarpadas a cientos de metros sobre el río. Dondequiera que el camino angosto estuviera a la sombra, estaba cubierto de hielo y, para evitar un resbalón fatal, los nativos habían esparcido cenizas sobre este. En otras ocasiones, nuestro camino nos conducía por cañadas de maravillosa belleza, donde árboles, musgos, helechos y enredaderas se unían para hacer glorietas y castillos que nuestra imaginación poblaba a su antojo mientras serpenteábamos rápidamente, entrando y saliendo, en zigzag, entre altas rocas y cantos rodados.

Justo debajo de uno de estos hermosos parajes pasamos por una parte del país que el año anterior había sido escenario de una tragedia por un terremoto en el que un gran monasterio y varias pequeñas aldeas habían quedado completamente sepultadas. El daño se había limitado casi por completo a la orilla sur del río, que hasta cierto punto se había convertido en un nuevo lecho, porque toda la ladera de la montaña, con grandes árboles y toneladas de tierra, sin previo aviso y con fuertes estruendos como truenos, se había precipitado directamente sobre el hermoso y tranquilo río. Cientos de personas murieron en aquella catástrofe, de la que hablaron los nativos en voz baja y con tierna piedad por las vidas y casas que se habían perdido. En medio de la destrucción general, el gran camino de las caravanas quedó destruido por varios kilómetros y, como no había estipulaciones para la reparación o construcción de caminos en la economía tibetana, los viajeros lograron abrir un pequeño sendero en medio de los árboles volcados, grandes rocas y otros escombros. Coronaba el clímax de la dificultad un ascenso casi perpendicular a la cima de una colina, porque todo el lado del camino a lo largo del río había desaparecido, sin dejar espacio ni siquiera para un sendero en la orilla.

Por lo tanto, el trayecto de ese día fue inesperadamente difícil y la *ula* había sido cambiada varias veces. Al anochecer, llegué a un pueblo donde esperaba pasar la noche. Aunque el hombre que viajaba con *ula* estaba descansando en una de las casas, los nativos se negaron a permitirme quedarme, pero me enviaron rápidamente a lo largo del río con un niño y una niña pequeños, tras indicarme que no muy lejos había unas casas de labranza donde podría refugiarme.

La luna brillaba igual que antes en Huangyuan, y el recuerdo del tierno trato y cuidado que había recibido con anterioridad hizo que la negativa a darme alojamiento en la oscuridad fuera aún más dolorosa.

Mientras caminábamos, la niña me dijo que no había casas hasta que hubiéramos pasado una montaña que parecía estar a kilómetros de distancia, así que lo arriesgué todo y regresé al pueblo donde había recibido la *ula*; los niños me guiaron a la casa donde se hospedaba el hombre que me había ayudado a subir desde Ganzi.

Evidentemente, allí había una antipatía inusual hacia los europeos, porque me dijo en voz baja que no dijera una palabra. No obstante, intercedió ante los nativos para que me dieran refugio en la habitación de paja, donde dejaron un pequeño fuego en una cazuela de barro poco profunda y un poco de té, mientras que un anciano de pelo blanco traía una alfombra de fieltro y se acostaba a mi lado para pasar la noche.

Al día siguiente, viajamos muchas horas antes de poder llegar a una casa. El camino estaba parcialmente destruido y era tan peligroso que tuve que ir a pie todo el tiempo, y me di cuenta de hasta qué punto los aldeanos habían querido hacerme daño al enviarme después del anochecer por ese camino de montaña. Habría tardado casi toda la noche antes de llegar al otro lado a salvo, y eso si lo hubiera podido lograr. La primera casa que avistamos era la del barquero, y estaba construida sobre un risco perpendicular en un rincón protegido donde serpentea el río Drushi Chu en su camino hacia el Dre Chu.

Habíamos llegado a la región de barcos y puentes que para nosotros eran bienvenidos heraldos de mayores facilidades de tránsito que las que se encontraban en el interior. El transbordador consistía en un caparazón en forma de tina, de metro y medio de diámetro, compuesto por una estructura endeble sobre la que se estiraban pieles de yak y timoneado con un remo ancho y recto por un tibetano. Un gran montón de té, envuelto en pieles crudas, esperaba a que un yak viniera a llevárselo a Ganzi mientras algunos hombres y ovejas eran transportados por el río en una segunda barcaza.

Mi amigo estaba ocupado negociando con el barquero cuando llegué y, al leer mi pasaporte, este último se negó a llevarme porque no había casas en los alrededores al otro lado del río, por lo tanto, no había *ula*, y no deseaba asumir ninguna responsabilidad con respecto a mí. En consecuencia, me envió a su casa en el despeñadero, donde permanecí durante dos días mientras él averiguaba qué curso seguir para llevarme al otro lado del río. Un pajarito con el pecho rojo, sintiéndose como en casa, cantaba sin miedo sobre la paja en la galería donde yo dormía, pero era el único amigo que se me insinuaba, pues las mujeres estaban ocupadas y, salvo visitas ocasionales para traerme un té delicioso, permanecían en sus propios apartamentos.

Después de ese breve descanso, partí con una *ula* que se cambió en la casa de un granjero acomodado donde había varios lamas y mujeres de buen aspecto, quienes me trataron con profundo respeto al leer mi pasaporte, y, después de haberme dado té y *tsampa*, uno de ellos partió conmigo para la casa del jefe.

Siguiendo el Dre Chu, llegamos al pueblo donde vivía el *pombo*, el único que tenía autoridad para darme una *ula* que me acompañara hasta el otro lado del río. Estaba construyendo una nueva casa, y un ejército de trabajadores, cantando mientras trabajaban, estaban ocupados acarreando la arena para las paredes y el techo. Allí tuve que pagar un pequeño peaje para cruzar el río y pedir una *ula* en el otro lado.

A la mañana siguiente, con una monja anciana, bajé al ferri, en el que estaban subiendo unos lamas con varios equipajes, entre los que había unos hermosos cojines y alfombras como los que habíamos visto en Kumbum.

Entré en la barca con la monja, para lo cual tuvimos que quitarnos las botas y meternos con el agua hasta las rodillas; además, no se me permitió usar mi sombrero durante la travesía, probablemente por alguna superstición al respecto. Tras remar hasta llegar al centro del río, la frágil estructura fue atrapada por la corriente y arrastrada a la otra orilla, y luego fue llevada en la espalda del barquero una cierta distancia río arriba para compensar la fuerza de la corriente.

Los pasajeros habían pagado sus pasajes con mantequilla, *churma* y té, por lo que la familia del barquero se peleó mientras yo esperaba sentada a mi *ula*, que llegó, poco tiempo después, en la forma inesperada de un burro, un animal que es de uso común en esa parte del Tíbet.

Mi viaje había comenzado de forma inmejorable con una *ula* a lo largo del lado norte del Dre Chu hacia Kangding, y los días pasaron rápidamente. Los nómadas y los aldeanos fueron extremadamente amistosos. Aunque nunca se me permitió entrar en sus casas, me cedían un rincón en una terraza o en un cuarto de paja, y compensaron adecuadamente su aparente falta de hospitalidad dándome una gran cantidad de té y algunas brasas en un plato poco profundo para mantenerlo caliente, todo lo cual vino por influencia de mis pasaportes.

Pero si una *ula* es buena para el bolsillo y aumenta la seguridad, también pone a prueba la paciencia, porque los tibetanos, al no tener idea del tiempo, tienen la costumbre de emprender un viaje solo por las mañanas. Al llegar a sus casas al mediodía, me daban todo tipo de excusas para que me quedara hasta la mañana siguiente. Aunque a veces mi *ula* se cambiaba con una frecuencia de tres o cuatro veces en un día, en ocasiones, con la misma frecuencia, mi escolta me ponía en manos de otros tibetanos y se iba a casa. ¡Y eso cuando solo había estado en el camino dos o tres horas! Aunque hacía uso de todos mis poderes de persuasión, era imposible perturbar la serena calma de los nativos, que decían que no podía haber *ula* hasta el día siguiente, así que tuve que contentarme con pasar la mayor parte del día esperando en vez de seguir viajando por el camino.

Mi comida consistía únicamente en mantequilla, *tsampa* y té, y mi fuerza estaba disminuyendo rápidamente, tanto que sentí que era imperativo un poco más de velocidad si alguna vez quería llegar a Kangding con vida.

La provincia por la que viajaba era Dege, la más rica y fértil del este del Tíbet, porque allí los nativos son hábiles en el trabajo del metal, sellos, campanas, teteras y otros artículos que venden fácilmente y alcanzan precios elevados.

Son casi independientes tanto de China como de Lhasa, y sienten una particular antipatía hacia los chinos, a quienes les resulta casi imposible residir en la provincia; de hecho, el gobierno imperial ha tenido dificultades para mantener la paz en esa parte de su dominio. Un oficial tibetano de Lhasa estaba de paso por la provincia al mismo tiempo que yo, y fue bastante significativo ver a los nativos mantenerse alejados de las carreteras para evitar encontrarse con su séquito, ya que los soldados que lo acompañaban podrían requisar todo lo que cayese en su vista, incluso las mismas espadas o caballos que montaban en el camino. Así se repudiaba la autoridad.

Mi *ula* era en su mayoría mujeres, pero algunas veces un grupo completo de niños y niñas venían conmigo, cuidándome de la mejor manera y regresando a sus hogares con ideas extranjeras y diferentes a las que conocían. Algunas de las casas oficiales de descanso a lo largo del camino no tenían gente viviendo en ellas y, por regla general, mi escolta me llevaba a casas habitadas, donde los niños pequeños y las mujeres derramaban un rayo de luz en mi corazón solitario. De vez en cuando tenía alguna dificultad con mi escolta y, cuando esto era así, por regla general, la gente con la que me cruzaba no era demasiado amable.

A dos muchachos, uno de los cuales era un lama, les molestaba viajar conmigo, y al principio nos deteníamos cada vez que nos encontrábamos con otros viajeros. Entonces los muchachos se dedicaban a farfullar groserías sobre la extranjera hasta que afirmé mi autoridad y los obligué a ignorar a todos los viajeros en el camino, y después se enojaron mucho, pero no se atrevieron a objetar. Esa noche tuve una habitación muy bien arreglada con una cama elevada para dormir, y algunas de las mujeres pidieron varios botones de mi vestido a cambio de mantequilla. Al día siguiente, el mismo chico viajó conmigo desde la mañana temprano hasta el anochecer, porque todas las personas en el camino se negaron a aceptar la responsabilidad de una *ula*, y, aunque él no deseaba viajar tan lejos, no le permití regresar.

Sin detenernos ni siquiera para tomar el té durante el camino, atravesamos hermosos valles y cañadas, pueblos y lamaserías hasta Gosa Gompa, un gran monasterio con ruedas de oración alrededor donde me hospedé en una gran casa propiedad de un anciano, *gimbi*, nombre que se le da al que administra las *ulas* en una población. Allí vivía el jefe de un nuevo distrito, a quien el *gimbi* entregó mis pasaportes. Permanecí allí dos días y me alegré de escapar, porque era muy difícil contener a los lamas, especialmente a los más jóvenes, que subían en tropel por la escalera y amenazaban con convertir la curiosidad y el descaro en violencia, peligro que fue evitado por el *gimbi* y varias monjas ancianas que vivían con algunos de sus hijos en las habitaciones no muy lejos de mí.

La mañana en que dejé Gosa Gompa era hermosa, el sol brillaba intensamente sobre la hierba escarchada y jugaba sobre las torres doradas, los techos de tejas, las paredes pintadas y las ruedas de oración del monasterio. Los puentes rústicos que cruzaban los arroyos, donde se agrupaban las casas de los granjeros, en las que las banderas de oración ondeaban con la brisa, añadían un encanto inusitado que se realzaba con los largos montones de piedras *mani* blancas, los montones de paja y los rebaños de cabras y ovejas trazando sus caminos laberínticos por las laderas.

Un lama cabalgó a mi lado durante un rato, con un tambor y una campana a la espalda, de camino a algún pueblo para recitar oraciones y «tocar el tambor». Pronto mi escolta me condujo a una gran casa de campo, más allá de un inmenso *chorten* en el cruce de cuatro valles. La casa estaba encaramada en lo alto de una colina donde ningún poder de persuasión habría procurado la continuación de mi viaje ese día. ¡Imagínese mis pensamientos cuando, en una conversación con algunas mujeres, me enteré de que el *gimbi* me había enviado por un pequeño sendero en lugar de por el gran camino de caravanas y que, siguiendo este camino, tardaría meses en llegar a la frontera china!

Mis fuerzas estaban menguando y, temiendo que resultaran insuficientes para un viaje tan largo, fui con mi *ula* a la mañana siguiente de regreso con el *gimbi*, que estaba ausente cuando llegué. Mientras esperaba su regreso, un joven lama divirtió a la multitud que nos rodeaba ridiculizando a los extranjeros, especialmente a mí misma, incluso moldeando *tsampa* en formas obscenas que me negué a mirar. Entonces vi aparecer al *gimbi*, que me hizo sentir muy agradecida, aunque él se sorprendió al verme.

Tras solicitar paja para mi caballo y té para mí, escuchó pacientemente mientras le explicaba mis razones para regresar a

Gosa y le mostraba el mapa, indicándole varios puntos en el largo camino de caravanas que deseaba seguir. Me negué a ir por el camino angosto, donde dependía totalmente de la gente y podrían enviarme a donde quisieran, ya que sería difícil orientarme en él. Insistió en que no podía darme una *ula* para el camino principal, pero yo persistí igualmente en ir por ese camino. De este modo, hacia la tarde, temeroso de que los turbulentos lamas —los hombres más corruptos que yo había visto en mi vida— no me permitieran pasar la noche en Gosa, me envió a un pequeño pueblo en el camino principal, donde conseguí una escolta que me llevó a su hogar.

Aquí los hombres trillaban cebada en el patio, dos a cada lado con sus mayales, que alternativamente cantaban *Om mani padme hum* mientras levantaban y dejaban caer su anticuado trillo. Era una hermosa escena de cosecha que los niños disfrutaron tanto como yo, sentada como estaba en mis aposentos bajo una terraza en un rincón del patio. Entretanto, había decidido esperar a uno de los parientes de mi escolta cuya casa estaba en Kandze, en el distrito de Horba, donde él iría conmigo para organizar mi *ula* más rápido de lo que yo podría.

Ese mismo día, un chino fuerte y de rostro oscuro entró en el patio para alquilar bueyes que viajarían con él y sus compañeros por el paso a Zochen Gompa. Lo llamé y, después de algunas conversaciones, trajo a su padre, su tío y sus aprendices, todos eran herreros que iban de Jyékundo a Tai-in, a tres días de viaje de Kangding. Habían pasado el verano en el Tíbet, pero se dirigían a China a pasar los fríos meses de invierno. El anciano era amable, todo simpatía, y además estaba dispuesto a aceptar mi deseo de que al menos uno de ellos continuara el viaje conmigo. Sin embargo, debido a su miedo a los ladrones, concluyó que sería mejor permanecer todos juntos hasta que hubiéramos pasado los lugares peligrosos y mientras tanto me ayudarían a dirigir mi *ula*.

Después de viajar juntos durante un día entero y parte de otro, alcanzamos un campamento de cincuenta tiendas donde vivía un jefe local y donde mi *ula* iba a ser cambiada mientras mis amigos chinos proseguían en dirección a Zochen Gompa. En ese momento, sucedió lo inesperado, pues el jefe dijo que, a menos que hiciera un viaje de tres días para que me imprimieran el sello del funcionario de Dege en mi pasaporte, no tenía poder para organizar mi *ula*, y, a pesar de intentar engañarlo y usar la suave persuasión, resultó que mi pasaporte no tenía validez alguna allí.

Tras sentir que los herreros chinos estaban dispuestos a ayudarme, abandoné toda esperanza de obtener una *ula*. Sabedora de que la velocidad me compensaría con creces por la pérdida de mi escolta oficial, me dirigí a la casa donde los chinos tenían alojamiento en una terraza en la que amablemente me cedieron un rincón para mi uso. Esta casa formaba parte de un grupo de estructuras de piedra y troncos, eran casas de chinos y tibetanos construidas sobre un pequeño arroyo junto al cual giraban varias ruedas de oración en casitas de madera a lo largo de su curso.

En lo alto de caminos casi perpendiculares, se encuentra la lamasería de Zochen Gompa, donde residen más de dos mil lamas. La dueña dormía en la veranda, acompañada por su hijo pequeño, un lama, quien insistía en que su madre cantara muchas canciones; nos entretenía con una música dulce y extraña hasta bien entrada la noche, además de darle placer a su hijo, que, a causa de su vida como lama, muy rara vez podía disfrutar de tal lujo.

Ahora mi situación había cambiado por completo, y los chinos competían entre sí tratando de hacerme sentir cómoda. Esto fue para mí una prueba de que el amoroso Padre estaba cuidando a su pequeña hija solitaria. En el mismo día en que se negó el reconocimiento de mi pasaporte, dos chinos habían accedido a viajar conmigo a Kangding. Esto reduciría no solo los riesgos, ya que esos herreros habían estado años en el país y yo tenía una confianza incondicional en los chinos, sino que también reduciría la duración de mi viaje quizás en un mes.

El clima era extremadamente frío y tuvimos que dormir al aire libre varias noches. Una noche se me congelaron los pies y, como resultado, sufrí las consecuencias durante casi un año. Los hombres llevaban a la espalda todas sus herramientas, ropa de cama, etcétera, y, mientras viajábamos en compañía de un gran grupo de comerciantes a través de un paso de alta montaña que está infestado de ladrones, los dos que iban a ir adelante conmigo cargaban mis bienes, aunque todos permanecimos juntos hasta que llegamos a Rong Batsa. Allí mis seis hombres se dieron el lujo de beber vino, llenando mi corazón de terror, ya que ellos y los tibetanos se emborracharon mucho en la casa. Antes de la juerga, mis chinos habían atado por seguridad su dinero en bufandas alrededor de sus cuellos. Finalmente, cuando cada uno fue vencido por el licor, la dueña de la casa los condujo a sus aposentos y mi miedo se disipó.

En esa localidad cruzamos el río Za Chu y seguimos nuestro camino a través del país. Pasamos varias aldeas, encontramos en el camino miles de yaks cargados con té, y algunos cargados con cueros y otros artículos de comercio en su camino a Tachienlu, nombre dado por los nativos a Kangding. Los hombres estaban bien vestidos y sus caballos estaban decorados con brillantes y alegres atavíos. Con frecuencia nos encontrábamos con procesiones de lamas, uno de los cuales, vestido de raso amarillo con sombrero del mismo color y con un gran séquito, delataba su rango de «buda viviente».

El territorio estaba salpicado de aldeas y pequeñas lamaserías, y de campos de cultivo trabajados por primitivos arados de madera en manos de hombres y mujeres, lo que atestiguaba la industria del pueblo. En lo alto del promontorio o colina empinada que se adentraba en un recodo del Za Chu, se veía el hermoso techo dorado del Nyara Gompa. Un poco más lejos, más allá de unos profundos cortes en el camino, está Kandze, una población considerable compuesta por las casas de los laicos y una gran lamasería, Kanzego, con un hermoso templo chino.

Aquí fue donde W. W. Rockhill se encontró con problemas debido a la turbulencia de los lamas, y mis guías decidieron pasar de largo. Según decían, las relaciones entre los tibetanos y los chinos eran tan tensas que estos últimos se vieron casi obligados a retirarse en masa del lugar.

Este lugar es uno de los estados más extensos de Horba y, tras la provincia de Dege, es uno de los más ricos en el este del Tíbet. A pesar del antagonismo de los tibetanos con los chinos y los extranjeros, estos eran muy interesantes y hasta encantadores. Eran más guapos y, por regla general, mejor vestidos que los nativos de otras partes, y usaban con profusión adornos hechos en plata y oro. Los hombres vestían *pulu* de vivos colores y su cabello estaba principalmente peinado en una gran coleta que adornaban con anillos brillantes que giraban alrededor de sus cabezas. Los estuches de sus armas y las vainas de sus espadas estaban decorados con plata, coral y cuentas de color verde. Las mujeres llevaban un gran disco de plata en la frente y a veces en la parte posterior de la cabeza, y ambos sexos portaban en sus cinturones estuches de agujas de plata, cajas de sílex y acero y ocasionalmente un estuche de tela bordada para su cuenco de *tsampa*.

Eran extremadamente hostiles con los chinos, a quienes, hasta hace pocos años, no se les ha permitido vivir en paz. A pesar de que los funcionarios chinos están estacionados en Kandze, Chango y Dawo, tenían prácticamente poco poder. Estos eran despreciados por los tibetanos debido a su cobardía. En un gesto de burla, los tibetanos levantaban desdeñosamente el dedo meñique como señal de inferioridad, tras indicar que el representante chino en Dawo tiene miedo incluso de salir de su propia casa por temor a un perro.

El primer pueblo de importancia al que llegamos después de pasar Kandze fue Chango, que está construido sobre una pendiente empinada que domina el Nya Chu, mientras que en las colinas superiores se encuentra el monasterio de Chango Gompa, habitado por más de dos mil lamas que disfrutan de la dudosa reputación de ser desesperadamente rebeldes y maleducados.

Debido a la predilección de estos lamas por las peleas, mis guías evitaron pasar por este lugar después de habernos detenido en una pequeña lamasería para comprar un poco de té extra, porque las hojas de té son tan apreciadas por los nativos de esta localidad que la mayoría de los viajeros las usan en lugar de dinero para pagar el forraje y el alojamiento. Se puede obtener más por un poco de té que diez veces su valor en plata.

Poco después de salir de Chango, vimos en el camino a varios tibetanos borrachos que estaban extorsionando a unos pobres viajeros tras apoderarse de su valioso perro. Eran seis individuos pertenecientes a un cuerpo de cincuenta soldados que habían sido convocados para obligar a los naturales de Chango a pagar sus impuestos. Esa mañana se habían separado, pero antes de salir del pueblo habían bebido demasiado y, como resultado, se convirtieron en la pesadilla de los viajeros que caían en sus garras.

Mis guías se felicitaron por haber escapado tan fácilmente de ellos, pero su alegría fue prematura, porque, mientras estábamos sentados frente a una tosca casa de labranza, los vimos pasar por el camino y, cuando nos pusimos de nuevo en marcha, los vimos sentados en un pequeño lugar cubierto de hierba, bebiendo más vino mientras sus ponis descansaban sobre la hierba. Poco después, miré hacia atrás y los vi galopar hacia nosotros. Un gran temor se apoderó de mí, porque los tibetanos son muy pendencieros cuando están borrachos, y ¡ay del pobre viajero que tenga la desgracia de caer en sus manos!

El más viejo de mis guías dijo que se quedaría atrás y que, si nos atacaban, uno de nosotros podría tener la oportunidad de escapar. Enseguida nos alcanzaron y, mientras cuatro de ellos se detuvieron para ver qué tenía uno de los muchachos, los otros dos cabalgaron frente a mí y el segundo muchacho y, deteniéndose, uno de ellos preguntó: «¿*Choh kana du?*» (¿A dónde vas?). El muchacho apuntó con el dedo y respondió que íbamos «para allá», lo cual era una respuesta cortés, pero pareció enfurecer al hombre, porque rechinó los dientes con rabia, desenvainó su espada y se dirigió hacia el muchacho.

Su compañero, que no estaba tan ebrio, trató de sujetarlo, pero de repente los seis llegaron hasta nosotros y uno de ellos me agarró bruscamente por el brazo y trató de desmontarme del caballo, preguntándome adónde iba. En un momento, los seis desmontaron y, mientras unos arrastraban a mi muchacho por la coleta de un lado a otro, otros abrieron su mochila, esparciendo todo por el suelo.

En tal situación, mi revólver era inútil, porque todos estaban fuertemente armados y cualquier descuido habría significado mi muerte. Ansiosamente, me senté en mi silla, sabiendo que, tan pronto como terminaran con el chico, volverían su atención hacia mí.

Uno de ellos, que estaba más sobrio que los demás, me hizo señas con la barbilla para que fuera hacia el otro muchacho, y yo di la vuelta a mi caballo y seguí su consejo, pero mi seguridad duró poco, porque uno de los tibetanos volvió a montar y apareció en un momento detrás de mí. Cabalgué a horcajadas, como hacen todas las mujeres tibetanas, y, mientras el soldado cabalgaba a mi lado, su rodilla rozó con la mía y, después de sacar su espada, sostuvo su hoja desnuda sobre mí, indicándome que desmontara y le diera mi caballo. Lo miré a la cara, que estaba muy cerca de mí, y noté sus ojos vidriosos por el alcohol; entonces me di cuenta de que el soldado era poco responsable de sus actos y mi corazón se convulsionó.

Del mismo modo que un niño llamaría a su padre, grité en voz alta: «¡Oh, Dios! ¡Oh, Dios!», y en tibetano dije: «*Mari, mari*», que significa «No, no». El rostro del hombre mostró una expresión extraña. Entonces guardó su espada, se dio la vuelta y se unió a sus compañeros. En un instante, todos los soldados galoparon río abajo. Así fue como no solo me mantuve con vida, sino que no perdí nada, ya que, si me hubieran obligado a desmontar mi caballo, me habrían quitado la ropa de cama, porque esta última estaba guardada en mi silla de montar. De manera bastante inesperada, tampoco perdí mi vestido tibetano ni mi olla, porque estaban guardadas con el muchacho, que estaba sentado al borde del camino. La carga del otro muchacho había sido desparramada por el camino y le robaron las hojas de té, una espada valiosa, su vasija de *tsampa* y una bolsa que contenía treinta rupias.

Después del terrible suceso, nos sentamos en la hierba y me invadió un sentimiento de gratitud y alegría, pues mi vida y los enseres indispensables se habían salvado. No puedo dudar de que mi liberación se debió al cuidado del Padre Celestial, que ni descansa ni duerme.

XXV. POR FIN A SALVO

Llegada a Kangding – Mi poni se agota – Largas marchas con ampollas en los pies – Noción china de los europeos – Entre amigos una vez más – Conclusión

Con la desaparición, río abajo, de los caballos brillantemente equipados y sus jinetes, sobrevino una gran confusión. Mis muchachos tenían el deseo de perseguirlos y recuperar sus pertenencias robadas. En el estado de embriaguez e inexplicable de los tibetanos, tal curso solo podría haber estado acompañado de más calamidades.

Sintieron una indignación tal, que desearon volver a Chango y acusar a los culpables ante los magistrados. Sin embargo, al recordar que los hombres eran unos desconocidos, y también que implicaría un gran retraso para llegar a Kangding, además de no tener suficiente dinero para reembolsar su pérdida, les dije que estaba dispuesta a regresar a Chango con ellos. No obstante, tendrían que acompañarme a la frontera, según el acuerdo por el que yo le había pagado a su padre.

Agradecieron mi oferta, y también ponderaron la necesidad de cumplir el acuerdo original que su padre hizo conmigo. Entonces, al recibir mi promesa de proporcionarles comida para el resto del viaje, decidieron continuar hasta Kangding.

Con el característico deseo nacional de evitar entrometerse en los asuntos de otras personas, un tibetano cuya casa estaba cerca de nosotros, aunque oculta a la vista por un montículo, apareció después del altercado y nos ofreció la hospitalidad de su hogar. Aceptamos gustosamente, pues sentí que era mejor no arriesgarme a encontrarme con esos hombres hasta que los efectos del licor hubieran pasado, así como también por el hecho de que era tarde en la noche y momento de descansar.

A lo largo del camino desde Chango, río abajo, el paisaje se descubría hermosamente refrescante. Era un territorio muy fértil y salpicado de caseríos; luego, cuando el río torcía hacia el sur, nuestro camino se bifurcó para regresar de nuevo y seguir su curso a través de magníficos bosques de grandes árboles en las laderas de montañas que se elevaban hasta donde alcanzaba la vista por encima de nosotros.

Otro día de viaje nos llevó a Dawo, con su gran monasterio, el Ninchung Gompa. Este exhibía techos dorados y, en su parte secular, se podían ver casas de dos pisos construidas a ambos lados de un arroyo, sobre las cuales había varios molinos. Los lamas eran alrededor de mil en número, y la población de la ciudad otro tanto más, de los cuales más del diez por ciento son chinos, algunos de ellos trabajadores metalúrgicos.

Las casas salpican el valle hasta donde este se termina, debajo de Dawo. Para evitar llamar la atención y meternos en problemas, el niño mayor y yo pasamos de largo por el pueblo hasta alcanzar la casa de un granjero al pie de las colinas. A su vez, el otro muchacho subió al pueblo para comprar té. A su regreso nos trajo un poco de pan, que para nosotros fue pura ambrosía, y, aunque no tenía ninguna clase de levadura, nos parecía igualmente delicioso, pues habíamos pasado meses sin probar ni una miga.

En casi todas las aldeas había chinos, la mayoría de los cuales se habían convertido casi en tibetanos naturalizados en vestimenta, costumbres e incluso religión, pues murmuraban la oración mística de seis sílabas con tanta fidelidad como los propios tibetanos.

Durante el camino, una gran proporción de los viajeros con los que nos encontramos también eran chinos, entre los cuales se encontraban incluso los infatigables mendigos. Por lo que se veía, las cosas les podrían haber ido mejor si se hubieran quedado en su propio país. Supuse que eran, con toda probabilidad, exiliados a causa de algún crimen, aunque muchos de ellos eran muy jóvenes.

Al observar a todos estos mandarines, nos percatamos de que cada día nos acercábamos más a Kangding, y, a medida que mis fuerzas físicas decaían, mi corazón se animaba más ante la posibilidad de lograr la anhelada meta.

No faltaban señales de terremotos en el valle, casi todas las casas estaban en ruinas y solo quedaban en pie partes de los muros de piedra. Pasamos la esquina de la colina cerca de Tailin después de haber seguido el camino que conduce al paso de Jéto, ya que este era mejor y más corto que el de Tailin, cuyo territorio es en gran parte chino. El segundo día antes de llegar a Kangding, justo después de haber partido de una de las dos casas donde habíamos pasado la noche en un rincón de un patio, me vi obligada a caminar porque mi caballo se volvió incapaz de llevarme y pronto se volvió lento en su paso, pues él mismo se convirtió en su propia carga.

Después de haber caminado un buen trecho con mis ya doloridos pies, cuya única protección eran un par de botas tibetanas de una sola capa de cuero sin curtir en la suela, descansamos en medio de la nieve que cubría el suelo espesamente. Luego hervimos un poco de té para nuestro poni, pues los nativos dan a sus caballos té para beber, hojas de té para masticar, *tsampa*, *churma* e incluso carne cruda para aumentar su fuerza y permitirles proseguir su viaje. Esperamos sentados en unas piedras mientras el caballo devoraba de nuestra olla su estimulante comida, cuando, de repente, sentimos el pequeño y retumbante crujir de un terremoto. Entonces me invadió un sentimiento de terror al pensar en la posibilidad de ser sepultada por un derrumbe y no poder satisfacer las recién nacidas esperanzas de refugio y seguridad en la gran ciudad fronteriza de Kangding.

La etapa de ese día fue larga, y caminé treinta millas lo más rápido que pude con mis fuerzas agotadas y mis pies llenos de ampollas, debido a que las suelas de mis botas se habían desgastado en algunos puntos.

Los guías me animaron a seguir, ya que no se podía encontrar refugio hasta que dejásemos atrás el paso de Jéto, que tiene unos cuatro mil metros de altitud, así que continuamos la subida con cansancio. Al principio, el ascenso era gradual y un muchacho arrastraba al viejo caballo mientras otro lo alentaba con mi pequeño látigo. Se me rompió el corazón al ver a mi fiel y paciente animal ser aguijoneado de esa manera, pero, a menos que lo abandonáramos en el camino, no se podía hacer otra cosa por él. Con buen agrado cuidaría del noble animal que, sin vacilar ni tropezar, me había rescatado de las regiones donde sufrí tantos problemas y desastres.

Al acercarnos a la cima del paso de Jéto, vimos el camino a Lit'ang, el cual serpenteaba entre aldeas a través de un hermoso valle. La última parte del ascenso fue muy empinada y difícil. Encontramos la cima coronada con un enorme *obo*. Si los nativos agradecen con fervor a los espíritus por ayudarlos a superar los pasos, yo rendí sincera alabanza a mi Padre porque, aunque cansada casi en extremo, mi fuerza no había flaqueado y ahora me encontraba más allá de la sección más dura de la ascensión.

Había empezado a nevar copiosamente y la oscuridad se cernía sobre nosotros, pero el suelo a ambos lados era tan escabroso que no había lugar donde pudiéramos acostarnos a descansar. Las piedras, grandes y numerosas, salpicaban ambos lados del camino, mientras que un arroyo rocoso y una densa maleza aumentaban la dificultad de elegir un lugar adecuado para acampar. Aquí y allá pudimos ver fogatas cerca de las cuales estaban atadas grandes manadas de yaks, cuya presencia era revelada por el contraste de sus formas negras sobre el fondo blanco de la nieve.

Sabedores de que el caballo nos retrasaba, dos de nosotros avanzamos más rápido, dejando que uno de los guías arrastrara al pobre animal, que padecía tantas dificultades en el camino pedregoso como yo. Enseguida llegamos a una pequeña choza de unos pocos metros cuadrados situada en el centro de un patio cerrado por una cerca baja de piedra, detrás de la cual vimos un gran número de yaks ensillados.

Mi guía solicitó alojamiento para esa noche, pero nos lo negaron por falta de espacio. Sin embargo, después de continuar, decidimos regresar y preguntar nuevamente, porque el camino era peligroso —simplemente un arroyo que corría sobre piedras afiladas y desiguales —. El muchacho me dijo que entrara directamente a la choza, ya que yo iba tan bien vestida que tendría más poder de influencia que él, que solo era un *pe zi* andrajoso.

Me abrí paso a través de un hueco en la cerca hasta una abertura en el costado de la choza, la cual tenía solo un metro de altura; me agaché y entré gritando: «¡*Da ke!*». Se acercó un chino, mal vestido y sucio como un tibetano, y yo afirmé que íbamos a pasar la noche allí, pues nuestro caballo estaba cansado y no podía seguir adelante. Objetó que la choza era demasiado pequeña para tantos ocupantes. Luego le respondí que era un hombre bueno y amable, y le rogué que entendiera que yo estaba completamente cansada después de haber caminado treinta millas ese día y que me dolían demasiado los pies para dar un paso más. Entonces nos invitó a sentarnos junto a una enorme hoguera que ardía en una esquina al fondo de la cabaña, porque sabía que, si no nos permitía quedarnos hasta la mañana siguiente, tendríamos que caminar varias millas a través de la escarcha y la nieve.

Por regla general, había encontrado a los chinos bondadosos y dispuestos a ayudar a los que están en apuros. La pequeña choza tenía solo unos pocos metros cuadrados. La entrada estaba desprovista de puerta y ocupaba uno de sus lados. Adosada a la choza había un chiquero, donde se revolcaba un inmenso cerdo. En el otro lado se encontraba una tosca chimenea, tan solo compuesta por un hueco en el suelo y con apenas espacio suficiente para agacharse a descansar a ambos lados de esta.

Nuestros pies estaban empapados y, mientras media docena de tibetanos bebían su té y nos miraban furtivamente, los tres nos esforzábamos por secarnos, al tiempo que los dos madereros chinos nos contaban historias sobre los diferentes extranjeros que vivían en Kangding. No es de extrañar que haya motines de bóxers en China instigados con el propósito de expulsar de su imperio a los extranjeros, a quienes creen capaces de atrocidades tales como las que se atribuyen a nuestros compatriotas en el pueblo fronterizo.

Antes de salir de Huangyuan, habíamos escuchado que varios miembros del grupo tibetano de la Misión del Interior de China de la señorita Annie R. Taylor, bajo el liderazgo del señor Cecil Polhill-Turner, habían comenzado a trabajar en Kangding, e interrogué cuidadosamente a esos dos hombres para saber si era cierto o no. Me informaron que allí vivían varias familias de extranjeros, y que todos eran dueños de casas grandes. Una casa con hombres estaba situada fuera del pueblo, justo enfrente de la puerta del norte. Otra casa de la misma clase se encontraba cerca de la puerta del sur, y finalmente una casa habitada enteramente con mujeres situada dentro del pueblo. Estos eran establecimientos católicos, y la última casa mencionada era una escuela mantenida por monjas chinas católicas.

Todavía había otra familia, dijeron, que acababa de llegar, con una señora y unos niños. Estos, supuse, eran el señor y la señora Turner con sus compañeros de trabajo. Los hombres entonces procedieron a contarme lo que la gente decía de los extranjeros, de cómo sus sirvientes compraban niños en las calles y los llevaban a la casa extranjera, después de lo cual nunca más volvían a ser vistos; de cómo estos hombres extraños podían cambiar monedas de bronce chinas con su mirada en rupias, las cuales exhibían el rostro de una mujer en uno de sus lados.

A nadie, agregaron, se le permitía ingresar a la casa para ver lo que había dentro. Por lo general, pienso que es prudente que los misioneros tengan sus casas abiertas para que los nativos puedan observar por sí mismos hasta en los rincones más pequeños y así, como en un ejercicio de «ver para creer», cortar de raíz cualquier noción de misterio, al que los paganos son demasiado proclives a creer.

En la quietud de aquella choza de madera, mis dos guías chinos relataron a los demás las muchas cosas que habían aprendido de los extranjeros debido a mí, además de la impresión que habían recibido del único extranjero que habían visto en su vida.

Explicaron el propósito de los misioneros que vienen a establecerse en un país lejano y aseguraron que su sustento no provenía de la magia, sino de la gente de sus países de origen, que les enviaban una suma de dinero cada año. Sin embargo, debido a las extrañas historias que habían escuchado con anterioridad, no tenían intención de entrar en la casa de los extranjeros, a quienes ninguno de nosotros conocía. Además, yo ni siquiera sabía el nombre chino de un solo misionero en Kangding, y sentí mucha pena por los hombres, ya que su temor era genuino. Les dije que, cuando en el futuro escucharan algo despectivo sobre los misioneros, que recordaran que todos eran tan buenos como yo; esto era lo menos que se podía decir de ellos.

Uno de los madereros chinos nos habló de un extranjero que había pasado por su choza unos días antes en su camino hacia el interior del país. Cargaba un cofre con herramientas de carpintero a la espalda, y un sirviente chino lo acompañaba. Resulta que el extranjero le había dado una medicina para el reumatismo y además podía hablar chino y tibetano de Lhasa. Me pregunté quién podría haber sido y, cuando llegué a la sede de la misión cristiana, descubrí que se trataba de uno de los miembros del grupo tibetano de la Misión del Interior de China: el talentoso y brillante señor Amundsen, que se había esforzado por convertirse en un tibetano y buscaba hacerse un hueco entre ellos sin más pretensiones.

Desafortunadamente, Amundsen había sido atacado por un tibetano borracho, el cual había concluido que su cofre estaba lleno de plata. Tras haber sido despojado de casi todo, regresó por otra ruta a su hogar en Kangding.

Tras secarnos completamente, nos sentamos a tomar el té y después nos preparamos para pasar la noche. Al cabo de un rato, seis hombres y yo nos encontrábamos agazapados en un espacio muy pequeño alrededor de la chimenea hueca, mientras que en el patio se quedaron varios tibetanos.

Mis dos hombres descansaban junto a mí, aunque todos estaban al alcance de la mano. Sin embargo, no les tenía miedo, tan grande era la diferencia entre los chinos y los tibetanos que estar con los primeros me hacía sentir completamente segura. Aunque estos madereros fueran toscos e incultos, eran amables y me hicieron sentir su simpatía.

Un peligro común nos hizo a todos semejantes en la pequeña choza, porque a intervalos se escuchaba y se sentía el gran ruido retumbante de los terremotos, que a veces era lo suficientemente fuerte como para sacudir el techo. Los madereros recitaban de vez en cuando historias de deslizamientos de tierra y terremotos en los valles cercanos, embelleciendo con brillantes palabras el encanto de las casas tan repentinamente destruidas y la gran piedad y devoción de los lamas que habían sido aplastados en ellas. Estos recitales me subyugaron con un silencioso asombro y, después de la noche de insomnio, agradecí ver los primeros rayos del alba, aunque con ellos vino la conmoción más violenta de todas.

El sol ya estaba alto antes de que empezáramos a caminar de nuevo y su calor derritió rápidamente la nieve que se había amontonado a una altura de varios centímetros alrededor de la choza. El camino era prácticamente un arroyo de agua corriente que en algunos lugares era de casi medio metro de profundidad, pero lo atravesé chapoteando alegremente sabiendo que, después de una caminata de veinte millas, llegaría a una posada china o a la sede de la misión, cualquiera de las cuales me ofrecería un refugio para descansar.

El camino era un descenso gradual, aunque aquí y allá había subidas pronunciadas que ponían a prueba mis fuerzas al máximo, lo que a veces me provocaba el desesperante anhelo de llegar a Kangding ese día.

Así pues, seguimos andando penosamente por el camino pedregoso bordeado a ambos lados, ora por rocas, ora por racimos de acebos y rododendros para mí indescriptiblemente hermosos. Era señal inequívoca del regreso del verano, con sus cielos azules y el aire balsámico de la montaña. Pasamos valles exuberantes y grupos de casas, de apariencia china y tan diferentes de las casas de los agricultores tibetanos, que reposaban en las laderas de las colinas con un aspecto tan limpio y acogedor. Mi debilidad física y mis pies doloridos me quitaron gran parte de lo onírico y placentero del paseo.

Los muchachos chinos seguían alentándome a seguir caminando, pues no querían que descansara cada pequeña distancia sobre una piedra al borde del camino, como me sentía obligada a hacer. Treinta millas de caminata el día anterior y veinte ese día no podrían ser realizadas por mis ya agotadas fuerzas sin agudo sufrimiento, pero el objetivo era la seguridad, la paz y el descanso, y seguí adelante.

Seguimos nuestro camino hacia la puerta sur de la ciudad, más allá de una pintoresca lamasería de edificios rojos rodeados por árboles altos sobre un puente arqueado. Mi escolta me convenció de que montara en mi pobre y cansado caballo y entrara al lugar «de manera regia».

Justo afuera de la puerta, nos detuvimos frente las enormes puertas de la misión católica para preguntar por el paradero de la casa del señor Turner. Ciertamente, fue divertido, y lamentable por igual, ver a uno de mis muchachos alejarse de la puerta después de llamar. Tenía un miedo mortal a los extranjeros, y evidentemente esperaba que algo malvado saliera de la puerta hacia él.

Un chino respondió a nuestra pregunta y nos informó que el señor Turner vivía al otro lado del río. A medida que avanzábamos, atraíamos muy poca atención, incluso en las estrechas y abarrotadas calles, porque Kangding tiene una población heterogénea y nadie sospechaba que yo fuera una extranjera. Después de cruzar el puente, un joven chino corrió y me dijo que escondiera mi cuchillo y los palillos que colgaban de mi cinturón, ya que los ladrones podrían robarlos. Luego nos condujo a través de un callejón angosto y oscuro debajo de una casa, donde desmonté mientras un lama gritaba con voz estentórea: «¿Qué haces montado aquí?». Nuestro guía era el cocinero, quien, al llegar a Fuying Tang, sede de la Misión del Interior de China, se apresuró a entrar en la habitación de los jóvenes diciéndoles que había llegado un hombre, sin saber si yo era tibetana o europea. En respuesta a la información recibida, dos misioneros, los señores Amundsen y Moyes, se pararon en el patio exterior cuando crucé la entrada. ¡Qué limpios se veían con sus ropajes chinos y qué blancos sus rostros!

Sabía que no estaba limpia, sin embargo, consciente de mi suciedad y mis harapos, me quedé en su presencia esperando a que se dirigieran a mí. Pero no, debí hablar primero, así que dije en inglés: «¿Es esta la residencia del señor Turner?», y el señor Moyes respondió: «Sí». Esa sola palabra me emocionó de cabo a rabo. Era la primera palabra en inglés que escuchaba desde esa mañana inolvidable de dos meses antes, cuando mi esposo desapareció alrededor de una roca, y el hablante era el primer blanco que veía desde que dejáramos Huangyuan.

Hubo otra pausa, porque estaba casi superada por la emoción; luego dije: «Soy la doctora Rijnhart». Inmediatamente, el señor Amundsen me invitó a subir a los apartamentos de la señora Turner. Se quedaron tan estupefactos al escuchar la voz de una inglesa proveniente de una persona de apariencia tan tibetana que al principio no pudieron hablar en absoluto.

Al llegar a la puerta del comedor, la señora Turner se levantó mientras el señor Amundsen me presentaba. La querida señora Turner me preguntó: «¿Estás sola? ¿Cuándo fue la última vez que comiste?». ¡Qué cuidados tan atentos y hermosos! Luego dijo: «Pasa al cuarto de los niños y la cocinera te traerá un poco de té». Miré la estera impecable y luego mis botas, que rezumaban a cada paso y dejaban marcas de suciedad, y me excusé diciendo que estaba demasiado sucia para entrar en una habitación tan limpia.

Pero eso no importó, me hicieron pasar y entonces mi corazón se rompió al conocer al pequeño Kenneth, del tamaño de mi amado bebé, por quien tanto había llorado. Me dieron té en una taza refinada y algunas galletas como refrigerio, y luego la señora Turner me ofreció un lugar para descansar hasta la cena. Sin embargo, me fue imposible sentarme a una mesa limpia con gente pulcra alrededor, y pedí un baño y algo de ropa interior, a lo cual todos los miembros de la casa contribuyeron para mi cambio de ropa.

Había llegado a Kangding apenas dos meses después de la desaparición del señor Rijnhart. ¿Cómo había sobrevivido yo sola a ese largo y peligroso viaje por montañas y ríos, rodeada de gente hostil y sujeta a peligros constantes por parte de quienes decían ser mis guías? ¿Estaba realmente una vez más en un hogar cristiano, rodeada de amables amigos y comodidades? Así era, por fin, y me di cuenta de ello cuando me vi liberada de la suciedad y las alimañas que había acumulado después de semanas. Por consiguiente, me acosté para descansar una vez más en una cama limpia. La gratitud llenó mi corazón y, como un salmista, ahora podía recitar las palabras:

Bendito sea el Señor, oh alma mía,

y todo lo que está dentro de mí, bendito sea su santo nombre

que redime tu vida de la destrucción,

que te corona con bondad amorosa y tiernas misericordias,

que sacia de bienes tu boca

para que tu juventud se renueve como la del águila.

En la mesa de la cena, el señor Turner me preguntó qué era lo primero que quería saber sobre el mundo exterior, ya que había estado aislada tanto tiempo. Sin saber apenas por dónde empezar, balbuceé la pregunta: «¿Sigue viva la reina Victoria?».

Decepcionada por no encontrar un funcionario en Jyékundo, ahora esperaba poder averiguar a través de medios oficiales algunas noticias definitivas sobre el destino de mi esposo. Preparé una declaración para el caso y la envié al cónsul británico en Chongqing, solicitándole que la remitiera a su vez a los embajadores holandés y británico en Pekín para que la presentaran al Zongli Yamen[18].

Durante seis meses esperé en Kangding con la esperanza de que llegaran algunos informes confiables del interior del Tíbet, pero esperé en vano. A mi llegada a Kangding, no tenía ni un centavo de dinero, pero amables amigos en Estados Unidos respondieron generosamente a mi necesidad. Me ayudaron a viajar a Shanghái, de allí a Tianjin, donde me entrevisté con el señor Knobel, ministro de los Países Bajos, quien me aseguró que haría todo lo que estuviera a su alcance para inducir al gobierno chino a realizar una investigación, y agregó que sir Claude Macdonald, el ministro británico, estaba actuando juntamente con él en el asunto.

Me habría gustado quedarme en China para esperar el resultado, pero mi salud se vio afectada y mis amigos me presionaron para que regresara a Estados Unidos. El señor Knobel me aseguró que mi presencia no era necesaria, que el gobierno haría todo lo posible. Con fecha del 2 de mayo de 1900, el señor Knobel recibió un informe del Zongli Yamen, del cual el siguiente texto es una traducción:

Con respecto al caso del señor Rijnhart, nuestro yamen ha mantenido correspondencia en repetidas ocasiones con el gobernador de Sichuan, el representante imperial en el Tíbet y el agente imperial en Xining, quienes recibieron instrucciones de investigar e informar sobre el asunto. Ya le escribimos a este efecto el pasado 8 de marzo. Desde entonces recibimos, el 21 de abril, un despacho del agente imperial en Xining, que decía:

Sobre este asunto, han llegado telegramas del Zongli Yamen y del gobernador de Sichuan indicándome que lleve a cabo una investigación. Se han dado las órdenes necesarias. Según la información recibida por el misionero inglés Lo Tcheng (Laughton), que vive en Xining en el Fuying Tang, el misionero holandés «Lin» es el mismo que el señor Rijnhart. Se dice que desapareció mientras viajaba.

---

[18] Antigua institución gubernamental encargada de la política exterior del Imperio chino. (N. del T.)

Un misionero de apellido Lo, encontró un sacerdote llamado Ishi Nyima, quien hizo averiguaciones por él. Al llegar a la orilla del río, escuchó que el asesinato fue cometido por un habitante de Do Jia de nombre Jiali Yasa. Entonces yo (el agente) envié a dos personas competentes de mi yamen con el sacerdote Ishi Nyima a Do Jia, y les di una escolta de oficiales civiles, militares y soldados. Su informe es:

Según la gente de Do Jia; los habitantes más antiguos del lugar, junto con el sacerdote Ishi Nyima habían ido de casa en casa, pero ni hombre ni mujer, ni viejo ni joven, sabían nada sobre un asesinato cometido contra un misionero holandés; tampoco conocían a Jiali Yasa. Nosotros, la gente de Do Jia, somos trescientas familias, grandes y pequeñas, y todos somos buenos súbditos. Si se descubre más adelante que el asesino de un europeo está entre nosotros, estamos dispuestos a sufrir cualquier castigo.

Yo (el agente) temía que todo esto pudiera no ser del todo cierto, así que envié de nuevo a dicho lugar a un comandante, Liji Jun, y a un redactor oficial, Yan Ling, para hacer una nueva investigación. El comandante y otros informaron que recibieron una petición de Penko, el jefe de la aldea, que tenía el mismo efecto que la anterior.

Este es el resultado de mi investigación. Tan pronto como recibamos la respuesta de Sichuan y el Tíbet, le informaremos a Su Excelencia.

PEKÍN, 2 de mayo de 1900.

No se han recibido más noticias, excepto vagos informes de los tibetanos, ni creo probable que alguna vez lea nada más definido.

El lector reconocerá en el informe anterior el nombre de Ishi Nyima, nuestro maestro tibetano en Kumbum. A pesar de todas sus faltas, tenía un corazón comprensivo, porque, tan pronto como supo que nuestra caravana había sufrido un desastre en el interior del país y que el señor Rijnhart había sido asesinado, ofreció sus servicios al oficial en Xining e hizo el largo viaje al interior en busca de información veraz sobre su amigo. ¡Querido viejo Ishi Nyima!

En esta página, que para él quedará sellada y desconocida, no puedo dejar de hacer un ligero reconocimiento a sus servicios. Los dulces momentos que compartimos durante nuestra residencia en la lamasería nunca serán olvidados ni por él ni por mí. A pesar de que su sueño de visitar América algún día con el «maestro extranjero» ahora se ha hecho añicos, me consuela saber que ha escuchado el nombre de Jesús, está familiarizado con las enseñanzas de la Biblia y ora al «gobernante celestial», así como a su ídolo de bronce.

Mientras pienso en él con gratitud y rezo fervientemente por él, sé que, de vez en cuando, sus pensamientos vagarán hacia el lejano interior de su tierra natal, donde descansan los restos de aquellos dos seres a quienes amó; y también hacia mí en la tierra lejana tan llena de maravillas, al otro lado del océano azul profundo.

Es natural poner en una balanza nuestros sacrificios y sus resultados, aunque el proceso trae poco consuelo, pues muy a menudo los resultados se hacen borrosos más allá de nuestra visión y solo es el sacrificio lo que llena todo el horizonte. Desde mi regreso a Estados Unidos, muchos me han planteado la pregunta: «¿Valió la pena el sufrimiento por la causa y los resultados obtenidos?». Lo preguntan los críticos de las misiones, aquellos que levantan sus manos de desaprobación cuando se da una vida por causa del Evangelio y la edificación espiritual de un pueblo ignorante pero que aplauden vigorosamente al soldado que derrama su sangre en el campo de batalla por la causa de expansión territorial o engrandecimiento nacional. A tales individuos basta decirles que Cristo también tiene sus soldados que están dispuestos a morir por su causa si es necesario, en la creencia de que su causa es la más sublime entre los hombres, y que están contentos de dejarle los resultados sabiendo que el Gran Capitán de su salvación conducirá a su debido tiempo a sus huestes hacia la victoria final y un reino universal. Tal es el optimismo del Evangelio, y tal la fe y el coraje que genera.

Amables amigos cristianos han cuestionado nuestra sensatez al entrar en el Tíbet. ¿Por qué no haber esperado, se preguntan, hasta que «las potencias» abrieran el Tíbet para que los misioneros pudieran entrar bajo la protección del gobierno? Hay mucho corazón en la pregunta, pero poca lógica. Cristo no les dice a sus discípulos que esperen, sino que vayan. No debemos elegir las condiciones, debemos encontrarnos con ellas. Los primeros apóstoles no esperaron a que el Imperio romano fuera «abierto» para encender ese fuego que «quemó hasta el borde del agua todo alrededor del Mediterráneo», sino que, jugándose sus vidas, viajaron a través de las ciudades de Asia Menor, Grecia y finalmente a Roma entregando su mensaje en los mismos centros del paganismo. Las persecuciones les sobrevinieron de todos lados, pero nada más que la muerte podía obstaculizar su progreso o silenciar su mensaje. Fueron al martirio glorioso y, estando muertos, nunca han dejado de hablar.

Pablo dice: «Pero Dios, que me escogió antes de nacer y por su gran bondad me llamó, tuvo a bien hacerme conocer a su Hijo, para que anunciara su Evangelio entre los no judíos. Y no fui entonces a consultar con ningún ser humano» (Gál. 1, 15-16). Aunque sabía que en cada ciudad le esperaban cadenas y prisiones, prosiguió sus grandes viajes misioneros sin rehuir los innumerables peligros y hasta alabando sus tribulaciones.

Estaba dispuesto «no solo a ser atado, sino también a morir en Jerusalén por el nombre del Señor Jesús» (Hechos 21:13), y, aunque no cortejó a la muerte, eligió ir hasta las mismas puertas de la capital imperial y enfrentar el tribunal de un césar por su deseo de predicar a Cristo incluso en Roma.

En lugar de esperar a que se abrieran los países bajo el dominio de Roma, el apóstol salió con el poder de Dios para abrirlos. Así ha sido siempre en la historia del cristianismo. Si los misioneros hubieran esperado hasta que todos los países estuvieran listos y dispuestos a recibirlos, de modo que pudieran seguir adelante sin peligro ni sacrificio, Inglaterra todavía podría ser el hogar de los bárbaros, los pasos de Livingstone nunca habrían consagrado el desierto africano, no habría habido un Carey en la India, los habitantes de las islas de los mares del sur seguirían sumidos en su canibalismo y los miles de cristianos que se encuentran hoy en tierras paganas e infieles seguirían estando en la oscuridad y la sombra de la muerte.

El Tíbet, como otras tierras, debe tener la luz. El mandato es: «Id a predicar el Evangelio a toda criatura». El trabajo es enorme. Tan grande que, al lado de su grandeza, cualquier sacrificio realizado en su ejecución es pequeño. El señor Rijnhart expresó con frecuencia su ambición ardiente de servir en la evangelización del Tíbet, ya sea con su vida o con su muerte. Según dijo, no le importaba. Como David Brainerd, pudo decir: «Anhelaba ser una llama de fuego que brillase continuamente en el servicio de Dios y edificar el reino de Cristo hasta que llegara el momento de extinguirme». Al recordar su consagración, yo también puedo ser fuerte y asegurar que, mientras cierro el capítulo final de esta historia, «Dios hace todas las cosas bien, el sacrificio no fue demasiado grande».

Los resultados del viaje aquí descrito son para mí del carácter más alentador. El interés en el Tíbet se ha despertado entre los cristianos de muchas denominaciones, y el país y sus necesidades han sido llevados al conocimiento de varios consejos misioneros. La esperanza que abrigaba mi esposo de ver a muchos trabajadores de Cristo salir a la siembra parece más cercana a su realización ahora que durante su vida. La semilla sembrada está brotando con una brillante promesa. Las trompetas están sonando sobre los muros de la gran tierra prohibida, los cuales pronto caerán para que entren los heraldos de la Cruz. Los veo venir y exclamo: «¡Qué hermosos son sobre las montañas los pies de los que predican en el Tíbet el Evangelio de la Paz!».

Mientras estuve en Kangding, quedé muy impresionada por las posibilidades de trabajo misionero a lo largo de la frontera oriental. En la ciudad misma, el grupo tibetano de la Misión del Interior de China está realizando un trabajo espléndido, bajo la dirección del señor Cecil Polhill-Turner. La Alianza Misionera Cristiana tiene una obra en Daozheo, mientras que otras grandes ciudades fronterizas, como Gui De, Huangyuan, Sungpan y demás, ofrecen espléndidas ventajas. Cualquiera de ellas sería un buen centro para el trabajo misionero en el Tíbet. Kangding es especialmente ventajosa, ya que muchos caminos parten de ella, y Jyékundo, situada en el cruce de grandes caminos que conducen a la frontera y también al interior, podría ser una base de operaciones espléndida desde la cual entrar en contacto con varias tribus. Además de la tarea regular de evangelización, podrían establecerse escuelas industriales y estaciones médicas en conexión con la toda empresa misionera en la frontera.

Mientras tanto, Kumbum y Huangyuan, donde trabajamos durante tres años, están sin misioneros. Solo los adoradores de Buda contemplan ahora el resplandor del sol oriental sobre los techos dorados de la lamasería; las grandes caravanas de la ciudad del dalái lama pasan por la ciudad fronteriza sin que nadie introduzca a sus miembros al «gobernante divino». En medio del revoloteo de las banderas de plegaria y del chasquido de los cilindros, diez mil voces hacen la invocación mística *Om mani padme hum*, pero no hay altar cristiano. ¡Los devotos todavía acuden en masa para reverenciar el Árbol Sagrado y adorar al gran Dios de la Mantequilla, y en medio de todo el ejército no hay un solo testigo de Jesucristo! La llamada llega y pronto será atendida, me siento convencida. Y quien responda encontrará muchos que saben algo de cristianismo, que tienen ejemplares de las Sagradas Escrituras y recuerdan con cariño al «maestro blanco» que, mientras estuvo con ellos, trabajó por su bien y que los dejó para no volver jamás. Y muchos habrán oído hablar de la pequeña tumba solitaria debajo de la enorme roca en la base del Dangla.

FIN

Para el espíritu selecto no hay elección.

Él no puede decir haré esto o aquello.

Una mano se extiende hacia él desde la oscuridad,

que, agarrando sin dudarlo, es conducido

donde hay trabajo que debe desempeñar para Dios.

A los duros corazones que son pioneros en su camino

y abren un sendero en esos reinos desconocidos,

que en la amplia sombra de la tierra yacen embelesados,

la resistencia es la cualidad suprema

y paciencia toda la pasión de los grandes corazones.

J. R. Lowell

GLOSARIO

Achi — Hermana.
Ahon — Maestro musulmán.
Apa — Padre.
Argol — Excremento animal.
Aro — Hermano.
Beishi o **peishi** — Jefe mongol.
Cha lam — Carretera transitada por caravanas.
Chang — Bebida alcohólica similar a la cerveza.
Chang lam — Carretera larga.
Chentai — Oficial militar.
Chong-kueite — Cabeza de familia o dueño de una tienda.
Choma — Tubérculo comestible.
Chorten — Estupa o monumento budista.
Churma — Cuajada seca hecha a base de suero de mantequilla.
Dalái Lama — Líder político y religioso del Tíbet.
Daotai — Funcionario de tercer rango.
Dimo ing — Saludo tibetano.
Dong shi — Intérprete.
Fatai — Abad.
Fenkuaizi — Ladrillos de estiércol seco.
Fuying Tang — Sede de la Misión del Interior de China.
Futai — Funcionario civil.
Fuye — Buda viviente.
Gelug — Escuela del sombrero amarillo, una de las escuelas del budismo tibetano.
Gimbi — Gerente de una escolta gubernamental.
Gompa — Monasterio o lamasería.

Heihe shang — Lamas negros.

Ho pen — Olla poco profunda para el fuego.

Huei-huei — Mahometano.

Ja-ja — Chaqueta sin mangas.

Jassak — Jefe mongol.

Ka che — Mahometano.

Kali — Despacio.

Kang — Plataforma hueca y calefactada que se usa como cama y diván.

Kampo — Abad.

Kaoye — Secretario.

Karwa — Palacio.

Khata — Bufanda de ceremonia.

Khopa o kopa — Tibetano del interior del país.

Kiang — Charlar.

Kuanmen — Puerta oficial.

Kushok — Caballero.

Kuzei — Pantalones.

Lama — Sacerdote budista.

La rong — Residencia oficial de un abad.

Li — Unidad de longitud china equivalente a quinientos metros.

Lungta — Figura de papel que representa el mítico caballo del viento tibetano.

Mamba — Doctor.

Mamba fuye — Un buda doctor.

Mang tuan — Satén dado por el emperador chino a los príncipes mongoles.

Mani — Oración, rosario.

Mien — Fideos.

Obo — Montón de piedras sobre una colina o paso de montaña.

Oruss — Ruso.
Panaka — Nómada del noreste del Tíbet.
Pao ren — Hombre que actúa como guardián.
Peling — Inglés.
Pei lu — Carretera del norte.
Piae — Acuerdo.
Pien shi — Pequeña bola de masa y carne guisada.
Pingmin — Súbditos, populacho.
Pombo — Funcionario.
Pombo chempo — Funcionario jefe.
Pulu — Prenda de vestir tibetana hecha de lana.
Sho — Requesón.
Sung kuan — Persona que impone disciplina.
Ta ko — Hermano mayor.
Tangut — Etnia tibetana oriental.
Tiao lo — Torre defensiva.
Ting — Funcionario civil en una población pequeña.
Tong kuan — Suburbio oriental.
Tsampa — Harina de cebada tostada.
Tiao ti — Praderas.
Ula — Relevos de animales suministrados por orden gubernamental.
Wangye — Príncipe o mandatario.
Wu chai khata — Ceremonia de las bufandas en lotes de cinco.
Yamen — Residencia y sede administrativa de un funcionario chino.
Yang tar ren — Gran personalidad extranjera.
Yema er — Asno salvaje.
Yesu Mashika — Jesucristo.
Ze — Jefe.